KB139790

莊子

雜篇

莊子

雜篇

장자(莊子) 지음 · 오현중 옮김

홍익

차례

《장자》 잡편 해제

　《장자》 내편에서는 여러 각도에서 《장자》 내편과 외·잡편 간의 차이를 고찰해 보았다. '《장자》 내편이 장주라는 인물의 단독 저술인가?'라는 문제에 대해서는 확답을 내리기가 힘들지만, 《장자》 외·잡편을 놓고 말하자면 대다수 학자의 답변이 '그렇지 않다'로 수렴될 것이다. 그만큼 《장자》 외·잡편은 구성과 내용이 복잡하며, 사상적 일관성이 부족한 대신 그만큼 풍부한 사상 자원을 담고 있다. 그렇다고 해서 《장자》 외·잡편이 그야말로 아무런 연관도 가치도 찾아볼 수 없는 '잡다한' 내용으로만 이루어진 것은 결코 아니다.

　대표적으로 《장자》 외·잡편의 중요한 한 부분을 차지하는 '황로학'을 예로 들어 설명할 수 있다. 황로학이란 노자와 장자를 비롯한 도가철학이 후대에 변용을 거듭하며 형성해 낸 하나의 거대한 학풍으로 황제(黃帝)와 노자(老子)를 숭상하는 학문이라는 의미가 있다. 간단히 말해, 황로학은 도가의 '후예'인 셈이다. 그런데 문제는 황로학이 도가 사상을 그 중심에 두고 있었다고는 하나 당시 유행하던 음양가, 법가, 심지어는 도가와 대립각을 세우던 유가 사상까지도 다양하게 받아들여 한데 융합하였다는 점이다. 이런 면에서 황로학은 필연적으로 잡가적 성격을 나타낼 수밖에 없다. 황로학 자체도 하나의 고정된 학파였다기보다 당시 학풍을 보여주는 일종의 '현상'이었다고 보는 편이 더 정확할 것이다.

　그렇다면 《장자》 외·잡편에 풍부하게 포함되어 있다고 여겨지는 황로 사상은 어떻게 이해해야 하는가? 이미 황로학이 노장 사상의 '후예'라고 하였는데, 순수한 장자의 후학과 황로학을 다시 구분할 수 있을까? 이런 방식으로 문제를 거슬러 올라가다 보면, 결국 이 문제가 순수한 《장자》는 어떤 모습인가 하는 문제와 맞닿아 있음을 발견하게 된다. 앞선 해제에서도 밝혔듯, 독자가 이 문제에 지나치게 천착하지 않기를 바라는 것이 필자의 솔직한 마음이다. 이 문제는 세밀하게 살펴 따지기도 어려울뿐더러, 《장자》를 장주라는 한 불멸의 영웅이 남긴 기록으로 읽어야 할 이유가 없는 한 큰 의미를 지니지 못하기 때문이다.

철학은 시공간을 초월하는 추상의 산물이라는 점에서 기타 대다수 학문과 구별된다. 하지만 동시에 그 어떤 철학 사상도 우리가 사는 시공간을 완전히 벗어난 채 살아 숨 쉴 수 없다. 《장자》 또한 마찬가지다. 《장자》는 전국시대 중·말기를 살았던 장자와 그 후학들 손에서 공동으로 집필된 저작이다. 따라서 《장자》는 장주라는 한 인간의 초월적 지혜도 담고 있지만, 이를 추종하고 계승하고자 했던 사람들, 나아가 그들의 사상이 시대와 만나며 함께 교류하고 대화했던 흔적들까지도 여실히 담아내고 있다. 《장자》 외·잡편은 그러한 기록의 결정체다. 이를 읽는다는 것은 바로 그 시대와 세계를 읽는다는 의미다.

잡편은 〈경상초〉편부터 〈천하〉편까지 총 11편으로 이루어져 있다. 내편과 외·잡편은 여러 가지 측면에서 명확히 구별되지만, 외편과 잡편 사이에는 서로를 구분해 주는 뚜렷한 특징이 발견되지 않으므로 당시 사람들의 편집 의도를 추론할 방법이 없다. 내편의 경우 각 편의 내용이 비교적 뚜렷한 하나의 주제를 담고 있으며, 이러한 경향은 내편의 편명에 잘 드러나 있다. 반면 외·잡편의 편명은 글 첫머리를 그대로 가져왔

거나 첫 부분의 핵심 키워드를 추출하여 지은 것이 대부분이다. 이러한 사실은 외·잡편 각 편의 내용을 하나의 주제로 요약하기 까다롭다는 사실을 방증한다. 외·잡편의 전반적인 내용을 살펴보면 다음과 같이 정리할 수 있다.

첫째, 인위와 자연을 구분한 뒤 인위를 배척하고 자연에 순응할 것을 주장한다. 둘째, 태초의 상태, 즉 무(無)의 상태를 참되고 근본적인 것으로 여기며 이러한 상태로 돌아가야 함을 말한다. 셋째, 청정(淸靜)·허무(虛無)·무위(無爲) 등의 원칙을 강조한다. 넷째, 유가로 대표되는 당시 주류 사상의 해악을 비판한다. 다섯째, 인간의 언어와 지식의 한계를 지적하고 이와 대비되는 도의 경지를 추구한다.

한 가지 주목할 점은 위와 같은 내용이 단순히 추상적이고 현학적인 차원에서 서술되지 않고 '도와 우주'라는 측면, '정치와 사회'라는 측면, '인간의 내면'이라는 측면에서 다양하게 전개된다는 것이다. 다시 말해, 이는 세계에 대한 장자의 인식을 보여주는 것이기도 하고, 현실 사회에 대한 장자의 인식을 반영하는 것이기도 하며, 인간과 인간의 정신세계에 대한 장자의 태도를 나타내주는 것이기도 하다. 이 책을 읽을 독자 역시 한 가지 고정된 시각이 아니라 다양한 각도에서 장자의 말을 곱씹어 보는 자세가 필요할 것이다.

莊子

雜篇

일러두기

· 번역문의 기호 중 《 》, ?, !는 원문에서 쓰지 않았으나 이해를 돕고자 넣었다.

제1편
경상초 庚桑楚

1

　노담의 제자 가운데 경상초라는 사람이 있었는데, 오직 그만이 노담의 가르침을 제대로 터득하였다. 그는 북쪽 지역의 외루라는 산에서 살고 있었는데 하인 가운데 지혜를 드러내는 자들은 모두 쫓아냈고, 시녀 가운데 인자함을 내세우는 자들을 멀리하였다. 오직 순박한 자들만이 그와 함께할 수 있었으며, 성실하고 부지런한 자들만을 남겨 일을 시켰다.

　그가 외루라는 산에 머문 지 3년이 되는 해에 큰 풍년이 들었다. 외루의 백성들은 하나같이 이렇게 말했다. "경상초 선생이 처음 왔을 때는 참으로 기이한 사람이라고 생각했는데, 하루 이틀 지켜볼 때는 부족한 듯 보였으나, 오랜 시간이 지나고 보니 충분한 듯하네. 이보게들, 이렇게 아니라 얼른 선생을 마을의 큰 어른으로 모셔야 하지 않겠나!"

老聃之役, 有庚桑楚者, 偏得老聃之道, 以北居畏壘之山. 其臣之畫然知者去之, 其妾之挈然仁者遠之, 擁腫之與居, 鞅掌之爲使. 居三年, 畏壘大壤. 畏壘之民相與言曰: "庚桑子之始來, 吾洒然異之. 今吾日計之而不足, 歲計之而有餘. 庶幾其聖人乎! 子胡不相與尸而祝之, 社而稷之乎?"

役(역) : 제자

庚桑楚(경상초) : 사람 이름. 성은 경상(庚桑), 이름은 초(楚)다.

偏得(편득) : 부분적으로 알다

畏壘(외루) : 땅 이름

畫然(화연) : 총명한 모습을 표현하는 말

挈然(설연) : 너그럽고 인자한 모습을 표현하는 말

擁腫(옹종) : 못생긴 사람

鞅掌(앙장) : 성실하게 일하는 사람

壤(양) : 풍년이 들다

尸而祝(시이축) : 제사를 담당하는 사람. 여기에서는 귀한 사람으로 대우한다는
　　　　　 의미다.

社而稷(사이직) : 제사를 지내다. 여기에서는 공경하면서 모신다는 의미다.

　경상자가 이 말을 들었는데, 그를 우두머리로 받들고자 하는 것에 매우 불쾌한 모습이었다. 제자들이 이를 이상하게 여기자 경상자가 이렇게 말했다.

　"자네들은 왜 나를 이상하게 생각하는가? 봄에는 온갖 기운이 생동하여 초목이 자라나고, 가을에는 모든 열매와 곡식이 결실을 맺기 마련이다. 다른 이유가 없어도 저절로 이렇게 흘러가지 않는가? 이는 하늘의 도가 이미 운행하고 있기 때문이다. 내가 듣기로 '지인(至人)은 담으로 둘러싸인 집에 쥐죽은 듯 조용히 거처하니 백성들은 그의 존재조차

알지 못한 채 자유롭게 살아간다'고 하였다. 그런데 지금 외루의 사람들은 나에 대해 구구절절 이야기하며 현인으로 받들고자 하니, 뭇사람의 주목을 받게 된 꼴이 아닌가? 이는 내 스승 노담의 말씀을 거역하는 것이다."

庚桑子聞之, 南面而不釋然. 弟子異之. 庚桑子曰:"弟子何異於予? 夫春氣發而百草生, 正得秋而萬寶成. 夫春與秋, 豈無得而然哉? 天道已行矣. 吾聞至人尸居環堵之室, 而百姓猖狂不知所如往. 今以畏壘之細民而竊竊欲俎豆予于賢人之間, 我其杓之人邪? 吾是以不釋於老聃之言."

竊竊(절절) : 자세하게 말하는 모습을 표현하는 말

俎豆(조두) : 제사를 지낼 때 사용하는 그릇

杓之人(표지인) : 주목을 받는 사람

해설

경상초가 노자의 가르침에 따라 마을을 평화롭게 만들어 사람들에게서 칭찬을 받게 되었다. 그런데 정작 경상초는 이러한 칭찬을 불쾌하게 생각한다. 겉으로 드러난다는 것은 위험에 노출되었다는 말과 같다. 따라서 칭찬과 비난은 넓게 보면 결국 같은 일이다. 진정으로 도를 깨달은 사람은 명성이나 권력을 추구하는 마음을 완전히 버렸으므로 남에게 은혜를 베풀 때도 드러나지 않는 방식을 사용한다.

2

제자들이 말했다. "그렇지 않습니다. 좁은 도랑에서는 큰 물고기가 몸을 움직일 수 없지만, 도룡뇽이나 미꾸라지 같은 작은 물고기는 마음 대로 움직일 수 있습니다. 몇 걸음에 오를 수 있는 낮은 언덕에서는 큰 짐승이 몸을 숨기고 살 수 없지만, 작은 여우는 오히려 그런 곳을 좋아 합니다.

지혜로운 사람을 존경하고 능력 있는 사람에게 벼슬을 내려 선한 일과 이익을 권장하는 것은 너무나 당연한 일입니다. 옛날 요·순임금 때부터 쭉 그래왔습니다. 외루의 백성들 역시 그렇지 않겠습니까? 스승님 께서는 받아들이셔야 합니다."

弟子曰: "不然. 夫尋常之溝, 巨魚無所還其體, 而鯢鰌爲之制. 步仞之丘陵, 巨獸無所隱其軀, 而孽狐爲之祥. 且夫尊賢授能, 先善與利, 自古堯舜以然, 而況畏壘之民乎? 夫子亦聽矣!"

尋常(심상) : 심(尋)은 8척, 상(常)은 16척. 짧은 길이를 의미한다.

鯢鰌(예추) : 도룡뇽과 미꾸라지

步仞之丘陵(보인지구릉) : 걸어서 올라갈 수 있는 언덕

孽狐(얼호) : 들에 사는 작은 여우

경상초가 말했다. "철없는 것아, 이리 와 보거라. 수레를 삼킬 정도로 큰 짐승조차도 혼자 산을 내려오면 그물과 덫을 피하지 못한다. 배를 삼 킬 만한 큰 물고기라도 홀로 뛰어올라 물 밖으로 나가게 되면 조그만 개

미의 밥이 되기 십상이다. 따라서 새나 짐승들은 높은 곳을 마다하지 않고 물고기는 깊은 물속을 마다하지 않는 것이다.

이처럼 자신의 한 몸을 온전히 지키려는 자는 어둡고 깊은 곳에 자신을 감출 수 있어야 한다. 게다가 자네는 어찌하여 요·순임금 따위를 칭찬하는가? 이들이 세상의 가치를 분별한 일은 비유하자면 마치 함부로 담장을 무너뜨리고 그곳에다 쓸데없는 잡초를 심은 격이다. 머리카락을 한 올씩 빗거나 쌀알을 세어서 밥을 짓는 것처럼 하나하나 따져서 어떻게 세상을 구할 수 있겠는가? 이들이 했던 것처럼 현자를 등용하게 되면 백성들이 서로 다투게 될 것이고, 지혜로운 자들을 임용하게 되면 백성들이 서로 도둑질이나 하게 될 것이다.

이런 세세한 규칙으로는 백성들을 풍요롭게 만들 수 없다. 오히려 백성들이 자신의 이익만을 따지고 아들은 아버지를 죽이며 신하가 임금을 죽이고 대낮에 도둑이 들거나 남의 집 담장을 넘는 일이 빈번해질 것이다. 분명히 말하는데, 모든 혼란은 바로 요·순임금 시절에 시작되었다. 이런 폐단은 천 년이 지나도 계속될 것이니, 그때는 아마 사람과 사람이 잡아먹게 될지도 모르겠구나."

庚桑子曰: "小子來! 夫函車之獸, 介而離山, 則不免於罔罟之患. 吞舟之魚, 碭而失水, 則蟻能苦之. 故鳥獸不厭高, 魚鱉不厭深. 夫全其形生之人, 藏其身也, 不厭深眇而已矣! 且夫二子者, 又何足以稱揚哉! 是其於辯也, 將妄鑿垣牆而殖蓬蒿也. 簡髮而櫛, 數米而炊, 竊竊乎又何足以濟世哉! 舉賢則民相軋, 任知則民相盜. 之數物者, 不足以厚民. 民之於利甚勤, 子有殺父, 臣有殺君, 正晝為盜, 日中穴杯. 吾語女: 大亂之

本, 必生於堯, 舜之間, 其末存乎千世之後. 千世之後, 其必有
人與人相食者也."

函(함) : 머금다

吞(탄) : 삼키다

碭(탕) : 넘치다

蟻(의) : 개미

眇(묘) : 어둡다, 그윽하다

妄鑿(망착) : 멋대로 파헤치다

垣牆(원장) : 담장

蓬蒿(봉호) : 쑥

簡髮(간발) : 머리카락을 고르다

櫛(즐) : 빗다

炊(취) : 밥을 짓다

軋(알) : 삐걱거리다

해설

사람들에게서 존경을 받고 명예를 얻는 것이 왜 좋지 않은지를 말한다. 장
자는 일관되게 유가의 사상을 비판하고 있다. 억지로 만들어낸 도덕과 제
도 등이 오히려 인간을 혼란스럽게 만들었다고 하는 것이다. 남에게 칭찬
을 얻고 훌륭한 사람으로 떠받들어지는 것은 도에 어긋나는 인위적인 행
동이므로 결코 용인될 수 없다.

3

이 말을 듣던 제자 남영주는 깜짝 놀라 자세를 바르게 하고 물었다. "저는 이미 나이가 많이 들었습니다. 저 같은 사람은 어떻게 행동해야 이러한 경지에 이를 수 있겠습니까?"

경상초가 말했다. "너의 몸을 온전히 지키고, 너의 목숨을 잘 간직하며, 쓸데없는 생각을 하지 않도록 해야 한다. 이렇게 삼 년 동안만 한다면 이런 경지에 이를 수 있을 것이다."

남영주가 말했다. "장님은 겉으로는 다를 바 없이 보여도 실제로는 눈으로 볼 수가 없습니다. 귀머거리는 겉으로는 다를 바 없이 보여도 실제로는 귀로 들을 수 없습니다. 미치광이의 정신은 겉으로는 다를 바 없이 보여도 실제로는 올바른 판단을 할 수 없습니다. 그 형태나 모습이 서로 통하는데도 작용이 다르게 나타나는 것은 물욕에 대한 차이 때문에 그러한 것입니까? 지금 저에게 '너의 몸을 온전히 지키고, 너의 목숨을 잘 간직하며, 쓸데없는 생각을 하지 않도록 해야 한다'고 말씀하셨는데, 열심히 가르침을 듣기는 했어도 고작 귀로 듣는 수준밖에 이르지 못했습니다."

경상초가 말했다. "내가 할 수 있는 말은 다 했다. 본래 땅벌은 콩잎벌레의 알을 부화시킬 수 없고, 월나라의 닭은 거위알을 부화시키지 못한다. 하지만 월나라의 닭은 노나라 닭의 알은 부화시킬 수 있다. 닭과 닭 사이에는 어떤 성질의 차이가 존재하지 않기 때문이다. 하지만 누군가는 할 수 있고, 누군가는 할 수 없는 까닭은 능력의 크고 작음 때문이다. 나는 지금 능력이 작아 자네를 제대로 가르칠 수 없으니 남쪽으로 가서 노자 선생을 찾아뵙는 것이 어떤가?"

南榮趎蹴然正坐曰:"若趎之年者已長矣, 將惡乎託業以及此言邪?"庚桑子曰:"全汝形, 抱汝生, 無使汝思慮營營. 若此三年, 則可以及此言矣."南榮趎曰:"目之與形, 吾不知其異也, 而盲者不能自見. 耳之與形, 吾不知其異也, 而聾者不能自聞. 心之與形, 吾不知其異也, 而狂者不能自得. 形之與形亦辟矣, 而物或閒之邪, 欲相求而不能相得? 今謂趎曰:'全汝形, 抱汝生, 勿使汝思慮營營.'趎勉聞道達耳矣."庚桑子曰:"辭盡矣. 曰:'奔蜂不能化藿蠋, 越雞不能伏鵠卵, 魯雞固能矣.'雞之與雞, 其德非不同也, 有能有不能者, 其才固有巨小也. 今吾才小, 不足以化子, 子胡不南見老子?"

南榮趎(남영주) : 사람 이름. 경상초의 제자

蹴然(축연) : 놀라 두려워하는 모습을 표현하는 말

聾者(농자) : 귀머거리

奔蜂(분봉) : 작은 벌

藿蠋(곽촉) : 콩잎 벌레

越雞(월계) : 작은 닭

鵠(곡) : 거위

魯雞(노계) : 큰 닭

4

남영주는 그 말을 따라 식량을 짊어지고 7일 밤낮을 걸어 노자가 있는 곳에 이르렀다. 노자가 말했다. "자네는 경상초가 있는 곳에서 왔는가?"

남영주가 말했다. "그렇습니다."

노자가 말했다. "자네는 어찌하여 여러 사람과 같이 왔는가?"

남영주가 두려워하며 뒤를 돌아보았다. 물론 그곳에는 아무도 없었다.

노자가 말했다. "자네는 내 말을 이해하지 못하는구먼."

남영주는 고개를 숙이고 부끄러워하다가 겨우 고개를 들고는 탄식하며 말했다. "뭐라고 대답해야 할지 몰라 제가 원래 여쭈어보려던 것조차 잊어버리고 말았습니다."

노자가 말했다. "무슨 말인가?"

남영주가 말했다. "만약 제가 지혜롭지 않으면 사람들은 저보고 어리석다고 말할 것이고, 지혜롭다면 오히려 이것저것 할 일이 많아 제 몸을 괴롭히게 될 것입니다. 제가 너그럽지 않으면 다른 사람을 해치게 될 것이고, 너그럽다면 역시 제 몸만 피곤해질 것입니다. 또한 제가 정의롭지 않다면 다른 사람을 다치게 할 것이고, 정의롭다면 역시 제 몸만 괴로워질 것입니다. 어떻게 해야 이런 어려움에서 벗어날 수 있겠습니까? 바로 이 세 가지 문제가 제 고민입니다. 이 문제의 답을 듣기 위해서 경상초를 통해 선생님께 찾아오게 되었습니다."

노자가 말했다. "아까 자네의 미간을 보고 자네가 어떤 사람인지 살펴보았는데, 지금 자네의 말을 듣고 확신이 들었다. 자네는 마치 부모를 잃은 사람처럼 허둥대고 정신이 없으며, 긴 장대를 꽂아 바다의 깊이를 재는 사람처럼 터무니없다. 이미 본성을 잃어버린 사람이 분명하다! 자네는 원래의 본성으로 되돌아가고 싶어도 그럴 수가 없겠구나, 가련하도다!"

南榮趎贏糧, 七日七夜至老子之所. 老子曰:"子自楚之所來乎?"南榮趎曰:"唯." 老子曰:"子何與人偕來之衆也?"南榮趎懼然顧其後. 老子曰:"子不知吾所謂乎?"南榮趎俯而慚, 仰而歎曰:"今者吾忘吾答, 因失吾問." 老子曰:"何謂也?"南榮趎曰."不知乎? 人謂我朱愚. 知乎? 反愁我軀. 不仁則害人, 仁則反愁我身. 不義則傷彼, 義則反愁我已. 我安逃此而可? 此三言者, 趎之所患也, 願因楚而問之."老子曰:"向吾見若眉睫之間, 吾因以得汝矣, 今汝又言而信之. 若規規然若喪父母, 揭竿而求諸海也. 女亡人哉! 惘惘乎汝欲反汝情性而無由入, 可憐哉!"

贏(영) : 지다, 짊어지다

俯(부) : 고개를 숙이다

軀(구) : 몸, 신체

眉睫(미첩) : 눈과 속눈썹

規規然(규규연) : 허둥지둥하는 모습을 표현하는 말

揭竿(게간) : 장대를 세우다

惘惘乎(망망호) : 멍한 모습을 표현하는 말

5

남영주는 노자에게 부탁하여 숙소를 빌려 지내면서, 올바르다고 생각하는 도에 관해 탐구하고 버려야 할 것을 잊어버리며 열흘 동안 혼자서 공부를 했다. 하지만 제대로 되지 않아 근심만 하다가 다시 노자를 찾아갔다.

노자가 말했다. "자네는 스스로 마음을 깨끗이 씻어서 이제야 뭔가 익어가는 모양이지만 아직도 스멀스멀 나쁜 마음이 자라나는 모양이다. 외부의 유혹에 마음이 얽매인 자는 마음이 어지러워 붙잡을 수가 없으니, 속으로 마음을 단단히 붙잡아야 한다. 반대로 마음속으로 자신의 좁은 생각에 얽매인 자는 역시 마음이 뒤엉켜 바로잡을 수가 없다. 안팎으로 동시에 마음이 얽매여 있는 자들은 도와 덕을 잘 갖춘 자라고 할지라도 마음을 단속할 수 없는데, 이제 갓 도를 배우고자 하는 자라면 가능하겠는가?"

南榮趎請入就舍, 召其所好, 去其所惡, 十日自愁, 復見老子. 老子曰: "汝自洒濯, 熟哉鬱鬱乎! 然而其中津津乎猶有惡也. 夫外韄者不可繁而捉, 將內揵. 內韄者不可繆而捉, 將外揵. 外內韄者, 道德不能持, 而況放道而行者乎!"

舍(사) : 숙소

所惡(소악) : 나쁘다고 생각하는 것. 위에서 말한 지혜, 너그러움, 정의와 같은 유가의 덕목을 가리킨다.

洒濯(세탁) : 씻다

鬱鬱乎(울울호) : 무성한 모습을 표현하는 말

津津乎(진진호) : 즙이 흘러나오는 모습을 표현하는 말

韄(획) : 얽매이다

繁(번) : 번잡하다

捉(착) : 잡다, 체포하다

揵(건) : 매다, 매이다

남영주가 말했다. "병이 난 동네 이웃에게 문병을 갔을 때 그 이웃이 자신의 병에 대해서 말할 수 있다면 아직 병이 심각한 상태에 이르렀다고 할 수 없을 것입니다. 제가 큰 도에 관해 듣는 것은 비유하면 아직 병이 어떤지도 모르면서 약을 먹어서 병이 심해진 것과 같습니다. 저는 그저 생명을 보전하는 양생 방법을 듣고 싶을 뿐입니다."

노자가 말했다. "생명을 보전하는 방법이라, 한번 생각해 보게. 근원의 도를 굳게 지킬 수 있는가? 타고난 성질을 잃어버리지 않을 수 있는가? 점을 치지 않고도 미리 길흉화복의 조짐을 살필 수 있는가? 본분 밖의 일을 바라지 않을 수 있는가? 적절한 곳에서 그칠 수 있는가? 남을 따라 하지 않고 자신의 내면으로부터 이치를 깨달을 수 있는가? 그 어떤 것에도 얽매이지 않을 수 있는가? 마치 갓난아기와 같이 순수해질 수 있는가? 이러한 질문에 그렇다고 대답할 수 있어야 생명을 보전할 수 있네. 갓난아이가 하루종일 울어도 목이 쉬지 않는 것은 자연스럽게 조화된 목소리를 내기 때문이며, 갓난아이가 하루종일 주먹을 쥐고 있어도 손이 저리지 않은 것은 타고난 성질에 알맞기 때문이다. 갓난아이가 하루종일 눈을 뜨고 쳐다보면서도 깜빡이지 않는 것은 외부의 사물에 집착하지 않기 때문이다. 길을 떠나면서도 어디로 가는지 생각하지 않고 머물러 있으면서도 무엇을 할지 생각하지 않은 채 그저 다른 사물들과 어울리며 흐름에 따라가는 것이 생명을 보전할 수 있는 방법이다."

南榮趎曰: "里人有病, 里人問之, 病者能言其病, 然其病病者猶未病也. 若趎之聞大道, 譬猶飲藥以加病也, 趎願聞衛生之經而已矣." 老子曰: "衛生之經, 能抱一乎? 能勿失乎? 能無卜筮而知吉凶乎? 能止乎? 能已乎? 能舍諸人而求諸己乎? 能

儵然乎? 能侗然乎? 能兒子乎? 兒子終日嘷而嗌不嗄, 和之
至也. 終日握而手不掜, 共其德也. 終日視而目不瞚, 偏不在
外也. 行不知所之, 居不知所爲, 與物委蛇, 而同其波. 是衛生
之經已."

其病病者(기병병자) : 자신의 병에 관해 어떤 병이라고 말하는 사람

衛生之經(위생지경) : 생명을 보전하는 방법

抱一(포일) : 하나를 끌어안다. 여기에서 '하나'라는 것은 가장 근원적인 원리,
　　　　즉 도(道)를 의미한다.

卜筮(복서) : 점을 치다

儵然(소연) : 자유롭게 돌아다니는 모습을 표현하는 말

侗然(동연) : 무심한 모습을 표현하는 말

嘷(호) : 울부짖다

嗌不嗄(익불사) : 목이 잠기지 않다

掜(예) : 저리다

瞚(순) : 깜빡이다

해설

생명을 보전할 수 있는 방법을 말하고 있다. 노자는 마치 어린아이와 같이
행동하라고 말한다. 어린아이와 같이 행동한다는 것은 자연스러운 본성에
따라서 인위적인 생각이나 억지 행동을 하지 않는 것을 의미한다. 결국 도
라는 원리를 잘 파악하고 그에 따라 행동하라는 말이다.

6

남영주가 말했다. "그렇다면 이것이 바로 지인의 덕인 것입니까?"

노자가 말했다. "아니다. 이는 얼어붙어 있던 마음이 해소되었다고 하는 것으로, 정체된 마음이 풀린 것에 지나지 않는데 어떻게 충분하겠는가? 지인은 다른 사람들과 함께 땅에서 먹을 것을 구하고 하늘에서 즐거움을 얻으며 살아간다. 따라서 다른 사람과 사물, 이해관계로 마음이 어지러워지지 않는다. 남과 다른 기이한 행동을 하지 않고, 헛된 계획을 꾸미지 않고, 세상의 일에 애쓰지 않으며 그저 자유롭고 유유자적하게 움직인다."

남영주가 말했다. "그러면 이것만 잘하면 지인이 될 수 있습니까?"

노자가 말했다. "아직 멀었다. 내가 자네에게 마치 갓난아이와 같이 행동해야 한다고 말하지 않았는가? 갓난아이는 아무런 의도나 생각이 없이 행동하고 움직이니, 신체는 마치 마른나무와 같으며 마음은 불이 꺼진 재와 같다. 이렇게 하면 화도 입지 않고 복도 찾아오지 않는다. 자연으로부터의 화복도 찾아오지 않는데, 어떻게 인간에 의해 화를 당할 수 있겠는가?"

南榮趎曰: "然則是至人之德已乎?" 曰: "非也. 是乃所謂冰解凍釋者能乎? 夫至人者, 相與交食乎地而交樂乎天, 不以人物利害相攖, 不相與爲怪, 不相與爲謀, 不相與爲事, 翛然而往, 侗然而來. 是謂衛生之經已." 曰: "然則是至乎?" 曰: "未也. 吾固告汝曰: '能兒子乎?' 兒子動不知所爲, 行不知所之, 身若槁木之枝而心若死灰. 若是者, 禍亦不至, 福亦不來. 禍福無有, 惡有人災也?"

冰解凍釋者(빙해동석자) : 얼음을 녹이고 추위를 푸는 사람. 도에 대해 이해하기
　　　　시작한 초보 단계를 의미한다.

怪(괴) : 이상하다, 괴이하다

人災(인재) : 인간 세상에서 다른 사람들에게서 입는 피해

해설

본격적으로 남과 어울려 살아가면서 자신의 한 몸을 보전할 수 있는 방법
을 말하고 있다. 인간 세상에서 피해를 보지 않으려면 남과 다른 유별난 행
동이나 억지스러운 계획, 불필요한 일들을 꾸미지 말아야 한다.

7

마음이 고요하게 안정되어 있는 사람에게서는 자연의 빛이 뿜어져
나온다. 자연의 빛이 뿜어져 나오는 사람은 자신의 참다운 모습을 드러
내 보일 수 있다. 자신을 잘 수양한 사람만이 참다운 모습을 일정하게
지켜나갈 수 있다. 이를 일정하게 지켜나가는 사람에게는 사람들이 모
여들고, 하늘 또한 그를 돕기 마련이다. 사람들이 모여드는 자를 '하늘
의 백성'이라 부르고, 하늘이 돕는 자를 '하늘의 자식'이라 부른다.

세상 사람들이 말하는 학문이란 배울 수 없는 것을 배우고자 하는 것
이다. 세상 사람들이 말하는 실천이란 실천할 수 없는 것을 실천하려 하
는 것이다. 세상 사람들이 말하는 변론이란 말할 수 없는 것을 말하려
하는 것이다. 인간의 지식이 알 수 없는 것에서 멈출 수만 있다면 좋을
것이다. 만약 그렇지 못하면 자연의 본성이 무너지게 된다.

宇泰定者, 發乎天光. 發乎天光者, 人見其人. 人有修者, 乃今有恆. 有恆者, 人舍之, 天助之. 人之所舍, 謂之天民. 天之所助, 謂之天子. 學者, 學其所不能學也. 行者, 行其所不能行也. 辯者, 辯其所不能辯也. 知止乎其所不能知, 至矣. 若有不即是者, 天鈞敗之.

宇(우) : 마음

泰定(태정) : 고요하고 안정되다

人見其人(인견기인) : 사람들이 모두 그 사람됨을 본다. 자신의 참다운 모습이 드러나므로 모든 사람이 그 모습을 볼 수 있다는 의미다.

恆(긍) : 항상

舍(사) : 머무르다

天鈞(천균) : 자연의 본성. 〈제물론〉편에 등장한다.

해설

인간은 자신이 할 수 있는 것만 해야 한다. 할 수 있는 것이란 자신이 타고난 것을 의미한다. 타고난 이상의 것을 하려고 하면 몸과 마음이 상하게 된다.

8

물자를 갖추어 육체를 기르고, 사려를 품지 않음으로써 마음을 양육하며, 내면에 갖추어진 지혜를 닦아 외물에 통달한다. 이처럼 하고도 온갖 나쁜 일이 찾아온다면 이는 하늘의 운명이지 인간이 어찌할 수 있는 것이 아니다. 이 때문에 그런 억울한 일을 겪는다고 해서 마음이 어지러워질 필요도 없고 마음에 담아두어서도 안 된다.

　마음속에는 무언가 담겨 있는 것이 있지만 우리는 그것을 알 수 없기 때문에 억지로 어떻게 할 수는 없다. 진실한 자신의 마음을 보지 않은 채 행동하면 매번 실수만 저지르게 될 것이다. 일이 있을 때마다 거짓된 마음을 버리지 않고 그에 따라서 행동한다면 항상 실패하게 될 것이다. 사람들이 보는 곳에서 못된 행동을 하면 사람들이 그를 잡아서 벌 줄 것이다. 만약 사람들이 보지 않는 곳에서 못된 행동을 한다면 귀신이 그를 잡아서 벌을 준다. 따라서 사람들에게나 귀신에게나 떳떳해야 어떤 누구의 방해도 없이 홀로 살아갈 수 있다.

備物以將形, 藏不虞以生心, 敬中以達彼, 若是而萬惡至者, 皆天也, 而非人也, 不足以滑成, 不可內於靈臺. 靈臺者有持, 而不知其所持, 而不可持者也. 不見其誠己而發, 每發而不當, 業入而不舍, 每更爲失. 爲不善乎顯明之中者, 人得而誅之. 爲不善乎幽閒之中者, 鬼得而誅之. 明乎人明乎鬼者, 然後能獨行.

將(장) : 기르다, 양육하다

虞(우) : 근심하다

萬惡(만악) : 나쁜 일

靈臺(영대) : 마음의 신비한 영역. 인간이 어떻게 바꿀 수 없는 타고난 마음씨

不當(부당) : 이치에 맞지 않고 틀리다

顯明(현명) : 밝게 드러나다

幽閒(유한) : 어둡고 한적하다

해설

필요한 만큼의 물질만을 추구하고 타고난 그대로의 마음씨를 유지하면서 살아가는 것이 올바른 삶의 방법이다. 만약 그러고도 나쁜 일이 생긴다면 어쩔 수 없는 것이므로 그 이상은 생각할 필요가 없다. 우리는 오직 타고난 진실한 마음에 따라 행동하는지만 생각하면 된다.

9

자신의 내면만을 충실하게 따르는 사람은 남에게 알려지기를 바라지 않지만, 외면적인 일에 힘을 쓰는 사람은 오직 재물을 쫓는 것에만 신경을 쓴다. 행동하면서 남에게 알려지기를 바라지 않는 사람은 평범한 행동을 해도 늘 빛이 나지만, 재물만 쫓아다니는 사람은 한낱 장사꾼에 지나지 않으니, 사람들이 보기에는 힘겹게 애를 쓰는데도 정작 스스로는 태연한 척 여유롭다고 착각한다.

사물에 순응하여 그와 통하는 자는 온갖 사물이 그에 귀의하고자 한다. 반면 사물과 서로 어긋나는 자는 자기 자신조차도 받아들일 수 없으니, 어찌 다른 사람들을 받아들일 수 있겠는가? 다른 사람들을 받아들일 수 없으므로 사람들과 친해지지 못하고, 친애하는 마음이 없으니 쉽게 남을 해코지하게 된다.

이렇듯 사람의 마음만큼 참혹한 무기가 없다. 막야와 같은 명검조차도 남을 해치려는 마음보다 날카롭지 않을 것이다. 즉 음양만큼 사람에게 위험한 것이 없다. 음양의 작용은 천지 사이에 가득하므로 이로부터 벗어날 길이 없다. 그런데 사실 음양이 직접적으로 사람을 해치는 것이 아니다. 사람의 마음이 그렇게 만드는 것이다.

券內者行乎無名, 券外者志乎期費. 行乎無名者, 唯庸有光. 志乎期費者, 唯賈人也, 人見其跂, 猶之魁然. 與物窮者, 物入焉. 與物且者, 其身之不能容, 焉能容人! 不能容人者無親, 無親者盡人. 兵莫憯於志, 鏌鋣為下. 寇莫大於陰陽, 無所逃於天地之間. 非陰陽賊之, 心則使之也.

券(권) : 힘쓰다, 충실히 하다

行乎無名(행호무명) : 이름이 알려지기를 바라지 않으면서 행동함

期費(기비) : 재물을 쫓다

庸(용) : 평범하다

賈人(가인) : 장사꾼

魁然(괴연) : 잘난 체하는 모습을 표현하는 말

鏌鋣(막야) : 옛날부터 전설로 내려오는 명검의 이름

寇(구) : 해치다, 해롭다

해설

남에게 알려지려고 하는 마음을 가지고 행동해서는 안 된다. 항상 목적이 없고 바라는 바가 없이 무심하게 행동하는 것이 가장 중요하다. 무심하게 행동하면 아무에게도 원한을 사지 않으므로 모든 사람과 좋은 관계를 맺을 수 있기 때문이다.

10
도는 서로 구분된 만물 모두에 통한다. 한 사물이 나누어진다는 것은

다른 하나의 사물을 이룬다는 것을 의미하기도 하고, 어떤 한 사물이 훼손된다는 것을 의미하기도 한다. 나누어진 것을 싫어하는 까닭은 온전히 갖추어지기를 바라기 때문이고, 갖추어진 상태를 싫어하는 까닭은 갖추어진 상태로 더욱 갖추려 하기 때문이다.

그렇게 계속해서 본성이 아닌 것을 갖추어나가고 본성으로 돌아오지 않으면 귀신을 보게 될 것이니, 바깥에서 무언가를 얻었다는 것은 곧 죽음을 얻었다는 말과 같다. 이미 본성을 잃어버리고 형체만 가진 자는 귀신과 다를 바가 없다. 형체가 있는 것들은 형체가 없는 도를 따라 행동해야지만 안정될 수 있다.

道通其分也, 其成也毀也. 所惡乎分者, 其分也以備. 所以惡乎備者, 其有以備. 故出而不反, 見其鬼. 出而得, 是謂得死. 滅而有實, 鬼之一也. 以有形者象無形者而定矣.

其分(기분) : 각각 사물이 서로 차이점을 지니고 구분되는 것을 말함

其分也以備(기분야이비) : 자신이 지니고 있는 독특한 차이점만을 내세워 살아가는 것을 말함

滅(멸) : 없어지다

해설

도는 모든 사물에 공통으로 담겨 있는 것이다. 각 사물은 서로 다른 차이점들을 가지고 있는데, 이것을 따라서 추구해 나가면 도에 어긋나 위험해지게 된다. 항상 도를 따라서 삶의 기준으로 삼아야 한다.

11

도는 어떤 형체도 없는 채로 저절로 존재하니, 그것이 나오는 근원도 없고 돌아가는 구멍도 없다. 도는 분명 존재하지만 어떤 공간에도 처하지 않으며, 분명 생겨나지만 어떤 시간 속에도 머무르지 않는다. 분명 존재하지만 어디에도 처하지 않는 것은 아무런 경계도 없는 상태로 있기 때문이고, 분명 생겨나지만 어떤 시간 속에도 머무르지 않는 것은 시작도 끝도 없는 상태로 있기 때문이다.

도는 태어나고 죽고 나오고 들어간다. 나오고 들어가는데 그 형체를 볼 수 없으니, 이를 '하늘의 문'이라고 한다. 이 '하늘의 문'은 어떤 형체와 구분도 없는 무유(無有)의 상태이니, 만물이 바로 여기에서 생겨난다. 유(有)에서는 유(有)가 나올 수 없다. 따라서 유(有)는 반드시 무유(無有)에서 나온다. 무유(無有)란 무(無)와 유(有)를 하나로 통일한 것이다. 성인은 바로 이러한 경지에 마음을 둔다.

出無本, 入無竅. 有實而無乎處, 有長而無乎本剽, 有所出而無竅者有實. 有實而無乎處者, 宇也. 有長而無本剽者, 宙也. 有乎生, 有乎死, 有乎出, 有乎入, 入出而無見其形, 是謂天門. 天門者, 無有也, 萬物出乎無有. 有不能以有爲有, 必出乎無有, 而無有一無有. 聖人藏乎是.

竅(규) : 구멍

本剽(본표) : 중심과 끝

宇(우) : 무한한 공간

宙(주) : 무한한 시간

우주 만물의 생성 원리를 말한다. 일반적으로 말하는 있음과 없음, 즉 유무(有無)라는 관념 외에 여기에서는 무유(無有)라는 말이 등장한다. 장자를 비롯한 도가에서는 유와 무가 단순히 있음과 없음을 뜻하는 것이 아니라, 구분된 상태와 구분되지 않은 상태를 의미한다. 따라서 이 구절에 등장하는 무유(無有)란 아직 형체가 생겨나고 구분이 발생하기 이전의 본래 상태를 의미한다. 이는 바로 도의 상태를 나타내는 것이기도 하다.

12

옛날 사람들은 그 지식이 지극한 데에 이르렀다. 얼마나 지극한가? 가장 지극한 경지는 사물이 아직 생겨나지 않았다고 하는 무의 세계에 대한 지식이다. 이보다 더 지극할 수가 없다.

그다음은 사물이 생겨나는 것에 대한 지식이다. 태어나는 것을 잃어버리는 것으로 여기고 죽는 것을 다시 원래 상태로 돌아가는 것으로 생각했다. 삶과 죽음을 하나의 과정으로 생각하기는 했지만, 이미 구분이 생겨나기 시작했다.

그다음은 공허한 무의 상태에서 삶이 생겨나고, 삶은 다시 죽음으로 이어진다는 생각이다. 이를 비유하자면 아무것도 없는 무의 상태를 머리로, 삶을 몸으로, 죽음을 엉덩이로 생각한 것과 같다.

과연 누가 있음과 없음, 죽음과 삶이 하나라는 것을 알겠는가? 만약 그렇게 생각할 수 있는 사람이 있다면 나는 그와 벗이 되고 싶다. 이 세 가지 지식은 비록 차등은 있지만 그래도 모두 도에 근원하고 있다고 하겠다. 옛날 초나라 왕족은 성이 소씨, 경씨, 갑씨 세 종류였지만, 소씨와

경씨는 직책에 따라 구분한 것이고 갑씨는 영토에 따라 구분한 것이라 서로 표현 방식이 달랐다. 비유하자면 이 세 가지 지식은 표현 방식은 다르지만 다 같은 생각인 것이다.

古之人, 其知有所至矣. 惡乎至? 有以爲未始有物者, 至矣盡矣, 弗可以加矣. 其次以爲有物矣, 將以生爲喪也, 以死爲反也, 是以分已. 其次曰始無有, 旣而有生, 生俄而死. 以無有爲首, 以生爲體, 以死爲尻. 孰知有無死生之一守者, 吾與之爲友. 是三者雖異, 公族也, 昭景也, 著戴也, 甲氏也, 著封也. 非一也.

公族(공족) : 같은 귀족. 표현 방식은 다르지만 실제로는 서로 같은 부류라는 것을 의미한다.

昭(소)·景(경)·甲(갑) : 초나라 왕족의 세 가지 성씨. 다 같은 핏줄이지만 직책과 영토에 따라 성을 달리 사용하였다.

戴(대) : 직책

封(봉) : 하사받은 영토

13

생명이란 기운이 응집된 상태에서 생겨난다. 이러한 응집된 상태에서 생명이 생겨나는 순간, 쉬지 않고 너와 나, 옳고 그름의 구분이 생겨나며 변화해 간다. 이에 관해 말로 설명하기는 어렵지만, 편의를 위해 시험삼아 비유를 들어 설명해 보겠다.

섣달에 제사를 지낼 때 소를 잡아 바치는데, 소의 사지와 내장은 따로 떼어내는 것이 맞지만 그렇게 되면 온 마리가 안 되어 제물로 바칠 수 없으니 나누어서는 안 된다. 또 집을 둘러볼 때 침실과 사당을 다 둘러본 것으로 집을 다 보았다고 할 수 있지만 화장실을 안 볼 수 없으므로 집 밖까지 보게 된다. 이처럼 상황에 따라 옳고 그름은 달라진다.

有生, 黬也, 披然曰移是. 嘗言移是, 非所言也. 雖然, 不可知者也. 臘者之有膍胲, 可散而不可散也. 觀室者周於寢廟, 又適其偃焉, 為是舉移是.

黬(암) : 암흑

披然(피연) : 이리저리 흩어지는 모습을 표현하는 말

移是(이시) : 옳고 그름이 서로 달라진다는 의미

臘(랍) : 섣달에 지내는 제사

膍胲(비해) : 내장과 발굽

寢(침) : 침실

廟(묘) : 사당

偃(언) : 뒷간

해설

세상에 존재하는 상대적인 가치항이 지닌 불완전함에 대해 말했다.

14

자, 시험 삼아 한번 말해보자. 사람들은 자신을 근본으로 여기고 자신의 지식을 표본으로 삼아 옳음과 그름을 따진다. 만약 허울인 명칭과 실질을 구분할 수 있다고 했을 때, 사람들은 자신을 실질로 삼아 남이 자신을 절조의 모범으로 삼도록 하는데, 이를 위해 목숨까지도 불사한다. 이런 사람은 자신이 쓰이는 것을 지혜롭다고 여기고 쓰이지 못하는 것을 어리석다고 여기며, 세상에 통하는 것을 명예롭다고 여기고 통하지 못하는 것을 치욕스럽다고 여긴다. 이처럼 옳고 그름을 자신의 기준으로 멋대로 판단하는 것이 요즘 사람들이다. 마치 붕새를 비웃는 하찮은 매미나 참새가 할 짓이다.

請嘗言移是. 是以生爲本, 以知爲師, 因以乘是非. 果有名實, 因以己爲質. 使人以己爲節, 因以死償節. 若然者, 以用爲知, 以不用爲愚, 以徹爲名, 以窮爲辱. 移是, 今之人也, 是蜩與學鳩同於同也.

乘(승) : 헤아리다

名實(명실) : 이름과 실제, 명칭과 실질

質(질) : 실질, 실제

節(절) : 절개. 이름, 명칭에 해당한다.

蜩(조) : 매미

學鳩(학구) : 까치

15

시장에서 모르는 사람의 발을 밟으면 죄송하다고 조심스럽게 사과해야 하지만 형이 동생의 발을 밟으면 미안한 기색으로 위로해 주면 되고, 만약 부모가 자식의 발을 밟으면 굳이 사과할 필요가 없다. 따라서 '가장 지극한 예(禮)는 남으로 여기지 않는 것이고, 가장 지극한 의(義)는 남의 일로 여기지 않는 것이고, 가장 지극한 지(知)는 헛된 지략을 꾸미지 않는 것이고, 가장 지극한 인(仁)은 친하고 먼 것을 구분하지 않는 것이고, 가장 지극한 신(信)은 돈에 따라 행동하지 않는 것이다'라고 말한다.

蹍市人之足, 則辭以放鶩, 兄則以嫗, 大親則已矣. 故曰: 至禮有不人, 至義不物, 至知不謀, 至仁無親, 至信辟金.

蹍(전) : 밟다

放鶩(방오) : 거만함을 버림

嫗(구) : 따뜻하게 대하다

辟金(피금) : 돈이 얽히는 것을 피하다

해설

유가에서 강조하는 '인·의·예·지·신'이라는 덕목을 비판하면서 장자가 새롭게 이를 설명하고 있다.

16

뜻이 흔들리는 것을 다스리며 마음을 얽매이게 하는 것을 풀어헤치며 덕을 번거롭게 하는 것을 제거하며 도를 가로막는 것을 뚫어야 한다. 재물, 신분, 출세, 권력, 명예, 이익 여섯 가지는 뜻을 흔드는 것들이다. 용모, 동작, 표정, 분위기, 말투, 생각 여섯 가지는 마음을 얽매이게 하는 것이다. 증오, 욕망, 기쁨, 분노, 슬픔, 즐거움 여섯 가지는 덕을 번거롭게 하는 것이다. 물러남, 나아감, 가짐, 나누어줌, 지식, 기예 여섯 가지는 도를 가로막는 것이다.

이 네 가지 상황 속의 여섯 가지 요소가 마음을 어지럽히지 않는다면 마음이 치우침 없이 바름을 유지할 수 있다. 마음이 바름을 유지하면 고요해지고, 고요해지면 명철해진다. 명철해지면 텅 비게 되고, 텅 비게 되는 경지에 도달하면 자연에 따라 억지로 하려 하지 않으나 이루지 못하는 바가 없게 된다.

徹志之勃, 解心之繆, 去德之累, 達道之塞. 富貴顯嚴名利六者, 勃志也. 容動色理氣意六者, 繆心也. 惡欲喜怒哀樂六者, 累德也. 去就取與知能六者, 塞道也. 此四六者不盪胸中則正, 正則靜, 靜則明, 明則虛, 虛則無爲而無不爲也.

徹(철) : 다스리다

繆(무) : 얽매이다

累(루) : 번거롭게 하다

塞(색) : 가로막다

해설

인간을 해치는 스물네 가지를 말한다. 이러한 것들에 마음을 빼앗기지 않고 마음을 고요하게 유지하는 것이 무엇보다 중요하다.

17

도는 덕이 떠받드는 이치이고, 생명은 덕이 빛나는 것이다. 본성은 생명을 이루는 바탕이며, 이 본성이 움직인 것을 행위라고 하는데, 행위가 거짓되면 본성을 잃었다고 말한다.

안다는 것은 외부의 사물을 접하여 이에 대해 생각하는 것이다. 앎에 미처 알지 못하는 부분이 있는 것은 마치 곁눈질하여 볼 때 시각에 한계가 있는 것과 같다. 어쩔 수 없는 듯이 상황에 따라 움직이는 것을 덕이 있다고 말하며, 자신의 생각을 지니지 않고 자연스럽게 움직이는 것을 잘 다스려졌다고 말하니, 명성을 추구하면 서로 반하게 되지만, 실질을 추구하면 만사에 순응할 수 있다.

> 道者, 德之欽也. 生者, 德之光也. 性者, 生之質也. 性之動謂
> 之爲, 爲之僞謂之失. 知者, 接也. 知者, 謨也. 知者之所不知,
> 猶睨也. 動以不得已之謂德, 動無非我之謂治, 名相反而實相
> 順也.

欽(흠) : 공경하다

睨(예) : 곁눈질하다

도, 덕, 본성, 행위 등 중요한 개념을 설명하고 있다. 도에서 덕이 나왔으므로 덕이 도를 공경하는 것이고, 생명으로 덕을 볼 수 있으므로 생명은 덕이 빛나는 것이라고 말했다. 인간의 지식은 사물과 접촉해서 그에 대해 생각하는 것인데, 이는 마치 곁눈질하는 것처럼 완전하지 못하다. 따라서 완전하지 못한 인간의 지식을 가지고 행동해서는 안 된다.

18

유명한 궁수인 예는 조그마한 물체를 맞히는 것은 잘했지만, 사람들이 자신을 칭찬하지 않도록 하는 것에는 서툴렀다. 성인은 자연의 일에는 능숙하지만 인간의 일에는 서툴다. 자연의 일에 능숙하고 인간의 일을 훌륭하게 처리하는 사람은 오직 '전인(全人)'뿐이다. 오직 벌레만이 온전히 벌레일 수 있으며 오직 벌레만이 벌레의 본성을 다 발휘할 수 있다. 그런데 전인(全人)이 자연을 미워하는 경우도 있다. 바로 인위적인 자연이다. 이보다 더 심한 것이 바로 자신을 기준으로 자연과 인간을 멋대로 재단하려고 하는 것이다.

만약 참새 한 마리가 예 앞으로 날아가면 그는 반드시 참새를 쏘아 맞힐 것이다. 그런데 이는 순전히 그의 힘이다. 반면 천하를 하나의 거대한 새장으로 삼는다면 참새는 도망갈 곳이 사라지게 된다. 따라서 은나라 탕왕은 요리사라는 새장으로 이윤이라는 인물을 얻었고, 진나라 목공은 양가죽 다섯 장을 새장으로 삼아 백리해라는 인물을 얻었다. 결국 상대방이 좋아하는 것을 새장으로 삼아 원하는 것을 얻는 것만큼 좋은 방법이 없다.

羿工乎中微而拙於使人無己譽, 聖人工乎天而拙乎人. 夫工
乎天而俍乎人者, 唯全人能之. 唯蟲能蟲, 唯蟲能天. 全人惡
天, 惡人之天, 而況吾天乎人乎! 一雀適羿, 羿必得之, 威也.
以天下為之籠, 則雀無所逃. 是故湯以胞人籠伊尹, 秦穆公以
五羊之皮籠百里奚. 是故非以其所好籠之而可得者, 無有也.

羿(예) : 옛날의 유명한 궁수

拙(졸) : 서툴다

工(공) : 능숙하다

俍(량) : 훌륭하다, 좋다

雀(작) : 참새

威(위) : 권위, 힘

籠(롱) : 새장

伊尹(이윤) : 사람 이름. 요리를 좋아하여 요리사의 직책으로 등용되었다.

百里奚(백리해) : 사람 이름. 초나라에 인질로 잡혔으나 진나라 목공이 양가죽
　　　다섯 개를 주고 구해온 일화가 있다.

19

　형벌로 다리를 잘린 자가 용모를 꾸미지 않는 것은 이미 용모에 대한
다른 사람들의 칭찬이나 비방을 신경 쓰지 않기 때문이다. 형벌을 받아
강제조역을 하는 자가 높은 곳에 올라가서도 두려워하지 않는 것은 이
미 삶과 죽음의 문제를 내버려두었기 때문이다. 위협을 받아도 앙갚음
하지 않는 것은 남을 신경 쓰지 않는다는 것이니, 남을 신경 쓰지 않을

수 있다면, 인간의 도리를 잊고 자연에 부합하게 된 '하늘의 인간'이라고 부를 수 있다. 이런 사람은 남이 존경해도 기뻐하지 않으며 모욕을 주어도 화내지 않는다. 오직 자연의 조화로운 기와 완전히 합치되는 자만이 가능한 경지이다.

이런 경지에 이르면 화를 내더라도 분노하는 마음에서 화를 내는 것이 아니라 무심한 상태에서 화를 낼 수 있게 되고, 어떤 행위를 하더라도 의도적인 행위가 아니라 무심한 상태에서 행위를 할 수 있게 된다. 고요히 안정되고자 하면 기를 평온하게 만들어야 하고, 신묘해지기를 바란다면 본래의 자연스러운 마음에 따라야 하며, 행동을 올바르게 하고자 하면 어쩔 수 없는 상황에 따라 행동해야 한다. 이것이 바로 성인의 도이다.

介者扬畫, 外非譽也. 胥靡登高而不懼, 遺死生也. 夫復謵不餽而忘人, 忘人, 因以為天人矣. 故敬之而不喜, 侮之而不怒者, 唯同乎天和者為然. 出怒不怒, 則怒出於不怒矣. 出為無為, 則為出於無為矣. 欲靜則平氣, 欲神則順心, 有為也. 欲當則緣於不得已, 不得已之類, 聖人之道.

介者(개자) : 형벌을 받아 다리가 잘린 사람

扬(치) : 버리다

畫(획) : 화장도구

胥靡(서미) : 형벌을 받아 강제노역에 끌려가는 사람

復謵(복습) : 반복적으로 익히다

餽(궤) : 보내다

侮(모) : 무시하다

해설

다른 사람의 시선을 신경 쓰지 말고 오직 자신의 마음을 기준으로 삼아서 행동해야 한다. 자신의 마음을 기준으로 삼을 때에도 억지로 하려는 마음이 있으면 안 되고, 그저 때에 따라 어쩔 수 없는 상황, 꼭 필요한 순간에 그에 맞게 행동하면 그걸로 충분하다.

제2편

서무귀 徐無鬼

1

서무귀가 여상의 소개로 위나라 무후를 만났다. 무후가 서무귀를 위로하면서 말했다. "선생은 아주 고달파 보이는구려. 산림에 묻혀 사는 것이 힘들고 괴로워서 과인을 찾아온 것이 아니오?"

서무귀가 말했다. "저야말로 왕을 위로하러 왔습니다. 그런데 왕께서 저를 위로하시다니요? 만약 욕망을 끝없이 채우려 하고 좋아하고 싫어하는 감정에 따라 일을 처리하려 하신다면, 타고난 성질이 병들 것입니다. 그렇다고 해서 욕망을 버리고 감정을 없애려고 하신다면 향락에 물든 감각이 괴로움을 느낄 것입니다. 그래서 제가 왕을 위로해드리러 온 것인데, 오히려 왕께서 저를 위로하신다니요?"

무후는 이 말을 듣고 어안이 벙벙하여 아무런 대꾸도 하지 못했다.

徐無鬼因女商見魏武侯, 武侯勞之曰: "先生病矣! 苦於山林之勞, 故乃肯見於寡人." 徐無鬼曰: "我則勞於君, 君有何勞於我? 君將盈者欲, 長好惡, 則性命之情病矣. 君將黜者欲, 擊好惡, 則耳目病矣. 我將勞君, 君有何勞於我?" 武侯超然不對.

徐無鬼(서무귀) : 사람 이름. 성은 서(徐), 이름은 무귀(無鬼). 위나라의 숨은 선비다.

女商(여상) : 사람 이름. 성은 여(女), 이름은 상(商). 위나라의 재상이다.

魏武侯(위무후) : 위나라 임금 무후

勞(로) : 피로하다, 위로하다. 여기에서는 두 가지 모두의 의미로 사용되고 있다.

寡人(과인) : 임금이 자신을 지칭할 때 사용하는 호칭

盈(영) : 채우다

耆欲(기욕) : 과도한 욕망

黜(출) : 물리치다, 버리다

擊(견) : 없애다

超然(초연) : 기분 나빠하는 모습을 표현하는 말

잠시 후, 서무귀가 입을 열었다. "제가 폐하께 좋은 개를 살펴보는 방법을 알려드리겠습니다. 개들 중에 가장 질이 낮은 개는 배가 부를 때까지 먹는 것에 집착하는 개입니다. 이 개는 야생에 사는 고양이와 성질이 다를 바가 없습니다. 중간 정도 등급의 개는 그 모습이 의연하여 마치 높이 뜬 태양을 바라보듯이 늠름합니다. 가장 질이 좋은 개는 자기 자신조차 잊어버린 듯 멍하게 있는 개입니다.

사실 저는 개를 살피는 능력보다 말을 살피는 능력이 뛰어납니다. 제가 말을 살피는 방법을 들어보시면 제 의도를 이해하실 수 있을 것입니다. 직진할 때는 자로 잰 듯 똑바르고, 둥글게 돌 때는 아름다운 곡선을 그리며, 꺾어질 때는 정확한 동작을 유지하는 말이라면 한 나라 안에서 손꼽히는 명마라고 할 수 있습니다. 하지만 이런 말은 아직 천하의 명마라고 불리기에는 부족합니다. 천하의 명마는 타고난 자질을 갖추고 있

는데, 때로는 평온한 듯하면서도 때로는 쏜살같이 질주하는데 마치 어디엔가 홀린 듯한 모습을 하고 있습니다. 이런 말은 달렸다 하면 다른 말을 전부 앞지르고 심지어는 먼지가 일어나기도 전에 자취를 감춥니다." 무후는 이 말을 듣고 그제야 기뻐하며 웃었다.

少焉, 徐無鬼曰:"嘗語君, 吾相狗也. 下之質, 執飽而止, 是狸德也. 中之質, 若視日. 上之質, 若亡其一. 吾相狗, 又不若吾相馬也. 吾相馬, 直者中繩, 曲者中鉤, 方者中矩, 圓者中規, 是國馬也, 而未若天下馬也. 天下馬有成材, 若卹若失, 若喪其一, 若是者, 超軼絕塵, 不知其所." 武侯大悅而笑.

相(상) : 자세히 보다, 감정하다

執飽(집포) : 먹을 것에 집착하다

狸(리) : 고양이

繩(승) : 먹줄. 직선을 재는 도구다.

鉤(구) : 갈고리. 원을 재는 도구다.

矩(구) : 곱자. 네모를 재는 도구다.

卹若(술약) : 두려워하는 모습을 표현하는 말

超軼(초질) : 남보다 빨리 앞질러 가다

絕塵(절진) : 먼지를 없애다. 먼지조차 채 일어나지 않을 정도로 빨리 달린다는 것을 의미한다.

서무귀가 물러나오자 여상이 그에게 물었다. "선생은 어떻게 우리 폐하를 기쁘게 한 것입니까? 저는 평소에 왕께 여러 가지를 알려드렸습니다. 때로는 《시경》, 《서경》, 《예경》, 《악경》 등 유가의 경전을 말씀드리기도 하고, 때로는 《태공병법》과 같은 병법서의 내용을 말씀드리기도 했습니다. 제 말을 따라서 도움이 되었던 적도 수없이 많았습니다만 이렇게 잇몸을 보이시면서 활짝 웃으셨던 적은 아직 한 번도 없었습니다. 그런데 선생께서는 대체 무슨 말씀을 하셨기에 임금께서 이토록 기뻐하시는 것입니까?"

서무귀가 말했다. "저는 다만 제가 개와 말을 판단하는 방법을 설명해드렸을 뿐입니다."

여상이 말했다. "그것뿐입니까?"

서무귀가 말했다. "당신은 저 남쪽 끝 월나라로 유배를 가는 죄인의 이야기를 듣지 못했습니까? 죄인이 나라를 떠나 멀리 유배지에서 지낼 때 처음 며칠 동안은 알던 사람을 만나면 기뻐합니다. 하지만 시간이 흘러 몇 달이 지나면 그저 얼굴만 아는 사람을 만나도 기뻐하지요. 하지만 몇 년이 지나면 자기 나라 사람과 비슷하게 생긴 사람만 보아도 기뻐합니다. 고향을 떠나 오랜 세월이 흐를수록 사람은 고향 사람을 그리워하는 마음이 깊어지는 법 아니겠습니까!

만약 인적이 드문 골짜기로 도망가 숨어사는 사람도 항상 명아주풀이 우거지고 족제비가 다니는 길을 혼자서만 다니다가 어쩌다 사람을 만나게 되면 뛸 듯이 기뻐합니다. 그런데 형제나 친척이 찾아와 서로 웃으며 함께 이야기하게 되면 얼마나 기쁘겠습니까! 그간 왕의 곁에서 참된 말을 건네주는 이가 없었던 게지요."

徐無鬼出, 女商曰: "先生獨何以說吾君乎? 吾所以說吾君者,

橫說之則以《詩》,《書》,《禮》,《樂》. 從說之則以金板. 六弢奉
事而大有功者不可為數, 而吾君未嘗啟齒. 今先生何以說吾
君, 使吾君說若此乎?" 徐無鬼曰:"吾直告之吾相狗馬耳." 女
商曰:"若是乎?" 曰:"子不聞夫越之流人乎? 去國數日, 見其
所知而喜. 去國旬月, 見其所嘗見於國中者喜. 及期年也, 見
似人者而喜矣. 不亦去人滋久, 思人滋深乎! 夫逃虛空者, 藜
藋柱乎鼪鼬之逕, 踉位其空, 聞人足音跫然而喜矣, 又況乎兄
弟親戚之謦欬其側者乎! 久矣夫! 莫以眞人之言謦欬吾君之
側乎!"

橫說(횡설)·從說(종설) : 이렇게도 말하고, 저렇게도 말하다

金板(금판)·六弢(육도) : 병법서 이름. 《태공병법(太公兵法)》을 지칭한다.

奉事(봉사) : 일을 받들다

啟齒(계치) : 이를 열다. 이를 보이고 크게 웃는 모습을 표현한다.

流人(유인) : 귀양 가는 죄수

藜藋(려여) : 명아주풀

鼪鼬(생유) : 족제비

足音(족음) : 발소리

跫然(공연) : 발소리를 표현하는 말

2

서무귀가 무후를 알현했다. 무후가 서무귀에게 말했다. "선생은 도토
리와 파, 부추를 먹으며 산림에 은거하였으니, 과인을 떠난 지 이미 오

래되었소. 그런데 지금 이렇게 찾아온 것은 나이가 들어 산속 생활이 힘들어진 것이오? 아니면 술과 고기가 그리워진 것이오? 그것도 아니면 사직에 무슨 복이라도 가져다주려는 것이오?"

서무귀가 말했다. "저는 가난한 몸으로 태어났지만, 한 번도 왕이 내리시는 술과 고기를 탐한 적이 없습니다. 이렇게 제가 찾아온 것은 폐하를 위로하기 위해서입니다."

무후가 말했다. "무슨 말이오? 어째서 나를 위로하겠다는 것이오?"

서무귀가 말했다. "왕의 정신과 육체를 위로한다는 것입니다."

무후가 말했다. "그게 무슨 말이오?"

서무귀가 말했다. "천지는 세상의 만물을 모두 똑같이 길러줍니다. 따라서 높은 지위에 있다고 해도 스스로 남보다 더 귀하다고 여겨서는 안 되고, 낮은 지위에 있다고 해서 스스로 남보다 더 비천하다고 여겨서는 안 됩니다. 왕께서는 만승의 군주로 군림하며 백성들을 고생시키면서 눈·코·입·귀의 향락만을 쫓고 계십니다. 이렇게 한다면 결코 정신을 만족시킬 수 없습니다. 정신은 조화로운 것을 좋아하고 사사로운 것을 싫어하기 마련입니다. 사사롭다는 것은 병에 걸린 것이나 마찬가지니 이렇게 병문안을 온 것입니다. 대체 왜 왕께서만 이러한 병폐를 범하게 된 것입니까?"

徐無鬼見武侯, 武侯曰: "先生居山林, 食芧栗, 厭葱韭, 以賓寡人, 久矣夫! 今老邪? 其欲干酒肉之味邪? 其寡人亦有社稷之福邪?" 徐無鬼曰: "無鬼生於貧賤, 未嘗敢飲食君之酒肉, 將來勞君也." 君曰: "何哉? 奚勞寡人?" 曰: "勞君之神與形." 武侯曰: "何謂邪?" 徐無鬼曰: "天地之養也一, 登高不可以為

長, 居下不可以為短. 君獨為萬乘之主, 以苦一國之民, 以養
耳目鼻口, 夫神者不自許也. 夫神者, 好和而惡姦. 夫姦, 病
也, 故勞之. 唯君所病之, 何也?"

芧栗(서율) : 도토리와 밤

蔥韭(총구) : 파와 부추

賓(빈) : 손님으로 찾아오다

耳目鼻口(이목비구) : 귀, 눈, 코, 입. 여기에서는 육체의 욕망을 가리킨다.

姦(간) : 사악하다

해설

서무귀가 위나라 무후에게 도에 관하여 이야기하고 있다. 무후는 서무귀
의 겉모습을 보고 산속에서 살아가는 생활이 고달픈 일이라고 판단했지
만, 서무귀는 오히려 과도한 욕망을 추구하면서 풍족하게 살아가는 무후
의 삶이 더욱 고달프다고 지적하였다. 지나친 욕망과 좋아하고 싫어하는
감정은 모두 고요한 본성을 어지럽혀 인간의 몸과 마음을 더 고달프게 만
들기 때문이다.

무후가 말했다. "사실 오래전부터 선생을 만나고 싶었소. 백성을 사
랑하고 정의를 실행하며 전쟁을 멈추면 되지 않겠소?"

서무귀가 말했다. "안 됩니다. 백성을 사랑한다는 것은 백성을 해치
는 출발점입니다. 정의를 위한다는 것은 전쟁을 일으키는 근본이지요.
만약 왕께서 그런 생각으로 나라를 다스리신다면 아마도 제대로 다스

릴 수 없을 것입니다. 훌륭한 일을 이루고자 하는 것 자체가 악을 일으키는 도구이기 때문입니다.

왕께서 인의를 실천하고자 하시나, 이 또한 결국 거짓과 위선에 가까워지고 말 것입니다. 하나의 형식은 거짓된 형식으로 흘러가게 마련이며, 성공하면 이를 자만하고 과시하기 마련이며, 이 과정에서 어떤 변고가 생기면 전쟁으로까지 이어지게 됩니다. 그러니 왕께서도 군사들이 열병하거나 보병과 기병이 진을 펼치는 일이 없도록 하십시오. 탐욕스러운 마음을 품지 말고, 교활한 방식으로 남을 이기려 들지 말고, 음모를 꾸며 남을 이기려 들지 말고, 전쟁으로 남을 이기려 들지 마십시오. 다른 나라 백성을 죽이고 다른 나라의 땅을 차지하면서 사리사욕을 채우려고 하는 전쟁에서 과연 누가 선이고 누가 악이겠습니까? 그러니 왕께서 진정으로 백성을 위하신다면 마음속으로 참다운 본성을 잘 지켜서 자연의 참된 모습에 순응하면서 다른 것들을 어지럽히지 않도록 하십시오. 이렇게만 한다면 이미 백성들은 죽음의 위기에서 벗어난 것이나 다름없는데, 전쟁을 멈추고 말고 할 일이 어디 있겠습니까?"

武侯曰: "欲見先生久矣. 吾欲愛民而爲義偃兵, 可乎?" 徐無鬼曰: "不可. 愛民, 害民之始也. 爲義偃兵, 造兵之本也. 君自此爲之, 則殆不成. 凡成美, 惡器也. 君雖爲仁義, 幾且僞哉! 形固造形, 成固有伐, 變固外戰. 君亦必無盛鶴列於麗譙之間, 無徒驥於錙壇之宮, 無藏逆於得, 無以巧勝人, 無以謀勝人, 無以戰勝人. 夫殺人之士民, 兼人之土地, 以養吾私與吾神者, 其戰不知孰善? 勝之惡乎在? 君若勿已矣, 修胸中之誠, 以應天地之情而勿攖. 夫民死已脫矣, 君將惡乎用夫偃兵哉!"

為義偃兵(위의언병) : 언(偃)은 그만두다. 즉 정의를 위해 전쟁을 그만둔다는 의
　　　미다.

偽(위) : 거짓

伐(벌) : 자랑하다

鶴列(학렬) : 군사의 행렬

麗譙(여초) : 화려하고 높은 누각

徒驥(도기) : 보병과 기병

錙壇之宮(치단지궁) : 제사를 지내는 궁전

攖(영) : 어지러워지다

해설

계속해서 서무귀가 무후에게 올바른 정치에 관해 조언하고 있다. 무후는
서무귀에게 백성을 사랑하므로 백성을 위해 전쟁을 멈추겠다고 말하는데,
무후는 백성을 사랑하고 위한다는 그러한 일방적인 마음이 더 큰 문제라
고 지적한다. 임금이 자신의 생각대로 백성을 대하려고 하다가는 결국 더
욱 큰 문제가 발생할 수 있기 때문이다. 따라서 백성을 진정으로 위한다면
백성을 가만히 놓아두고 억지로 백성을 변화시키지 않아야 한다고 말한다.

3

　황제(黃帝)가 대외를 만나기 위해 구자산으로 떠났다. 방명이 마부가
되고, 창우가 곁에서 보필하며, 장약과 습붕이 앞서서 황제를 인도하
고, 곤혼과 골계가 뒤를 따랐다. 황제 일행이 양성의 들판에 이르렀는
데, 그만 모두 길을 잃고 말했다. 물어볼 길이 없어 어찌할 바를 모르던

차에 우연히 목동 한 명을 만나서 그에게 길을 물었다. "자네는 구자산을 알고 있는가?"

목동이 대답했다. "알고 있습니다."

다시 물었다. "자네는 대외가 있는 곳을 알고 있는가?"

목동이 말했다. "알고 있습니다."

황제가 말했다. "거참, 신기한 아이일세! 구자산을 알 뿐 아니라 대외가 있는 곳까지 알다니. 그렇다면 어떻게 천하를 다스릴 수 있는지도 알려줄 수 있느냐?"

목동이 말했다. "천하를 다스리는 일이란 게 별것 있겠습니까? 그냥 저와 같이 하시면 되지 달리 무엇이 필요할까요? 저는 어려서 자연 속에서 자유롭게 살아왔습니다. 그런데 어느 날 눈병에 걸려 눈이 잘 보이지 않게 되었습니다. 한 어르신이 이렇게 가르쳐주시더군요. '태양의 수레를 타고 나가 양성의 들판에서 노닐도록 하여라.' 그 말대로 했더니 지금은 병이 나아서 다시 세상 밖으로 나와 살고 있습니다. 천하를 다스리는 일도 제가 병을 고친 것과 다를 바가 없을 텐데, 달리 무엇을 할 필요가 있겠습니까?"

황제가 말했다. "천하를 다스리는 일이 자네가 신경 써야 할 일은 아니지만, 그래도 꼭 좀 그 방법을 물어보고 싶구나."

목동은 한사코 거절했지만 황제가 계속해서 물어보자 마지못해 대답했다. "천하를 다스리는 일이나 말을 기르는 방법이나 무엇이 다를까요? 말을 잘 기르려면 그저 말에게 해를 끼치는 것들을 제거해 나가면 됩니다." 황제는 목동에게 두 번 머리 숙여 절하고는 목동을 스승이라 부른 뒤에 물러났다.

黃帝將見大隗乎具茨之山, 方明為御, 昌宇驂乘, 張若, 謵朋前馬, 昆閽, 滑稽後車. 至於襄城之野, 七聖皆迷, 無所問塗. 適遇牧馬童子, 問塗焉, 曰: "若知具茨之山乎?" 曰: "然." "若知大隗之所存乎?" 曰: "然." 黃帝曰: "異哉小童! 非徒知具茨之山, 又知大隗之所存. 請問為天下." 小童曰: "夫為天下者, 亦若此而已矣, 又奚事焉? 予少而自遊於六合之內, 予適有瞀病, 有長者教予曰: '若乘日之車, 而遊於襄城之野.' 今予病少痊, 予又且復遊於六合之外. 夫為天下, 亦若此而已. 予又奚事焉?" 黃帝曰: "夫為天下者, 則誠非吾子之事. 雖然, 請問為天下." 小童辭. 黃帝又問. 小童曰: "夫為天下者, 亦奚以異乎牧馬者哉? 亦去其害馬者而已矣." 黃帝再拜稽首, 稱天師而退.

大隗(대외) : 도를 깨달은 사람의 이름. 참된 도(道) 자체를 가리킨다고 보는 설도 있다.

具茨之山(구차지산) : 산 이름

方明(방명)·昌宇(창우)·張若(장약)·謵朋(습붕)·昆閽(곤혼)·滑稽(골계) : 사람 이름. 황제의 신하들이다.

驂乘(참승) : 수레를 곁에서 보좌함

襄城之野(양성지야) : 땅 이름

牧馬童子(목마동자) : 말을 기르는 목동

瞀病(무병) : 눈이 잘 보이지 않는 병

痊(전) : 낫다

再拜稽首(재배계수) : 두 번 머리를 숙여 절함. 매우 예의를 갖춘 인사에 해당한다.

4

계략에 뛰어난 사람은 계략을 짜내고 음모를 꾸밀 사건이 발생하지 않으면 즐겁지 않고, 말을 잘하는 사람은 말로 남을 설득할 기회가 없으면 즐겁지 않으며, 일을 잘 감독하는 사람은 남의 꼬투리를 잡을 만한 일이 생기지 않으면 즐겁지가 않다. 이들은 모두 외부의 일에 얽매인 자들이다.

세상에서 이름을 날리는 자는 조정에서 성공하고자 하고, 중간 정도의 재능을 지닌 자는 관리가 되는 것을 영예롭다고 여기고, 기골이 장대한 자는 고난을 극복하는 것에 자긍심을 느끼고, 용맹한 자는 환란을 물리치는 데 힘쓰고, 군사를 잘 다루는 자는 전쟁을 즐기고, 산림에 은거하는 자는 명성에 마음을 두고, 법을 연구하는 자는 법치를 확대하고자 하고, 예교를 중시하는 자는 용모와 거동을 가다듬고자 하고, 인의를 숭상하는 자는 다른 사람과 교류하는 것을 중요하게 여긴다.

농부는 밭일이 없어지면 즐겁지 않고 상인은 시장에서 장사할 일이 없어지면 즐겁지 않다. 서민들은 밤낮으로 할 일이 생기면 부지런히 일을 할 것이고, 기술자가 좋은 기계를 갖추면 큰 힘을 얻게 된다.

탐욕스러운 자는 재물이 모이지 않는 것을 근심하고, 허세를 부리는 자는 권력을 얻지 못하는 것을 슬퍼한다. 세력을 넓히고 싶어 하는 자들은 변란이 일어나는 것을 즐거워하고 자신이 등용될 기회가 생기면 가만히 있지를 못한다. 이들은 모두 시대의 변화에 끌려다니는 기회주의자들이다. 이들은 자신의 몸과 마음을 바쁘게 움직이면서 세상의 일들에 빠진 채 순수한 본래의 모습으로 돌아오지 못한다. 참으로 슬프지 않은가!

知士無思慮之變則不樂, 辯士無談說之序則不樂, 察士無凌
誶之事則不樂, 皆囿於物者也. 招世之士興朝, 中民之士榮
官, 筋力之士矜難, 勇敢之士奮患, 兵革之士樂戰, 枯槁之士
宿名, 法律之士廣治, 禮教之士敬容, 仁義之士貴際. 農夫無
草萊之事則不比, 商賈無市井之事則不比. 庶人有旦暮之業
則勸, 百工有器械之巧則壯. 錢財不積則貪者憂, 權勢不尤則
夸者悲. 勢物之徒樂變, 遭時有所用, 不能無為也. 此皆順比
於歲, 不物於易者也, 馳其形性, 潛之萬物, 終身不反, 悲夫!

해설

호시탐탐 기회를 엿보면서 돈과 권력을 차지하려고 하는 세상 사람들을
비판한다. 이런 기회주의자들은 항상 바깥세상이 어떻게 돌아가는지를 신
경 쓰므로 몸과 마음이 늘 피곤하다. 변치 않는 도에 따라서 자신의 순수한
본성을 잃어버리지 않도록 조심해야 한다.

5

장자가 말했다. "활을 쏘는 사람이 미리 정해놓은 표적이 아닌 다른
것을 맞혔는데도 그가 활을 잘 쏜다고 하면 세상 모든 사람이 다 명사수
가 될 텐데 이래도 되겠는가?"

혜자가 말했다. "되지."

장자가 말했다. "세상에 누구나 옳다고 여기는 진리가 없고, 각자 자
신이 옳다고 하는 사실만 있다고 한다면 세상 모든 사람이 요임금과 같
은 올바른 사람이 될 것이네. 이래도 되겠는가?"

혜자가 말했다. "되지."

莊子曰:"射者非前期而中, 謂之善射, 天下皆羿也, 可乎?"惠
子曰:"可." 莊子曰:"天下非有公是也, 而各是其所是, 天下皆
堯也, 可乎?"惠子曰:"可."

前期(전기) : 미리 표적을 정하다

羿(예) : 옛날에 활을 잘 쏘는 것으로 유명한 인물

장자가 말했다. "그렇다면 한번 보세나. 지금 세상에 이름을 날리는
유가, 묵가, 양주학파, 공손룡학파 넷에다 자네까지 더하면 총 다섯 개
의 학파가 있네. 이들은 다들 각자가 옳다고 주장하는데 과연 누가 옳은
것일까? 내가 지금부터 말해주는 이야기를 한번 들어보게.

옛날에 노거라는 사람이 살았다네. 그의 제자가 노거에게 말했지.
'저는 선생님의 도를 터득했습니다. 겨울에는 아궁이에 불을 잘 땔 수
있고 여름에는 얼음을 만들 수 있습니다.' 그러자 노거가 이렇게 이야기
했다네. '네가 말한 것은 양기로 양기를 부르고, 음기로 음기를 부른 것
일 뿐이니, 내가 말한 도는 아니다. 나의 도가 무엇인지 한번 보여주마.'

그러고는 큰 거문고를 조율해서 하나는 바깥에 두고 하나는 방 안에
둔 채로 연주를 했는데, 한쪽에서 궁(宮)음을 내면 다른 쪽에서도 궁(宮)
음이 났고, 한쪽에서 각(角)음을 내면 다른 쪽에서도 각(角)음이 똑같이
났다네. 서로 같은 음률이었기 때문이지. 그런데 만약 거문고 줄 하나를
조율하여 전에 없던 새로운 음을 만들어내고, 각기 다른 25개 줄을 울

리는데도 소리가 한결같이 같다면, 실로 음악의 왕이라고 해도 좋을 것이네. 노거가 바로 이러한 자가 아니겠는가?"

莊子曰: "然則, 儒墨楊秉四, 與夫子爲五, 果孰是邪? 或者若魯遽者邪? 其弟子曰: '我得夫子之道矣, 吾能冬爨鼎而夏造冰矣.' 魯遽曰: '是直以陽召陽, 以陰召陰, 非吾所謂道也. 吾示子乎吾道.' 於是爲之調瑟, 廢一於堂, 廢一於室, 鼓宮宮動, 鼓角角動, 音律同矣. 夫或改調一弦, 於五音無當也, 鼓之二十五弦皆動, 未始異於聲, 而音之君已. 且若是者邪?"

儒(유)·墨(묵)·楊(양)·秉(병) : 유가, 묵가, 양주학파, 공손룡학파의 네 가지 학파를 가리킨다.

魯遽(노거) : 사람 이름

爨鼎(찬정) : 아궁이에 불을 때다

調瑟(조슬) : 거문고를 조율하다

宮(궁)·角(각) : 동양 음악에서 사용한 계이름

혜자가 말했다. "자네 말대로 지금 네 학파가 나와 논쟁을 벌이면서 서로 지적하고 억누르고자 하는데, 그 누구도 자신이 틀렸다고는 생각하지 않네. 이는 어떻게 된 것인가?"

장자가 말했다. "제나라 사람 중에 송나라에 자기 자식을 팔아넘긴 사람이 있었다네. 문지기라도 시키려고 했지만 몸이 온전한 사람은 문지기를 할 수 없어 발 하나를 잘라 보냈지. 그런데 정작 이자가 귀한 술병 하나를 얻고는 행여나 깨지기라도 할까 조심히 감싸 보관했다고 하네. 어떤 사람은 잃어버린 자식을 찾아다니는데 마을 밖으로 나가 찾아볼 생각을 하지 않지. 이러한 모습은 흡사 자네들과 닮지 않았는가?

이런 사람들도 있네. 초나라에 남의 집에 빌붙어 사는 사람이 있었는데, 괜히 문지기에게 언성을 높여 질책을 일삼았다고 하네. 이자가 야밤에 사람들이 없는 틈을 타 집을 나와 배를 타고 길을 떠나려고 나루터로 왔는데, 그만 뱃사공과도 시비가 붙었지. 결국, 배가 기슭에 닿기도 전에 보복을 당하고 말았다네."

惠子曰:"今夫儒墨楊秉, 且方與我以辯, 相拂以辭, 相鎭以聲, 而未始吾非也, 則奚若矣?" 莊子曰:"齊人蹢子於宋者, 其命閽也不以完, 其求銒鍾也以束縛, 其求唐子也而未始出域, 有遺類矣夫! 楚人寄而蹢閽者, 夜半於無人之時而與舟人鬥, 未始離於岑, 而足以造於怨也."

相鎭以聲(상진이성) : 서로 목소리로 상대방을 억누르다

蹢(척) : 팔아넘기다

閽(혼) : 문지기

銒鍾(견종) : 목이 긴 술병

束縛(속박) : 소중하게 여겨 꽁꽁 감싸다

唐(당) : 잃어버리다

遺類(유류) : 중요한 것이 무엇인지 알지 못하는 어리석은 행위를 말함

寄(기) : 발을 절뚝거리다

鬥(투) : 싸우다

쑥(잠) : 물가

해설

장자가 살던 당시에는 각종 학파가 난립하여 스스로 옳다고 주장하며 서로 논쟁을 벌였다. 그런데 각자 자신이 옳다고 주장한다는 말은 그들 모두가 옳을 수 없음을 의미한다. 즉, 사람들은 자신이 절대적으로 옳다고 생각하지만, 이는 어디까지나 스스로의 생각일 뿐이라는 것이다. 장자는 사람들이 정작 중요한 것은 놓친 채 무의미한 논쟁을 벌이고 있다고 지적하며 이들의 어리석음을 비웃는다.

6

장자가 장례 행렬을 따라 혜자의 묘에 이르렀을 때, 뒤를 따르는 제자들을 돌아보며 이렇게 말했다. "영(郢) 땅에 살던 어떤 사람 코끝에다 진흙을 파리 날개만큼 칠하고는 장석이라는 대장장이에게 그것을 떼어내 보라고 부탁했네. 장석은 바람 소리를 내며 도끼를 휘둘러 진흙 한 점을 떼어냈는데 코에는 아무런 상처가 나지 않았지. 이를 부탁한 사람 또한 놀라는 기색이 전혀 없이 평온한 모습이었네.

송나라의 원군이 이 이야기를 듣고 장석을 불러 물었지. '자네의 그 놀라움 솜씨를 나에게도 보여주게.' 장석은 이렇게 말했네. '이전에는 할 수 있었지만 지금은 할 수 없습니다. 그런 기술을 받아줄 수 있었던 상대가 이미 죽어버렸기 때문입니다' 하고 말이야. 나도 혜자가 죽어서 나를 상대해 줄 사람이 없어졌구나. 이제 함께 이야기할 사람이 없도다."

莊子送葬, 過惠子之墓, 顧謂從者曰: "郢人堊慢其鼻端若蠅
翼, 使匠石斲之. 匠石運斤成風, 聽而斲之, 盡堊而鼻不傷, 郢
人立不失容. 宋元君聞之, 召匠石曰: '嘗試為寡人為之' 匠石
曰: '臣則嘗能斲之. 雖然, 臣之質死久矣.' 自夫子之死也, 吾
無以為質矣, 吾無與言之矣."

墓(묘) : 묘지

堊(악) : 흰색 흙

慢(만) : 칠하다

鼻端(비단) : 코끝

蠅翼(승익) : 파리의 날개

匠石(장석) : 기술자 이름. 장(匠)은 기술자를 의미하고 석(石)은 그의 이름이다.

斲(착) : 베다, 깎다

宋元君(송원군) : 송나라 임금

質(질) : 상대

7

관중이 병에 걸렸다. 제나라 임금 환공이 그를 문병하러 가서 말했다.
"중보께서는 병이 위중한 듯하오. 혹시 몰라서 조심히 말하지만, 중보의
병이 고칠 수 없는 병이라면 나는 누구에게 나라를 맡겨야 하겠소?"

관중이 말했다. "공께서는 누구를 생각하고 계신지요?"

환공이 말했다. "포숙아를 생각하고 있소."

관중이 말했다. "안 됩니다. 포숙아는 사람이 지나치게 청렴결백하고

착합니다. 자기보다 못난 사람과는 가까이하지 않으며 남의 잘못을 들으면 평생 잊어버리지 않습니다. 그러니 그에게 나라를 맡기면 지나치게 군주를 속박하고 나아가 백성들과 어긋나게 될 것이니 얼마 안 가서 왕의 미움을 사게 될 것입니다."

환공이 말했다. "그렇다면 누가 좋겠소?"

관중이 대답했다. "굳이 말하라고 하신다면 습붕이 괜찮을 것 같습니다. 그는 윗사람과는 서로 존재를 잊은 듯 지내며, 아랫사람과는 지위를 구분하지 않고 어울립니다. 스스로 황제(黃帝)보다 못한 것을 부끄러워하면서 자신보다 못한 이들을 불쌍히 여기며 도와줍니다.

자신의 덕을 남에게 나누어주는 사람을 성인이라고 부릅니다. 자신의 재물을 남에게 나누어주는 사람을 현인이라고 합니다. 스스로 자신을 현인이라고 말하면서 남을 위에서 내려다보면 사람의 마음을 얻을 수 없습니다. 하지만 현인이면서도 남보다 못하다고 겸손하면 모든 사람의 마음을 얻을 수 있습니다. 이런 사람은 나라를 다스릴 때 지나치게 간섭하지 않으며, 가문을 다스릴 때에도 자질구레한 것을 따지지 않습니다. 그러니 굳이 말하자면 습붕에게 나라를 맡기는 것이 좋을 듯합니다."

管仲有病, 桓公問之曰: "仲父之病病矣, 可不謂云, 至於大病, 則寡人惡乎屬國而可?" 管仲曰: "公誰欲與?" 公曰: "鮑叔牙." 曰: "不可. 其爲人, 絜廉善士也, 其於不己若者不比之. 又一聞人之過, 終身不忘. 使之治國, 上且鉤乎君, 下且逆乎民. 其得罪於君也, 將弗久矣." 公曰: "然則孰可?" 對曰: "勿已, 則隰朋可. 其爲人也, 上忘而下畔, 愧不若黃帝, 而哀不己若者. 以德分人謂之聖, 以財分人謂之賢. 以賢臨人, 未有得人者也.

以賢下人, 未有不得人者也. 其於國有不聞也, 其於家有不見
也. 勿已, 則隰朋可."

管仲(관중) : 제나라의 재상

桓公(환공) : 제나라의 임금

仲父(중보) : 제나라 임금 환공이 관중을 존경하여 불렀던 호칭

病病(병병) : 병이 중하다

屬國(속국) : 나라를 맡기다

鮑叔牙(포숙아) : 제나라의 신하. 성은 포(鮑), 숙아(叔牙)는 그의 자(字)다.

絜廉(혈렴) : 청렴결백하다

鉤乎君(구호군) : 임금을 속박하다. 도덕적으로 지나치게 결백하여 임금의 잘못을
          사사건건 지적할 것이라는 의미다.

勿已(물이) : 그만두지 말라고 하다

隰朋(습붕) : 제나라의 현인. 성은 습(隰), 이름은 붕(朋)이다.

해설

올바른 신하의 덕목에 관해 말하고 있다. 신하는 임금을 보필하고 백성들
을 어루만질 수 있어야 한다. 하지만 신하가 청렴함과 강직함을 지나치게
고집하면 결과적으로 많은 사람을 포용할 수 없다. 자신의 독자적인 생각
을 버릴 것을 주장하는 무위(無爲)의 원칙을 표현하는 것으로 볼 수 있다.

8

오나라 왕이 강에 배를 띄워서 노닐다가 원숭이들이 모여 사는 산에

올라갔다. 원숭이 무리가 그를 보고는 놀라서 집을 버리고 깊은 숲속으로 도망쳤다. 그런데 그중에서 원숭이 한 마리만이 날렵하게 이리저리 뛰어다니며 왕에게 재주를 보였다. 어찌나 날렵한지 왕이 화살을 쏘아 댔지만 오히려 원숭이는 화살을 잡았다. 약이 오른 왕은 사람들에게 명령하여 계속 화살을 쏘게 했고 결국 원숭이는 화살에 맞아 죽고 말았다.

왕이 곁에 있던 친구 안불의를 돌아보며 말했다. "이 원숭이는 자기 재주를 자랑하면서 재빠른 것만 믿고 오만하게 굴다가 이렇게 죽고 말았네. 이 원숭이를 교훈 삼아서 자네도 조심하게! 교만한 표정으로 사람들을 대해서는 안 될 것이네!"

안불의는 집으로 돌아온 뒤, 동오라는 사람을 스승으로 삼고 교만한 태도를 버리고 편안한 생활을 멀리하며 살았다. 이렇게 삼 년이 지나자 나라 안의 모든 사람이 그를 칭찬하게 되었다.

吳王浮於江, 登乎狙之山. 眾狙見之, 恂然棄而走, 逃於深蓁. 有一狙焉, 委蛇攫搔, 見巧乎王王射之, 敏給搏捷矢. 王命相者趨射, 狙執死. 王顧謂其友顏不疑曰: "之狙也, 伐其巧, 恃其便, 以敖予, 以至此殛也. 戒之哉! 嗟乎, 無以汝色驕人哉!" 顏不疑歸而師董梧, 以助其色, 去樂辭顯, 三年而國人稱之.

吳王(오왕) : 오나라 임금

狙之山(저지산) : 산 이름. 원숭이가 많이 산다고 해서 붙은 이름이다.

恂然(순연) : 놀라는 모습을 표현하는 말

蓁(진) : 수풀이 우거지다

委蛇(위이) : 날렵하게 뛰어다니는 모습을 표현하는 말

攫搔(확소) : 움켜쥐다

敏給(민급) : 재빨리

搏捷矢(박첩시) : 손으로 화살을 쳐서 잡다

顏不疑(안불의) : 사람 이름. 오나라 임금의 친구다.

殛(극) : 죽이다

董梧(동오) : 사람 이름. 도를 깨달은 선비라고 전해진다.

9

남백자기가 책상에 기대앉아 하늘을 바라보면서 한숨을 내쉬고 있었다. 안성자가 들어와 그 모습을 보고는 이렇게 말했다. "스승님은 참으로 훌륭한 분이십니다. 형체를 이처럼 마른 백골과 같이 만들고 마음을 불 꺼진 재처럼 만드는 것이 원래 가능한 것입니까?"

남백자기가 말했다. "나는 예전에 산속 동굴에서 살았다. 그때 제나라 임금인 전화가 나를 한번 보려고 찾아온 적이 있었지. 제나라 백성들이 이 일을 세 번씩이나 축복했다고 들었다. 내가 뭔가 잘난 척을 한 게 있으니 그가 그것을 알고 나에게 찾아온 것일 테지. 내가 스스로를 팔려고 했기 때문에 그가 사러 온 것이야. 내가 그렇게 행동하지 않았다면 그가 어떻게 찾아왔겠느냐?

아! 나는 사람들이 모두 자신의 참된 본성을 잃어버리는 것을 슬퍼하였다. 나아가 남을 슬퍼한다는 것조차 슬퍼하였다. 다시 남을 슬퍼하는 것을 슬퍼하는 것조차 슬퍼하였다. 이렇게 하루하루 자신을 과시하는 태도에서 멀어져 결국 이처럼 모든 것을 잊은 무심의 경지에 이를 수 있었다."

南伯子綦隱几而坐, 仰天而噓. 顏成子入見曰:"夫子, 物之尤也. 形固可使若槁骸, 心固可使若死灰乎?"曰:"吾嘗居山穴之中矣. 當是時也, 田禾一覩我, 而齊國之眾三賀之. 我必先之, 彼故知之. 我必賣之, 彼故鬻之. 若我而不有之, 彼惡得而知之? 若我而不賣之, 彼惡得而鬻之? 嗟乎! 我悲人之自喪者, 吾又悲夫悲人者, 吾又悲夫悲人之悲者, 其後而日遠矣."

南伯子綦(남백자기) : 도를 깨달은 인물

顏成子(안성자) : 남백자기의 제자

田禾(전화) : 제나라 임금

槁骸(고해) : 마른 나뭇가지

鬻(죽) : 팔다

自喪者(자상자) : 자신의 참된 본성을 잃어버리는 사람

10

공자가 초나라에 갔을 때 초나라 왕이 연회를 베풀었다. 초나라 신하였던 손숙오는 공자 일행을 환영하기 위해 술잔을 들고 일어섰고, 시남의료는 술을 받아 땅에 뿌리면서 이렇게 말했다. "옛날 사람들은 이러한 때에 좋은 이야기를 한마디씩 했을 것입니다. 한 말씀 부탁드립니다."

공자가 말했다. "가장 좋은 말은 무언으로 하는 말이라고 들었습니다. 아직까지 한 번도 해본 적 없는 이야기이지만, 모처럼 좋은 기회가 왔으니 한번 이야기해 보겠습니다. 옛날 백공승이 반란을 일으켰을 때 여기 있는 시남의료를 꾀어내려고 했지만, 시남의료는 구슬 놀이를 하

면서 그 요청을 모른 척했고, 양측의 화를 막을 수 있었습니다. 또한 손숙오께서는 여유롭게 잠을 청하면서도 깃털 부채를 쥐고 초나라가 군사를 물리도록 만드셨습니다. 그런데 어찌 제가 쓸데없는 언변을 놀리겠습니까?"

仲尼之楚, 楚王觴之, 孫叔敖執爵而立, 市南宜僚受酒而祭曰: "古之人乎! 於此言已." 曰: "丘也聞不言之言矣, 未之嘗言, 於此乎言之市南宜僚弄丸而兩家之難解, 孫叔敖甘寢秉羽而郢人投兵. 丘願有喙三尺."

觴(상) : 잔치를 열다

孫叔敖(손숙오)·市南宜僚(시남의료) : 사람 이름. 이 둘은 모두 공자의 후대 사람으로, 이 이야기는 전부 지어낸 것이다.

弄丸(롱환) : 구슬을 가지고 놀다. 옛날 초나라의 백공승이 모반을 일으켜 영윤 벼슬을 지내던 자서란 사람을 죽이려고 하였다. 그는 시남의료가 훌륭한 장수라는 것을 알고 그를 꾀어내어 한편으로 만들고자 했지만, 시남의료는 설득에 응하지 않고 구슬만 가지고 놀았다고 한다.

甘寢秉羽(감침병우) : 여유롭게 잠을 자거나 깃털 부채를 들고 춤을 추다.

시남의료와 손숙오가 무언의 도를 행했다고 한다면, 공자는 무언의 논변을 펼쳤다. 덕이 도라고 하는 하나의 근원적 원리를 포괄하고, 인간의 지식으로 알 수 없는 바를 말하지 않는다면 지극하다고 할 수 있다. 도는 모든 것을 하나로 관통할 수 있지만, 덕은 그렇게 할 수 없다. 인간의 지식으로 알 수 없는 것은 말로 표현할 수 없다. 그런데 유가나 묵가 학파처럼 쓸데없이 명칭을 만들어내는 것은 좋지 못하다. 바다는 동쪽으로 흐르는 강물을 거부하지 않고 다 받아들이니, 지극히 거대하다. 이와 마찬가지로 성인은 천지를 아울러 온 세상 사람들에게 은혜를 베풀지만, 스스로 드러내지 않아 사람들은 그의 존재조차 알지 못한다. 따라서 성인은 살아서는 작위를 지니지 않고 죽어서는 시호를 갖지 않으며 재물을 모으지도 않았고 명성을 갖추지도 않았다. 이러한 자를 대인이라고 부른다.

彼之謂不道之道, 此之謂不言之辯. 故德總乎道之所一, 而言休乎知之所不知, 至矣. 道之所一者, 德不能同也. 知之所不能知者, 辯不能擧也. 名若儒墨而凶矣. 故海不辭東流, 大之至也. 聖人并包天地, 澤及天下, 而不知其誰氏. 是故生無爵, 死無諡, 實不聚, 名不立, 此之謂大人.

東流(동류) : 강이 동쪽으로 흘러가 바다로 이어진다는 것을 가리킨다.
諡(시) : 시호. 죽은 사람을 높여서 부르는 호칭이다.

개가 잘 짖는다고 해서 훌륭한 개라고 하지 않는 것처럼, 사람도 말을 잘한다고 해서 현명한 사람이라고 하지 않으니, 그를 위대하다고 말하는 것은 더욱 말이 되지 않는다. 스스로 위대하다고 여기는 사람은 결코 위대한 사람이라고 할 수 없는데, 덕을 갖춘 사람이라고 하는 것은 더욱 말이 되지 않는다. 세상에 천지만큼 거대하게 모든 것을 갖추고 있는 것이 없다. 그런데 어찌 스스로 갖추기를 바라서 갖추게 된 것이겠는가? 모든 것을 갖추고 있음을 알면 바라는 것도 없고 잃어버리는 것도 없고 버리는 것도 없으니 외물로 자신을 바꾸지 않는 법이 없다. 자신을 끊임없이 돌이켜 순수한 상태에서 도에 따라 살아가는 것이 바로 대인의 참된 모습이다.

> 狗不以善吠為良, 人不以善言為賢, 而況為大乎! 夫為大不足以為大, 而況為德乎! 夫大備矣, 莫若天地. 然奚求焉, 而大備矣. 知大備者, 無求, 無失, 無棄, 不以物易己也. 反己而不窮, 循古而不摩, 大人之誠.

吠(폐) : 짖다

大備(대비) : 크게 갖추다. 모든 것을 포용한다는 의미다.

摩(마) : 소멸하다

해설

말을 잘하고 자신의 생각을 잘 표현한다고 해서 진정으로 현명한 것은 아니다. 도는 언어라는 도구를 통해서 전달되는 순간 도가 지닌 본질적 속성을 잃어버리고 만다.

11

자기에게 자식이 여덟 있었다. 하루는 그가 자식들을 모두 모아놓고는 구방인이라는 관상가를 불러 관상을 봐주기를 요청했다. "자식들 가운데 누가 가장 관상이 좋소?"

구방인이 말했다. "곤(梱)이 가장 좋소."

그 말을 들은 자기는 놀라면서도 한편으로 기뻐하며 이야기했다. "운세가 어떻소?"

구방인이 말했다. "곤은 나중에 왕이 내리는 수랏상을 받을 팔자요."

그런데 그 말을 듣고 자기는 갑자기 눈물을 주르륵 흘리며 말했다. "내 아들이 그렇게 불행한 삶을 살게 될 것이란 말이오!"

구방인이 말했다. "아니, 왕과 같이 식사를 하는 신분이 되면 그 혜택이 삼족에 미치게 될 것이오. 부모가 입는 혜택은 말도 못할 텐데, 당신이 이렇게 슬퍼하는 것은 굴러들어온 복을 걷어차는 것과 마찬가지요. 자식은 운세가 좋은데 아버지는 불행하군요."

子綦有八子, 陳諸前, 召九方歅曰: "爲我相吾子, 孰爲祥?" 九方歅曰: "梱也爲祥." 子綦瞿然喜曰: "奚若?" 曰: "梱也將與國君同食以終其身." 子綦索然出涕曰: "吾子何爲以至於是極也!" 九方歅曰: "夫與國君同食, 澤及三族, 而況父母乎? 今夫子聞之而泣, 是禦福也. 子則祥矣, 父則不祥."

子綦(자기) : 사람 이름. 앞서 등장하는 남백자기를 가리킨다고 보는 설이 있다.

陳(진) : 세우다

九方歅(구방인) : 사람 이름. 관상을 잘 보는 사람이라고 전해진다. 성은 구방(九方),
　　　이름은 인(歅)이다.

梱(곤) : 자기의 아들 이름

祥(상) : 상서롭다, 길하다

瞿然(구연) : 놀라는 모습을 표현하는 말

與國君同食(여국군동식) : 임금이 먹는 것과 같은 것을 먹다. 기름지고 좋은 음
  식을 먹게 될 것이라는 의미

索然(삭연) : 우는 모습을 표현하는 말

三族(삼족) : 친가, 외가, 처가의 세 친척 집안

禦(어) : 막다

자기가 말했다. "당신이 어찌 알겠소. 내 아들 곤이 운세가 좋아서 술
과 고기가 굴러들어온다고 하나, 그것이 어디서 오는지 대체 어떻게 안
단 말이오? 한 번도 양을 기른 적이 없는데 갑자기 방구석에서 양이 생
겨나거나, 사냥을 좋아해 본 적이 한 번도 없는데 갑자기 메추라기가 방
구석에서 생겨나면 당신은 이상하다고 생각하지 않겠소?

나는 내 자식들과 자연 속에서 노닐며 하늘의 이치를 따라 즐거워하
고 땅에서 먹을 것을 찾는다오. 헛된 일을 꾸며대지 않으며 음모를 계획
하지도 않으며 이상한 행동을 하지도 않소. 그저 자식들과 함께 천지자
연의 본래 모습을 따르며 사물에 얽매이지 않으면서 살고 있다오. 특별
히 어떻게 살아가야 한다는 생각조차 하지 않은 채 유유자적하며 살아
가는데, 이러한 세속적인 보상이 생겼단 말이오.

괴상한 일이 생길 조짐이 있는 것은 반드시 괴상한 행동이 있었기 때
문이오. 나와 내 자식들은 잘못한 일이 없으니 이는 분명 하늘이 내려준
운명일 것이오. 그래서 내가 눈물을 흘리는 것이오."

子綦曰 : "歈! 汝何足以識之? 而梱祥邪, 盡於酒肉, 入於鼻口

矣. 而何足以知其所自來? 吾未嘗為牧而牂生於奧, 未嘗好
田而鶉生於宎, 若勿怪, 何邪? 吾所與吾子遊者, 遊於天地.
吾與之邀樂於天, 吾與之邀食於地. 吾不與之為事, 不與之為
謀, 不與之為怪. 吾與之乘天地之誠而不以物與之相攖, 吾與
之一委蛇而不與之為事所宜. 今也然有世俗之償焉! 凡有怪
徵者, 必有怪行. 殆乎! 非我與吾子之罪, 幾天與之也! 吾是
以泣也."

牂(장) : 양

奧(오) : 방구석

鶉(순) : 메추라기

宎(요) : 방구석

攖(영) : 얽매이다

얼마 후에 곤이 사신으로 연나라에 파견되었는데, 가는 도중에 도적
에게 붙잡히고 말았다. 도적은 몸이 온전한 채로는 팔아버리기 어려우
므로 발을 잘라버리는 편이 더 낫다고 생각하여 그의 한쪽 발을 잘라버
렸다. 그러고는 곤을 제나라로 팔아넘겼는데, 마침 곤이 팔려간 곳은 거
공이라는 귀족의 집이었으니, 그는 평생 고기를 먹으면서 문지기로 살
게 된 것이다.

無幾何而使梱之於燕, 盜得之於道, 全而鬻之則難, 不若刖之
則易, 於是乎刖而鬻之於齊, 適當渠公之街, 然身食肉而終.

燕(연) : 나라 이름

鬻(육) : 팔다

當渠公之街(당거공지가) : 거공이라는 사람의 출입문을 담당하다. 노예로 팔려가 문지기로 일했다는 뜻이다.

해설

재물이나 권력은 애초부터 인간이 지니고 있는 것이 아니므로 추구할 것이 아님을 말하고 있다. 인간은 처음부터 재물이나 권력을 가지고 태어나지는 않는다. 재물이나 권력은 외부에서 온 것이고 따라서 그것을 가지기 위해서는 반드시 그에 알맞은 대가를 치러야 한다. 그 사실을 알지 못하고 무리하게 욕망을 좇아가면 결국에는 화를 입게 될 것이다.

12

설결이 허유를 만났다. "지금 어디에 가는 중인가?"

허유가 말했다. "요임금으로부터 도망치고 있네."

설결이 말했다. "무슨 말인가?"

허유가 말했다. "지금 요임금은 열심히 인을 행하고 있는데, 결국 그가 세상 사람들에게 비웃음을 사게 될 것이라 생각하네. 그런 방식의 정치를 펼치면 언젠가는 사람과 사람이 서로 싸우고 잡아먹는 지경에 이르고 말 것이네.

백성을 모으는 일은 어렵지 않지. 군주가 백성을 사랑하면 이들과 가까워질 수 있고, 백성들을 이롭게 하면 저절로 찾아올 것이며, 백성을 칭찬하면 스스로 힘내서 열심히 할 것이고, 백성이 싫어하는 짓을 하면 금세 떠나가 버릴 것일세. 그러니 백성을 사랑하거나 이롭게 한다는 것은 모두 인의를 추구하는 행위이네.

그런데 통치자들 가운데 인의를 벗어던지는 사람은 적고 인의를 이용하는 사람은 많으니 인의의 행위는 거짓과 위선으로 변질되기 마련이네. 탐욕스러운 통치자는 인의라는 이름을 빌려 자신의 욕망을 충족하려 할 테지. 통치자 한 사람의 판단으로 세상을 이롭게 하려는 것은 마치 사물의 한 면만을 보는 것처럼 한계를 지닐 수밖에 없네.

요임금은 현인이 세상을 이롭게 하는 한 측면만을 알고, 현인이 세상을 해치는 측면이 있음은 알지 못했다네. 오직 이러한 좁은 생각에서 벗어난 사람만이 양 측면을 다 알 수 있는 법일세."

齧缺遇許由, 曰: "子將奚之?" 曰: "將逃堯." 曰: "奚謂邪?" 曰: "夫堯, 畜畜然仁, 吾恐其爲天下笑. 後世其人與人相食與! 夫民不難聚也, 愛之則親, 利之則至, 譽之則勸, 致其所惡則散. 愛利出乎仁義, 捐仁義者寡, 利仁義者衆. 夫仁義之行, 唯且無誠, 且假乎禽貪者器. 是以一人之斷制利天下, 譬之猶一覕也. 夫堯知賢人之利天下也, 而不知其賊天下也, 夫唯外乎賢者知之矣."

해설

다른 사람을 위해 하는 행동이 다른 한편으로 그 사람을 해칠 수도 있다. 이를 깨닫지 못하고 자신의 생각에만 사로잡혀서 행동해서는 안 된다. 진정으로 남을 위한다면 자신이 무조건 옳다는 생각에서 벗어나 상대방을 대해야 한다.

13

세상에는 몇 가지 유형의 인간이 있다. 자만하며 우쭐대기 좋아하는 인간, 일시적인 안일함에 만족하는 인간, 사서 고생하는 인간이 바로 그것이다.

자만하며 우쭐대기 좋아하는 인간이란, 하나의 학설을 배우면 득의양양하면서 기뻐하고 쉽게 만족한다. 이런 자는 스스로는 충분하다고 여기지만, 실제로는 아무것도 얻지 못했음을 깨닫지 못한다. 이러한 자들을 자만하며 우쭐대기 좋아하는 인간이라고 한다.

일시적인 안일함에 만족하는 인간이란, 돼지 몸에 생기는 이와 같다. 이는 돼지의 길고 거친 털 속에 살면서 그곳을 넓은 궁궐로 여기고, 돼지의 갈라진 발굽이나 젖통 사이, 다리 사이에 파고들어 살면서 그곳을 편안한 방이라고 생각한다. 하지만 백정이 돼지를 잡아먹으려고 짚을 깔고 불을 지펴 돼지를 구우면 자신도 함께 타 죽을 것이라는 사실은 알지 못한다. 바로 환경에 따라 나아가고 환경에 따라 물러나는 자들로 이러한 자들을 일시적인 안일함에 만족하는 인간이라고 한다.

사서 고생하는 인간이란, 순임금과 같은 자이다. 양고기는 개미를 원하지 않지만, 개미는 양고기를 원해서 모여들기 마련이다. 양고기가 누린내를 풍기기 때문이다. 순임금 역시 이러한 '누린내'에 해당하는 행실이 있어 사람들이 그에게 모여들었다. 그래서 순임금은 세 번이나 도읍을 옮겼는데, 등 지역에 이르자 십만 가구나 되는 큰 도시가 생길 정도였다. 요임금은 순이 현명하다는 소문을 듣고 그를 등용하러 와서는 척박한 땅에 은혜를 베풀어 줄 것을 청했다. 순이 등용되었을 때는 이미 나이가 들어서 몸과 마음이 쇠약해졌지만 돌아가 쉴 수 없었다. 따라서 사서 고생한다고 말하는 것이다.

有暖姝者, 有濡需者, 有卷婁者.

所謂暖姝者, 學一先生之言, 則暖暖姝姝而私自說也, 自以為足矣, 而未知未始有物也, 是以謂暖姝者也.

濡需者, 豕蝨是也. 擇疏鬣, 自以為廣宮大囿, 奎蹄曲隈, 乳閒股腳, 自以為安室利處, 不知屠者之一旦鼓臂布草操煙火, 而己與豕俱焦也. 此以域進, 此以域退, 此其所謂濡需者也.

卷婁者, 舜也. 羊肉不慕蟻, 蟻慕羊肉, 羊肉羶也. 舜有羶行, 百姓悅之, 故三徙成都, 至鄧之虛而十有萬家. 堯聞舜之賢, 舉之童土之地, 曰冀得其來之澤. 舜舉乎童土之地, 年齒長矣, 聰明衰矣, 而不得休歸, 所謂卷婁者也.

暖姝(난주) : 남의 생각에 쉽게 설득당하는 것을 의미한다.

濡需(유수) : 자기 멋대로 쉽게 판단해 버리는 것을 의미한다.

卷婁(권루) : 사서 고생하면서 몸과 마음을 지치게 만든다는 것을 의미한다.

豕蝨(시슬) : 돼지에서 기생하는 이

疏鬣(소렵) : 길고 거칠게 자란 털

奎蹄曲隈(규제곡외) : 돼지 발굽의 갈라진 틈

乳閒(유한) : 젖통 사이

股腳(고각) : 다리 사이, 사타구니

屠者(도자) : 도살자, 백정

鼓臂(고비) : 팔을 걷어붙이다

布草(포초) : 마른 풀을 깔다

操煙(조연) : 불을 피우다

蟻(의) : 개미

童土之地(동토지지) : 불모지

이에 비해 신인은 사람들이 모여드는 것을 싫어한다. 사람들이 모여
들면 불화가 일어나고, 불화가 일어나면 이롭지 못한 일이 생긴다. 따라
서 신인은 사람들과 지나치게 가까워지거나 지나치게 멀어지지 않으며,
넓고 조화로운 마음을 품은 채 세상을 따른다. 이러한 사람을 진인(眞人)
이라고도 부른다.

따라서 개미로 비유하면 양고기의 맛을 잊어야 하고, 물고기로 비유
하면 물을 잊고 자유롭게 헤엄쳐야 하며, 양으로 비유하면 개미를 유혹
하고자 하는 의도를 버려야 한다. 눈이 비치는 것을 보며, 귀에 들리는
대로 들으며 마음으로 깨달을 수 있는 것을 살핀다. 이렇게 한다면 마음
은 자로 잰 듯 평온하며, 모든 변화에 순응할 수 있다. 옛날의 진인들이
여, 자연의 법칙으로 인간의 일을 다루지만, 인간의 법칙으로 자연을 침
범하지 않는 것이 바로 옛날의 진인들이로다!

是以神人惡衆至, 衆至則不比, 不比則不利也. 故無所甚親,
無所甚疏, 抱德煬和, 以順天下, 此謂眞人. 於蟻棄知, 於魚得
計, 於羊棄意. 以目視目, 以耳聽耳, 以心復心, 若然者, 其平
也繩, 其變也循. 古之眞人, 以天待之, 不以人入天, 古之眞人.

神人(신인) : 도가에서 말하는 이상적 인물

比(비) : 친하다, 친숙하다

抱德煬和(포덕양화) : 덕으로써 포용하고 조화로운 마음을 기르다. 만물을 포용

하고 만물과 조화를 이루고자 한다는 의미다.

해설

장자는 세 가지 유형의 인간을 비판하고 있다. 이들은 바로 자만하며 우쭐대기 좋아하는 인간, 일시적인 안일함에 만족하는 인간, 사서 고생하는 인간이다.

자만하며 우쭐대기 좋아하는 인간은 참된 도가 아닌 것을 도라고 믿어버리고 맹신하는 사람들이다. 이런 사람들은 생각이 좁아서 세상사의 모든 측면을 다 파악하지 못하고 자기가 보고 싶은 것만 바라보게 된다.

일시적인 안일함에 만족하는 인간 역시 이와 비슷하다. 자기 생각에 갇혀서 모든 것을 바라보려고 하는 것이다. 따라서 위험이 닥쳐도 제대로 반응할 수 없다.

사서 고생하는 인간은 헛된 일에 지나치게 신경을 쓰는 사람들이다. 장자는 순임금을 예로 들고 있다. 순임금은 사람들을 불러 모아 세상과 가깝게 지냈는데, 이렇게 세상의 일에 신경을 쓰게 되면 몸과 마음이 피로해져서 본성을 잃어버리게 된다.

14

얻으면 살고 없으면 죽으나, 때로는 사용하면 죽고 사용하지 않으면 살아나기도 한다. 이것이 바로 약의 작용이다. 씀바귀, 도라지, 가시연, 저령 등의 평범한 풀들도 때에 맞게 사용하면 가장 훌륭한 약이 되니, 그 좋고 나쁨을 어떻게 다 설명할 수 있겠는가?

옛날 월나라의 왕 구천은 전쟁에서 패해 불과 삼천 명의 군사만을 이

끌고 회계산에 올라가 숨어 지냈다. 이런 위급한 상황 속에서도 대부인 종(種)만이 월나라가 다시 일어설 방법을 모색할 수 있었다. 하지만 나중에 그는 모함을 받아서 월나라 왕으로부터 죽임을 당하고 말았다. 월나라가 다시 일어나는 방법은 알았지만, 이것이 오히려 자신의 근심거리가 될 줄은 몰랐던 것이다.

따라서 올빼미의 눈은 그 나름의 쓸모가 있고, 학의 다리는 적절한 길이가 있으니, 이를 간과한다면 슬픈 일이 아닐 수 없다. 바람은 강물을 지나가면 약해지고, 햇빛도 강물을 비추면 줄어들기 마련이다. 하지만 바람이 강 위에서 불고, 햇빛이 강물 위를 비추어도 강물은 줄어들지 않는다. 물이 솟아나는 원천에 의지하여 끊임없이 흐르기 때문이다. 따라서 물이 흙을 단단히 지켜 굳어지며, 그림자가 사람을 단단히 지켜 분리되지 않듯이 사물은 항상 다른 사물들과 긴밀한 관계를 유지하면서 떨어지지 않는 법이다.

得之也生, 失之也死. 得之也死, 失之也生. 藥也, 其實菫也. 桔梗也, 雞壅也, 豕零也, 是時爲帝者也, 何可勝言! 句踐也以甲楯三千, 棲於會稽. 唯種也能知亡之所以存, 唯種也不知身之所以愁. 故曰: 鴟目有所適, 鶴脛有所節, 解之也悲. 故曰: 風之過河也有損焉, 日之過河也有損焉. 請只風與日相與守河, 而河以爲未始其攖也, 恃源而往者也. 故水之守土也審, 影之守人也審, 物之守物也審.

菫(근)·桔梗(길경)·雞壅(계옹)·豕零(시령) : 약초로 쓰이는 풀들. 각각 씀바귀, 도라지, 가시연, 저령에 해당한다.

句踐(구천) : 월나라 임금의 이름

甲楯(갑순) : 갑옷과 방패. 군대를 의미한다.

會稽(회계) : 산 이름

鵄(치) : 올빼미

鶴(학) : 학

恃(시) : 의지하다

눈의 작용이 지나치게 밝으면 위험하고, 귀의 작용이 지나치게 분명하면 위험하고, 마음에 지나치게 많은 생각이 있으면 위험하다. 모든 능력은 지나치게 발휘되면 위험해진다. 일단 위험해지고 나면 고치기가 힘들다. 점점 위험이 늘어나면 본래의 상태로 돌아가고자 해도 많은 시간과 노력이 필요한데, 사람들은 자신의 감각과 능력만을 자랑하면서 귀중하게 여기니 참으로 슬픈지 않은가? 따라서 나라가 망하고 백성들이 죽임을 당하는 일이 끊이지 않고 발생하는 것이다. 사람들이 그 원인을 어디에서 찾아야 할지 모르기 때문이다.

사람이 땅에 발을 디디는 부분은 매우 적다. 하지만 아무리 적은 부분이라도 새롭게 땅을 밟아나가야만 길을 걸어 다닐 수 있다. 마찬가지로 인간이 알 수 있는 바는 한없이 적다. 아무리 적은 부분이라 할지라도 인간이 알지 못하는 바에 의지해야 자연의 이치라고 하는 것을 알 수 있다.

계속해서 위대한 근원을 알고, 위대한 땅의 이치를 알고, 위대한 시각을 알고, 위대한 균형을 알고, 위대한 공간을 알고, 위대한 믿음을 알고, 위대한 안정을 안다면 지극한 앎의 경지에 도달했다고 할 수 있다.

위대한 근원은 모든 것에 통한다. 위대한 땅의 이치는 모든 것으로 녹아들 수 있다. 위대한 시선은 모든 것을 살필 수 있다. 위대한 균형은 모든 것을 있는 그대로 놓아둔다. 위대한 공간은 모든 것을 포용한다. 위대한 믿음은 모든 것을 헤아린다. 위대한 안정은 모든 것을 유지시킨다.

자연의 원리를 그대로 따르면 밝은 지혜가 드러나게 된다. 그윽한 어둠 속에 만물을 다스리는 작용이 있는데, 그로써 만물이 시작되던 순간 이것과 저것의 구분이 생겨난다. 따라서 인간의 짧은 지식은 제대로 알고 있다고 할 수 없으며, 설사 알고 있다고 하더라도 이는 모르는 것과 다를 바 없는 것이다. 자신의 짧은 지식을 잊고 아무런 편견도 가지지 않는 무심한 경지에 이르러야 비로소 알 수 있게 된다.

좀 더 깊이 들어가 알고자 하면, 한계가 없기도 하고, 한계가 있기도 하다. 만물이 분분하게 뒤섞인 가운데 실제로 작용하는 원리가 있어서 옛날부터 지금에 이르기까지 한 번도 어긋난 적이 없었다. 그러니 그 속에 거대한 이치가 없다고 말할 수 있겠는가!

왜 이러한 근원적인 질문을 아무도 던지지 않는 것일까? 어찌하여 이런 지경까지 이르게 되었던 말인가? 의혹되지 않은 것으로 의혹을 해소해 나가 다시 의혹되지 않은 상태로 돌아가야 한다. 바로 그러한 상태가 애초에 아무것에도 의혹되지 않은 태초의 상태이다.

故目之於明也殆, 耳之於聰也殆, 心之於殉也殆. 凡能其於府也殆, 殆之成也不給改. 禍之長也茲萃, 其反也緣功, 其果也待久. 而人以爲己寶, 不亦悲乎! 故有亡國戮民無已, 不知問是也. 故足之於地也踐, 雖踐, 恃其所不蹍而後善博也. 人之於知也少, 雖少, 恃其所不知而後知天之所謂也. 知大一, 知

大陰, 知大目, 知大均, 知大方, 知大信, 知大定, 至矣. 大一通
之, 大陰解之, 大目視之, 大均緣之, 大方體之, 大信稽之, 大
定持之. 盡有天, 循有照, 冥有樞, 始有彼. 則其解之也似不解
之者, 其知之也似不知之也, 不知而後知之. 其問之也, 不可
以有崖, 而不可以無崖. 頡滑有實, 古今不代, 而不可以虧, 則
可不謂有大揚搉乎! 闔不亦問是已, 奚惑然為! 以不惑解惑,
復於不惑, 是尚大不惑.

心之於殉(심지어순) : 마음이 추구하는 바. 즉 마음의 지혜를 가리킨다.

不給改(불급개) : 고칠 수 없다

茲萃(자췌) : 더욱 불어나다

戮民(육민) : 백성을 죽이다

蹍(전) : 디디다, 밟다

冥有樞(명유추) : 어둠 속에 만물의 근원이 있다. 도는 드러나지 않는 형태로 존재
　　　한다는 뜻이다.

大揚搉(양각) : 거대한 도의 이치

해설

인간의 지식과 감각의 한계에 대해 말한다. 부분적인 지식으로는 세계의
참모습을 살필 수 없으며, 인간이 알 수 없는 바에 의지해야만 비로소 참된
세계에 다가갈 수 있다. 따라서 이러한 한계를 극복하기 위해서는 무엇보
다도 인간의 지식이 도달하지 못하는 부분이 있음을 깨달아야 한다. 겸손
하게 자신의 지식을 비우고 인간이 알 수 없는 바에 따라 행동한다면 좁은
지식으로도 온전히 세상을 살아갈 수 있다.

제3편

칙양 則陽

1

　칙양이 초나라로 벼슬을 구하러 왔을 때의 일이다. 이절이라는 신하가 왕에게 칙양을 추천하였는데 왕이 만나보려 하지 않았다. 이절은 자신의 의견이 받아들여지지 않자 벼슬을 그만두고 고향으로 내려가버렸다. 그런 일이 있고 난 뒤, 칙양은 초나라의 현자인 왕과를 만나 그에게 이렇게 이야기했다. "선생은 어째서 저를 왕에게 추천해 주지 않으십니까?"

　왕과가 말했다. "나보다 공열휴의 추천을 받는 것이 나을 것이네."

　칙양이 말했다. "공열휴는 어떤 사람입니까?"

　왕과가 말했다. "그는 겨울이면 강에 들어가 작살로 자라를 잡아서 먹고, 여름에는 산그늘에서 편안하게 지낸다네. 누군가 지나가다가 물어보는 사람이 있으면 '이곳이 내 집이오'라고 대답하곤 한다네. 이미 이절의 이야기도 먹히지가 않았는데 내가 어떻게 한단 말인가?

　나는 심지어 이절에게도 미치지 못하네. 이절은 지혜는 뛰어나지만 덕이 부족하고 자기 자신을 엄격하게 단속하면서 사람들과 교제하지. 그런데 이미 부귀영화에 마음속이 흐려져 있으니 남을 덕으로 도와주지 못하고 오히려 방해하는 꼴일세. 추위에 떨고 있는 사람은 봄을 기다리고 더위로 고생하고 있는 사람은 얼른 겨울이 되어 시원한 바람을 맞고 싶어 한다지만, 그게 어디 쉬운가.

초나라 왕은 성격이 매우 엄격해서 죄에 대해서는 마치 호랑이처럼 조금의 용서도 없다네. 그러니 말솜씨가 좋은 이절이나 공열휴처럼 올바른 덕을 지닌 사람이 아니라면 아무도 그를 설득할 수 없을 것이네.

성인은 만약에 집이 가난하면 가족이 가난을 잊을 수 있게 만들어주고, 벼슬에 나아갔을 때는 임금이나 귀족이 자신의 지위를 잊고 겸손해질 수 있게 만들어 준다네. 사물을 대할 때는 너그러운 태도로 하나 되어 함께 즐기고, 다른 사람을 대할 때는 서로 소통하면서도 자기 자신을 잃어버리지 않도록 정신을 확실하게 지키지. 따라서 항상 무언의 가르침을 펼치며 조화로움으로써 사람들과 동화되는데, 그저 옆에 있는 것만으로도 사람들을 감화시킬 수 있다네. 부자지간에 각자 알맞은 역할과 도리가 있듯이, 사람들 사이에도 각기 적합한 도리가 있기 마련이지만, 성인은 그 누구를 대할 때도 마음을 비운 태도를 유지한다네. 이처럼 사람들과 성인이 마음을 쓰는 방법은 거리가 멀지. 따라서 왕에게 등용되고자 한다면 공열휴에게 기대를 걸어보라고 한 것이네."

則陽游於楚, 夷節言之於王, 王未之見, 夷節歸. 彭陽見王果曰: "夫子何不譚我於王?" 王果曰: "我不若公閱休." 彭陽曰: "公閱休奚為者邪?" 曰: "冬則擉鱉於江, 夏則休乎山樊. 有過而問者, 曰: '此予宅也.' 夫夷節已不能, 而況我乎! 吾又不若夷節. 夫夷節之為人也, 無德而有知, 不自許, 以之神其交, 固顚冥乎富貴之地, 非相助以德, 相助消也. 夫凍者假衣於春, 暍者反冬乎冷風. 夫楚王之為人也, 形尊而嚴, 其於罪也, 無

赦如虎, 非夫佞人正德, 其孰能橈焉! 故聖人, 其窮也使家人
忘其貧, 其達也使王公忘其爵祿而化卑. 其於物也, 與之為娛
矣. 其於人也, 樂物之通而保己焉. 故或不言而飮人以和, 與
人並立而使人化. 父子之宜, 彼其乎歸居, 而一閒其所施. 其
於人心者, 若是其遠也. 故曰待公閱休."

則陽(칙양) : 사람 이름. 성은 팽(彭), 이름은 양(陽), 칙양은 자(字). 노나라 사람으
　　　로 초나라에 가서 벼슬을 구했다고 전해진다.

夷節(이절) : 사람 이름. 초나라의 신하다.

王果(왕과) : 사람 이름. 초나라의 현자다.

譚(담) : 편안하다

公閱休(공열휴) : 사람 이름. 덕이 높은 선비라고 전해진다.

掔鱉(착별) : 작살로 자라를 찔러 잡다

山樊(산번) : 산그늘

顚冥(전명) : 흐려지다, 어두워지다

無赦如虎(무사여호) : 호랑이처럼 엄격하여 다른 사람을 용서하지 않음

佞人(영인) : 아첨꾼

橈(요) : 굽히다, 약화시키다

해설

덕이 높은 사람은 자신을 드러내지 않으므로 남을 편안하게 만들고 남의
오만함을 바로잡을 수 있다. 따라서 덕이 높은 사람은 위아래 모든 사람을
교화할 능력을 지니고 있다. 통치자와 신하는 이런 덕을 닦아서 정치에 임
해야 할 것이다.

2

성인은 복잡하게 얽혀 있는 세상의 일들을 다 꿰뚫고 있으며 만물과 두루 일체를 이루지만, 정작 왜 그런지는 알지 못한다. 타고난 모습으로 하기 때문이다. 타고난 모습 그대로 자연의 이치를 따라 행동하였으니 사람들은 그를 성인이라고 불렀다. 하지만 보통 사람들은 자신의 지혜가 부족한 것을 두려워하여 어떤 일이든 항상 중간에서 멈추고 만다. 이를 어찌하면 좋은가?

아름답게 태어난 사람이 있다고 하자. 만일 누군가가 거울을 주어서 아름다운 얼굴을 보라고 하지 않으면 이 사람은 자신이 남보다 아름답다는 사실을 알 수 없을 것이다. 그러한 사실을 알건 모르건, 들었건 듣지 못했건 그자는 아름다운 것을 당연히 좋아할 것이다. 이처럼 사람들이 아름다운 것을 좋아하는 것은 타고난 성질이 그러하기 때문이다.

이와 마찬가지로 성인은 사람들을 사랑하기 때문에 다른 사람들이 그러한 성인의 모습을 보고 훌륭하다고 말한다. 하지만 성인은 사람들에게서 그런 말을 듣지 못하면 자신이 남들보다 더 사람들을 사랑한다는 사실을 알지 못할 것이다. 하지만 이러한 사실을 들었건 듣지 않았건 간에 성인은 사람들을 사랑하며, 사람들은 성인과 함께 있으면 편안함을 느낀다. 그것이 성인의 자연스러운 본성이기 때문이다.

만약 고향을 떠나 각지로 유랑하는 사람이 있다면 고향 모습을 멀리서만 바라보아도 크게 기뻐할 것이다. 언덕이나 수풀에 가려 모습이 제대로 보이지 않아도 기쁠 텐데 직접 고향에 돌아가 그 모습을 보고 듣는다면 얼마나 기쁠 것인가? 마치 열 길이나 되는 누대를 사람들 사이에 세워놓은 것처럼 자명한 사실이다.

聖人達綢繆, 周盡一體矣, 而不知其然, 性也. 復命搖作而以
天爲師, 人則從而命之也. 憂乎知而所行恆無幾時, 其有止也
若之何? 生而美者, 人與之鑑, 不告則不知其美於人也. 若知
之, 若不知之, 若聞之, 若不聞之, 其可喜也終無已, 人之好之
亦無已, 性也. 聖人之愛人也, 人與之名, 不告則不知其愛人
也. 若知之, 若不知之, 若聞之, 若不聞之, 其愛人也終無已,
人之安之亦無已, 性也. 舊國舊都, 望之暢然. 雖使丘陵草木
之緡, 入之者十九, 猶之暢然. 況見見聞聞者也? 以十仞之臺
縣衆閒者也!

綢繆(주무) : 빈틈없이 얽혀 있는 일들

無幾時(무기시) : 얼마 지나지 않은 때

暢然(창연) : 기뻐하는 모습을 표현하는 말

十仞之臺(십인지대) : 열 길 높이의 누대. 분명하게 드러난 모습을 비유하고 있다.

해설

성인이 훌륭한 것은 인위적으로 생각하고 행동했기 때문이 아니다. 성인
은 그저 타고난 본성에 따라 행동할 뿐이다. 마치 사람들이 아름다움을 좋
아하는 것이 자연스러운 본성이듯이 성인이 사람들을 사랑하고 편안하게
만들어 줄 수 있는 것 역시 타고난 본성에서 기인한 것이다. 성인은 이러한
본성을 억압하거나 왜곡하지 않고 그대로 발휘하였으므로 훌륭하다고 일
컬어진다.

3

옛날 전설 속 제왕 염상씨는 만물 변화의 근원에 서서 사물이 스스로 이루어지는 모습에 순응하였으니, 끝도 없고 시작도 없는 무궁한 시간의 흐름 속에서 만물에 자유자재로 부합하였다. 시간의 흐름 속에서 만물과 함께 변화하는 사람은 어떤 면에서 조금도 변화하지 않는 사람이라고 할 수 있으니, 이러한 도의 근원으로부터 떠난 적이 있었겠는가?

자연의 이치에 따라야겠다고 억지로 생각하면서 행동한다면 자연의 이치를 따를 수 없다. 억지로 하려고 한다면 어떻게 가능하겠는가? 성인은 애초에 자연의 이치나 인간의 도리 그 어떤 것도 억지로 생각하지 않았다. 만물의 시작이나 외물에도 마음을 두지 않았다. 세상과 함께 변화해 나가며 정체되는 법이 없었고, 제대로 행실을 갖추어 환난에 빠지는 일도 없었다. 이처럼 성인은 만물과 완전히 합치되는 경지에 이르렀는데, 과연 누가 그와 같이 할 수 있겠는가?

옛날 탕임금은 사어문윤의 자리에 있던 등항이란 자를 스승으로 삼았는데, 그를 따르면서도 배운 바에 얽매이지는 않았으니, 자연스럽게 명성을 드높일 수 있었다. 그럼에도 그는 이름에 얽매이지 않고 법도를 중시하였다. 이에 그 공적은 오히려 세상에 밝게 드러날 수 있었다. 공자 역시 생각을 버리고 무심함을 원칙으로 삼았다. 용성씨는 이런 말을 한 바 있다. "하루하루가 없이 일 년은 있을 수 없고, 내면이 없으면 외면은 있을 수 없다."

冉相氏得其環中以隨成, 與物無終無始, 無幾無時日. 與物化者, 一不化者也, 闔嘗舍之! 夫師天而不得師天, 與物皆殉, 其以爲事也若之何? 夫聖人未始有天, 未始有人, 未始有始,

未始有物, 與世偕行而不替, 所行之備而不洫, 其合之也若之
何? 湯得其司御門尹登恆為之傅之, 從師而不囿, 得其隨成.
為之司其名之名, 嬴法得其兩見. 仲尼之盡慮, 為之傅之. 容
成氏曰: "除日無歲, 無內無外."

冉相氏(염상씨) : 전설 속의 제왕

得其環中(득기환중) : 변화의 중심을 얻음. 만물이 변화하는 근원을 파악했다는

　　　　　의미다.

不替(불체) : 막히지 않다

不洫(불일) : 지나치지 않다

司御門尹(사어문윤) : 벼슬 이름

登恆(등항) : 사람 이름

容成氏(용성씨) : 전설 속의 제왕

4

위나라 혜왕 형이 제나라의 위왕 모와 동맹을 맺었는데, 위왕이 혜왕
을 배신했다. 혜왕은 분노하여 자객을 보내 그를 죽이고자 하였다.

위나라에서 서수 벼슬을 지내던 공손연이 이 사실을 알고 부끄러워
하며 혜왕에게 말했다. "왕께서는 만백성을 다스리는 군주이신데 어찌
하여 임금답지 못한 방법으로 원수를 갚으십니까! 제게 군사 20만을 주
신다면 전하를 위해 그를 공격하여 백성들을 사로잡고 소와 말을 포획
하여 위왕의 속에서 열불이 나도록 만든 뒤에 나라를 빼앗아버리겠습
니다. 제나라의 장군 전기가 도읍을 버리고 도망가면 그를 사로잡아서

등뼈를 부러뜨리겠습니다."

옆에서 그 말을 듣던 신하 계자가 더욱 부끄러워하며 말했다. "열 길 높이의 성을 쌓아놓고 금세 허물어버리면 일꾼들은 힘들어할 것입니다. 우리나라가 전쟁을 하지 않은 지 7년이 되어갑니다. 그동안 많은 물자를 저축하고 힘을 길렀습니다. 이는 천하를 통일할 기반입니다. 그러니 지금 혼란을 일으키려고 하는 저자의 말을 부디 듣지 마십시오."

옆에 있던 화자가 그 말을 듣고 다시 부끄러워하며 말했다. "제나라를 정벌하자고 말하는 자는 혼란을 일으키는 자가 맞습니다. 하지만 정벌하지 말자고 부추기는 자 역시 혼란을 일으키는 자입니다. 이 둘 모두가 혼란을 일으키고 있습니다."

왕이 화자에게 물었다. "그렇다면 어떻게 하면 좋겠소?"

화자가 말했다. "왕께서는 그저 도(道)만 구하고자 하시면 됩니다."

혜자가 이 이야기를 전해 듣고는 위나라의 현자인 대진인을 혜왕과 만나게 했다.

대진인이 말했다. "왕께서는 달팽이라는 것을 알고 계십니까?"

혜왕이 말했다. "그렇소."

대진인이 말했다. "그럼 이 이야기를 한번 들어보십시오. 달팽이의 왼쪽 뿔에 나라가 하나 있습니다. 촉씨라고 하지요. 오른쪽 뿔에도 나라가 하나 있습니다. 만씨라고 합니다. 이들이 서로 영토를 놓고 싸워서 전쟁터에는 시체가 즐비했고 패배한 적군을 쫓아가기를 15일 동안이나 한 이후에 비로소 전쟁이 끝났다고 합니다."

혜왕이 말했다. "아니, 그 무슨 허황된 말이오?"

대진인이 말했다. "좋습니다. 그럼 실제 이야기를 해드리겠습니다. 왕께서는 이 사방의 우주공간에 끝이 있다고 생각하십니까?"

혜왕이 말했다. "끝이 없다고 생각하오."

대진인이 말했다. "그렇게 끝없이 무한한 세계를 생각하시다가 반대로 사람의 발길이 닿을 수 있는 좁은 영토를 생각하신다면 마치 아무것도 아닌 것같이 느껴지실 게 아닙니까?"

혜왕이 말했다. "과연 그렇군요."

대진인이 말했다. "사람들의 발길이 닿는 영토 가운데 우리 위나라가 있습니다. 그 속에 수도인 대량이 있고, 그 속에 왕이 계십니다. 이렇게 본다면, 왕께서는 달팽이 뿔에 있는 만씨와 무엇이 다르겠습니까?"

혜왕이 말했다. "다를 바 없소."

대화가 끝나고 대진인이 나가자 혜왕은 멍하니 넋이 나간 모습을 하고 있었다. 잠시 후에 혜자가 다시 왕을 만나러 들어왔다. 왕이 혜자에게 말했다. "저 손님은 참으로 위대한 사람이구려. 성인도 저 사람에게는 미치지 못할 것 같소."

혜자가 말했다. "피리를 불면 높은 소리가 나지만 칼자루에 나 있는 조그만 구멍을 불어봤자 그저 획 하는 바람 소리만 들릴 것입니다. 요임금이나 순임금을 사람들이 칭찬한다지만 저 대진인 앞에서는 칼자루의 구멍에 불과할 것입니다."

魏瑩與田侯牟約, 田侯牟背之. 魏瑩怒, 將使人刺之. 犀首聞而恥之, 曰: "君爲萬乘之君也, 而以匹夫從讎! 衍請受甲二十萬, 爲君攻之, 虜其人民, 係其牛馬, 使其君內熱發於背, 然後拔其國. 忌也出走, 然後抶其背, 折其脊." 季子聞而恥之, 曰: "築十仞之城, 城者旣十仞矣, 則又壞之, 此胥靡之所苦也. 今兵不起七年矣, 此王之基也. 衍亂人, 不可聽也." 華子聞而醜之, 曰:"善言伐齊者, 亂人也. 善言勿伐者, 亦亂人也. 謂伐之與不伐亂人也者, 又亂人也." 王曰:"然則若何?" 曰:"君求其道而已矣." 惠子聞之而見戴晉人. 戴晉人曰:"有所謂蝸者, 君知之乎?" 曰:"然." "有國於蝸之左角者曰觸氏, 有國於蝸之右角者曰蠻氏, 時相與爭地而戰, 伏尸數萬, 逐北旬有五日而後反." 君曰:"噫! 其虛言與?" 曰:"臣請為君實之. 君以意在四方上下有窮乎?" 君曰:"無窮." 曰:"知遊心於無窮, 而反在通達之國, 若存若亡乎?" 君曰:"然." 曰:"通達之中有魏, 於魏中有梁, 於梁中有王. 王與蠻氏, 有辯乎?" 君曰:"無辯." 客出而君惝然若有亡也. 客出, 惠子見. 君曰:"客, 大人也, 聖人不足以當之." 惠子曰:"夫吹筦也, 猶有嗃也. 吹劍首者, 吷而已矣. 堯舜, 人之所譽也. 道堯舜於戴晉人之前, 譬猶一吷也."

魏瑩(위형) : 위나라 혜왕. 형(瑩)은 그의 이름이다.

田侯牟(전후모) : 제나라 위왕으로 알려져 있지만 분명하지는 않다.

約(약) : 동맹을 맺다

刺(자) : 자객을 보내다

犀首(서수) : 벼슬 이름

萬乘之君(만승지군) : 만 대의 수레를 지닌 왕. 임금을 표현하는 말 가운데 하나이다.

讎(수) : 원수

衍(연) : 위나라 장수인 공손연(公孫衍)을 가리킨다.

忌(기) : 제나라 장수인 전기(田忌)를 가리킨다.

抶其背(질기배) : 뒤를 쫓다, 추격하다

季子(계자) : 사람 이름. 위나라의 신하다.

胥靡(서미) : 노역을 담당하던 죄수

華子(화자) : 사람 이름. 위나라의 신하다.

戴晉人(대진인) : 사람 이름. 위나라의 현자다.

蝸(와) : 달팽이

通達(통달) : 사람들의 발길이 닿다. 즉 한계가 있다는 의미다.

惝然(창연) : 놀라 넋이 나간 모습을 표현하는 말

해설

위 단락에서는 터무니없어 보이는 달팽이의 비유를 들어 인간의 유한함을 날카롭게 지적하고 있다. 인간은 우주에 비유하면 티끌 같은 존재다. 인간이 살아가는 공간은 좁디좁은 세상이지만, 우리는 이를 마치 전부인 양 착각하면서 남과 다투기에 급급해한다. 장자의 비유로 생각의 폭을 넓혀보면 이런 인간의 착각은 아주 어리석은 짓이 아닐 수 없다. 인간의 한계를 깨닫고 무한한 도의 경지로 생각의 폭을 늘려가지 않으면 안 될 것이다.

5

공자가 초나라로 가는 도중에 의구의 언덕에 있는 주막에서 하룻밤을 묵게 되었다. 그런데 저 멀리 이웃집 주인 부부와 하인들이 언덕 높은 곳으로 오르는 것이 보였다. 자로가 말했다. "저렇게 모여서 언덕을 오르는 사람들은 대체 어떤 사람들일까요?"

공자가 말했다. "아마도 성인의 가솔들일 것이다. 성인은 스스로 백성들 사이에 파묻히고 밭두둑 사이에 숨어서 그 명성을 감추고 있지만,

정신만은 끝없이 넓지. 겉으로는 보통 사람들처럼 평범한 대화를 나누지만, 정작 마음속에는 아무런 말도 담아두지 않는다. 그는 속세와 거리를 두고 살면서 속세를 가치 없다고 여기고 있을 것이다. 이렇게 은거하는 자는 아마도 시남의료가 아니겠는가?"

이 말을 들은 자로가 그를 초청하고자 하였다. 공자가 자로에게 말했다. "아서라, 그는 내가 초나라에 간다는 사실을 알고 있을 것이다. 아마도 내가 초나라 왕에게 그를 등용할 것을 권했으리라 생각하겠지. 게다가 그는 나를 아첨꾼처럼 여기고 있다. 아첨꾼의 입에 오르내리는 것도 싫어할 텐데 직접 만나는 것을 좋아하겠느냐?"

과연 자로가 찾아갔더니 이웃집은 텅 비어 있었다.

孔子之楚, 舍於蟻丘之漿. 其鄰有夫妻臣妾登極者, 子路曰: "是稷稷何爲者邪?" 仲尼曰: "是聖人僕也. 是自埋於民, 自藏於畔. 其聲銷, 其志無窮, 其口雖言, 其心未嘗言, 方且與世違而心不屑與之俱. 是陸沈者也, 是其市南宜僚邪?" 子路請往召之. 孔子曰: "已矣! 彼知丘之著於己也, 知丘之適楚也, 以丘爲必使楚王之召己也, 彼且以丘爲佞人也. 夫若然者, 其於佞人也羞聞其言, 而況親見其身乎! 而何以爲存?" 子路往視之, 其室虛矣.

蟻丘(의구) : 언덕의 이름

漿(장) : 주막

登極(등극) : 언덕의 높은 곳으로 올라가다

稷稷(총총) : 여럿이 모여 있는 모습을 표현하는 말

畔(반) : 밭두둑

屑(설) : 달갑게 여기다

陸沈(육침) : 땅에 잠기다. 마치 물에 잠겨 있는 것처럼 세상 속에서 숨어 지내
        는 것을 의미한다.

市南宜僚(시남의료) : 사람 이름. 도를 깨달은 사람으로 등장한다.

羞(수) : 싫어하다, 꺼리다

해설

도를 깨달은 인물의 모습을 말하고 있다. 이들은 세상 속에서 사람들과 어
울려 살고는 있지만 세상의 일에 얽매이거나 영향을 받지 않는다. 그 대신
정신세계 속에서 무한한 자유를 누리며 살아갈 뿐이다.

6

장오 땅의 국경지기가 자뢰에게 말했다. "왕이 정치를 할 때 성급하
게 해서는 안 되며, 백성들을 다스릴 때는 경박하게 해서는 안 됩니다.
내가 예전에 벼농사를 지은 적이 있는데, 논을 대충 일구었더니 열매 역
시 대충 열리더군요. 잡초를 뽑을 때도 설렁설렁했더니 열매가 듬성듬
성 맺혔습니다. 그래서 그다음 해에는 방법을 바꾸어서 깊이 밭을 갈고
정성껏 흙을 덮어주었습니다. 그랬더니 벼가 무럭무럭 잘 자라서 곡식
이 충분히 열렸습니다. 한 해 동안 질리도록 쌀을 먹을 수 있었지요."

장자가 그 이야기를 듣고 이렇게 말했다. "지금 사람들이 몸과 마음
을 다스리는 모습이 이 국경지기의 말과 비슷하다. 요즘 사람들은 자연
의 이치에서 벗어나고, 타고난 성질을 버리며, 자신의 참된 모습을 없애

고, 그 정신을 잃어버린 채 세속의 일들만을 쫓아다닌다. 자신의 본성을 함부로 대하면 욕망과 감정의 싹이 돋아나 본성을 해치는 잡초가 되고 만다. 처음에 자라나는 욕망의 싹은 마치 자신의 육체를 만족시켜주는 것처럼 보이지만, 결국에는 본성을 뽑아버리고 곳곳으로 새어나가 온갖 질병을 일으키게 된다. 부스럼과 종기, 열병과 혼탁뇨 등이 그것이다."

長梧封人問子牢曰: "君爲政焉勿鹵莽, 治民焉勿滅裂. 昔予爲禾, 耕而鹵莽之, 則其實亦鹵莽而報予. 芸而滅裂之, 其實亦滅裂而報予. 予來年變齊, 深其耕而熟耰之, 其禾繁以滋, 予終年厭飱." 莊子聞之曰: "今人之治其形, 理其心, 多有似封人之所謂: 遁其天, 離其性, 滅其情, 亡其神, 以眾爲. 故鹵莽其性者, 欲惡之孽, 爲性萑葦兼葭, 始萌以扶吾形, 尋擢吾性, 並潰漏發, 不擇所出, 漂疽疥癰, 內熱溲膏是也."

長梧封人(장오봉인) : 장오 땅의 국경지기

子牢(자뢰) : 사람 이름. 공자의 제자로 알려져 있다.

鹵莽(로망) : 함부로 하다

滅裂(멸렬) : 엉터리로 대충하다

爲禾(위화) : 벼를 심다

變齊(변제) : 농사방식을 바꾸다

熟耰(숙우) : 깊이 흙을 덮다

孽(얼) : 조짐, 싹

萑(환)·葦(위)·蒹(겸)·葭(가) : 모두 갈대 종류의 풀로 여기에서는 잡초를 의미한다.

尋擢(심탁) : 뽑아내다

並潰漏發(병궤루발) : 나란히 새어나오다

漂疽疥癰(표저개옹) : 부스럼과 종기

內熱溲膏(내열수고) : 열병과 오줌이 새어나오는 병

7

백구가 노담 밑에서 배웠을 때의 일이다. 하루는 백구가 노담에게 말했다. "천하를 유람해 보고 싶습니다."

노담이 말했다. "그만두어라! 천하도 여기와 다를 바가 없다."

하지만 백구가 계속해서 노담에게 요청하자 마지못해 노담이 말했다. "알겠다. 그렇다면 어디로 가려고 하는가?"

백구가 말했다. "제나라부터 시작할까 합니다."

그리고 백구는 노담을 떠나 천하를 유람하기 시작했다. 계획대로 제나라에 도착했는데 사형을 당한 죄인의 시신이 매달려 있는 것을 목격했다. 백구는 시신을 곱게 눕힌 뒤에 자신의 옷을 벗어 시신에 덮어주고는 하늘을 향해 통곡하면서 말했다. "아, 불쌍한 사람이여! 천하에 큰 재앙이 많은데 그대가 먼저 이렇게 재앙을 입고 말았구나."

계속해서 말했다. "사람들이 말하기를 도둑질하지 말라, 살인하지 말라고 한다. 명예와 치욕을 따지고부터 세상에 근심이 생겨났고, 재물이 모이면서 다툼이 발생했다. 그런데 지금 사람들은 근심을 일으키는 명예와 치욕, 다툼을 일으키는 재물에 집착하여 그칠 새도 없이 곤궁에 빠지게 되었으니, 실로 헤어나올 수가 없는 상황이구나!

옛날의 훌륭한 임금들은 이득은 백성들이 보게 하고, 손실은 자신이 입었다. 백성들이 항상 옳다고 생각하고, 자신이 틀렸다고 생각했다. 이 때문에 한 사람이라도 잘못을 저질렀을 때는 자신에게 죄를 물었다. 하지만 지금은 그렇지 않다. 어려운 문제를 만들어놓고는 그것을 알지 못하면 어리석다고 하고, 어려운 상황을 초래해 놓고 이를 해결해 내지 못하면 가차 없이 죄를 물으며, 무거운 책임을 맡겨놓고 해내지 못하면 벌을 주며, 지나치게 높은 목표를 제시하고 거기에 도달하지 못하면 죽여 버린다. 그러니 사람들은 일을 해내다 한계에 부딪히게 되면 거짓으로 일을 이어나간다. 이렇게 거짓이 많아지면 모든 사람이 거짓을 일삼게 될 것이다. 힘이 부족하면 거짓이 생겨나고, 지식이 부족하면 속임수가 생겨나며, 재물이 부족하면 도둑질이 발생한다. 그렇다면 도적이 성행하는 것은 과연 누구 책임이겠는가?"

柏矩學於老聃, 曰: "請之天下遊." 老聃曰: "已矣! 天下猶是也." 又請之, 老聃曰: "汝將何始?" 曰: "始於齊." 至齊, 見辜人焉, 推而強之, 解朝服而幕之, 號天而哭之曰: "子乎子乎! 天下有大菑, 子獨先離之!" 曰: "莫為盜! 莫為殺人! 榮辱立, 然後睹所病. 貨財聚, 然後睹所爭. 今立人之所病, 聚人之所爭, 窮困人之身, 使無休時, 欲無至此, 得乎! 古之君人者, 以得為在民, 以失為在己. 以正為在民, 以枉為在己. 故一形有失其形者, 退而自責. 今則不然. 匿為物而愚不識, 大為難而罪不敢, 重為任而罰不勝, 遠其塗而誅不至. 民知力竭, 則以偽繼之, 日出多偽, 士民安得不偽! 夫力不足則偽, 知不足則欺, 財不足則盜. 盜竊之行, 於誰責而可乎?"

柏矩(백구) : 사람 이름. 노자의 제자로 알려져 있다.

辜人(고인) : 죄인. 여기에서는 사형을 당해 매달려 있는 시신을 가리킨다.

朝服(조복) : 비단 옷

子乎子乎(자호자호) : 감탄사

해설

통치자의 올바른 태도를 말하고 있다. 통치자가 지나치게 엄격하게 아랫
사람을 대하면 신하와 백성들은 통치자의 요구를 충족하기 위해 무리를
하게 된다. 통치자는 자신의 의도를 아랫사람에게 요구해서는 안 된다. 그
대신 아랫사람이 각자에게 알맞은 소임을 최대한 발휘할 수 있도록 도와
줄 뿐이다.

8

거백옥은 나이 육십이 되도록 삶의 방식을 육십 번 바꾸었다. 처음에
옳다고 여겼던 것을 나중에 가서는 틀렸다고 하기도 하니, 지금 그가 옳
다고 생각하는 것이 59년 전에는 틀렸다고 생각한 것인지 아무도 모를
것이다. 만물은 항상 어디에서 생겨나지만, 어디에서 생겨나는지 그 근
원을 알 수는 없다. 또한, 생겨난 것은 어디론가 사라지지만 어디로 나
가는지 그 문을 알 수는 없다. 사람들은 자신이 알 수 있는 것에 대해서
는 중요하게 여기지만, 실은 그 앎이 자신이 알 수 없는 것에 의해서 얻
어진다는 사실은 알지 못한다. 참으로 어리석지 않은가! 말로는 이러한
한계에서 벗어날 수 없으니, 그만두자. 그만두자! 그런데 지금 이 말조
차 옳은지 모르겠다. 정말 그러한 것일까?

蘧伯玉行年六十而六十化, 未嘗不始於是之, 而卒詘之以非
也, 未知今之所謂是之非五十九年非也. 萬物有乎生而莫見
其根, 有乎出而莫見其門. 人皆尊其知之所知, 而莫知恃其知
之所不知而後知, 可不謂大疑乎! 已乎已乎! 且無所逃. 此所
謂然與, 然乎?

蘧伯玉(거백옥) : 사람 이름. 성은 거(蘧), 이름은 원(瑗), 백옥(伯玉)은 그의 자(字)다.
詘(굴) : 굽히다

9

공자가 태사 자리에 있는 대도, 백상건, 희위에게 물었다. "위나라 임
금 영공은 음주가무에 빠져 나라를 제대로 돌보지 않았고, 사냥만 다니
면서 제후들을 만나러 다니지 않았습니다. 그런데도 죽은 후에 영공이
라는 시호를 받으며 존경받는 것은 어째서입니까?"

대도가 말했다. "그가 한 행실에 알맞게 붙은 호칭입니다."

백상건이 말했다. "영공은 첩을 셋 거느리고 같이 목욕을 하는 등 사
생활이 문란했습니다. 하지만 사추가 영공의 부름을 받아 그를 찾아가
자, 사람들을 시켜 사추를 부축하도록 하였습니다. 비록 방만한 생활을
일삼았으나 현인을 보면 예를 갖추고 조심스럽게 대할 줄 알았습니다.
그래서 영공이라 불리게 된 것이지요."

희위가 말했다. "영공이 죽고 나서 옛 조상들이 묻힌 곳에 함께 묻으
려고 점을 쳤더니 사구라는 땅에 묻는 것이 좋다는 점괘가 나왔습니다.
그래서 사구 땅에 가서 땅을 팠는데, 거기에서 석곽 하나가 나왔습니

다. 잘 씻어서 살펴보았더니 묘비명이 이렇게 적혀 있었지요. '자손들에게 의지할 것 없이 이 석곽을 취해 영공이 거하도록 하라.' 이처럼 영공이라는 시호는 오래전부터 정해진 일인데, 두 분이 어떻게 알 수 있겠습니까?"

仲尼問於太史大弢. 伯常騫. 狶韋曰:"夫衛靈公飮酒湛樂, 不聽國家之政. 田獵畢弋, 不應諸侯之際. 其所以爲靈公者何邪?"大弢曰:"是因是也."伯常騫曰:"夫靈公有妻三人, 同濫而浴. 史鰌奉御而進所, 搏幣而扶翼. 其慢若彼之甚也, 見賢人若此其肅也, 是其所以爲靈公也."狶韋曰:"夫靈公也死, 卜葬於故墓不吉, 卜葬於沙丘而吉. 掘之數仞, 得石槨焉, 洗而視之, 有銘焉, 曰:'不馮其子, 靈公奪而里之.'夫靈公之爲靈也久矣, 之二人何足以識之?"

太史(태사) : 벼슬 이름. 임금의 일을 기록하던 사관을 말한다.

大弢(대도)·伯常騫(백상건)·狶韋(희위) : 모두 태사 벼슬을 하던 사람

衛靈公(위영공) : 위나라 임금 영공. 靈(영)은 무도하다는 의미다.

田獵畢弋(전렵필익) : 사냥하다

同濫而浴(동람이욕) : 같은 목욕통에서 목욕을 하다. 문란한 사생활을 의미한다.

史鰌(사추) : 위나라 영공의 신하. 현인으로 알려져 있다.

搏幣(박폐) : 예물을 받아들다

扶翼(부익) : 옆에서 부축하다

慢若(만약) : 거만한 모습을 표현하는 말

沙丘(사구) : 땅 이름

掘(굴) : 파다

石槨(석곽) : 비석

10

소지가 대공조에게 물었다. "향촌의 말, 즉 여론이란 대체 무엇입니까?"

대공조가 말했다. "향촌이라는 것은 열 가지의 다른 성씨와 백 가지의 다른 이름을 가진 사람들이 모여 하나의 풍속을 이룬 공동체라 할 수 있다. 각자 다른 것은 합쳐져서 하나가 되기도 하고, 같은 것은 흩어져서 서로 달라지기도 하는 법이다. 예를 들어, 말〔馬〕의 신체부위 하나하나를 따로 가리켜 말하자면 각각을 말〔馬〕이라고 할 수 없지만, 눈앞에 서 있는 말〔馬〕의 신체를 총체적으로 말하면 한 마리 말〔馬〕이라 할 수 있다.

이처럼 언덕이나 산은 흙이 쌓이고 쌓여서 높아진 것이고, 양자강과 황하는 작은 물줄기가 모여 큰 강이 된 것이며, 위대한 인물은 여러 의견을 모두 포용하므로 공정하다고 말한다. 따라서 위대한 인물은 바깥으로 다른 사람의 이야기를 들으면 마음속에 자기 생각이 있어도 그것을 고집하지 않으며, 자기 생각을 밖으로 드러낼 때 자기 생각이 옳다고 생각해도 남의 비판을 거부하지 않는다. 사계절은 서로 기운이 다르지만, 하늘은 어느 한 계절에 치우치는 법이 없으므로 한 해의 온전한 질서가 이루어진다.

이와 마찬가지로 다섯 가지 중요한 관직이 서로 다른데 임금이 어느 하나의 관직만을 특별하게 중시하지 않는다면 나라가 잘 다스려질 수 있다. 위대한 인물은 문무 어느 하나만을 돌보지 않으므로 완전한 덕을 갖추게 된다. 만물에는 각자의 이치가 존재하지만, 도는 어느 하나에만 작용하지 않고 모든 것에 공평하게 작용하므로 도는 정해진 이름을 지니지 않는다. 이처럼 도는 특정하게 정해져 있지 않으므로 어느 한쪽에 억지로 관여하지 않으며, 억지로 관여하지 않으니 이루지 못하는 바가 없다. 시간의 흐름에는 시작과 끝이 있고, 세월에는 변화가 있다. 길흉화복은 서로 번갈아 가며 반복되므로 거스르는 일도 있고 좋은 일도 있다. 사람들은 각자 서로 다른 측면의 의견을 추구하니 한쪽에서는 옳다고 생각하는 것이 다른 쪽에서는 틀렸다고 생각하는 경우가 생긴다. 비유하자면 큰 택지 한곳에는 온갖 다른 나무가 모여 있고, 큰 산에는 온갖 나무와 돌이 모여 있는 것과 같다. 이를 향촌의 말, 여론이라고 한다."

소지가 말했다. "그렇다면 이 향촌의 말을 도라고 하면 될까요?"

대공조가 말했다. "안 된다. 우리는 흔히 '모든 사물'이라는 뜻으로 '만물'이라는 말을 사용한다. 실제로 사물의 수를 따져보면 만 가지에서 그칠 리 없지만, 숫자 가운데 가장 큰 숫자인 만(萬)을 가지고 그렇게 이야기하는 것이다. 천지라는 말도 마찬가지다. 형체가 있는 사물을 가리킬 때 천지라는 말을 쓰는 것은 그중에 가장 큰 것을 가지고 말한 것이다. 마찬가지로 음양 역시 기운 가운데 가장 큰 것이라 그렇게 이야기한다.

도는 이 모든 것을 포괄하므로 가장 거대한 것이다. 그렇기 때문에 가장 큰 것을 채택해서 이름을 붙인다고 하면 논리적으로는 맞다. 그런데 이미 이러한 명칭이 있는데 어찌 다시 다른 이름을 갖다 붙일 수 있겠는가? 도와 여론을 구분하자면 마치 개와 말을 비교하는 것처럼 차이가 크다."

少知問於大公調曰: "何謂丘里之言?" 大公調曰: "丘里者, 合

十姓百名而以為風俗也. 合異以為同, 散同以為異. 今指馬之
百體而不得馬, 而馬係於前者, 立其百體而謂之馬也. 是故丘
山積卑而為高, 江河合水而為大, 大人合并而為公. 是以自
外入者, 有主而不執. 由中出者, 有正而不距. 四時殊氣, 天不
賜, 故歲成. 五官殊職, 君不私, 故國治. 文武大人不賜, 故德
備. 萬物殊理, 道不私, 故無名. 無名故無為, 無為而無不為.
時有終始, 世有變化, 禍福淳淳, 至有所拂者而有所宜. 自殉
殊面, 有所正者有所差. 比於大澤, 百材皆度. 觀於大山, 木石
同壇. 此之謂丘里之言." 少知曰: "然則謂之道, 足乎?" 大公
調曰: "不然. 今計物之數, 不止於萬, 而期曰'萬物'者, 以數之
多者號而讀之也. 是故天地者, 形之大者也. 陰陽者, 氣之大
者也. 道者為之公. 因其大而號以讀之, 則可也. 已有之矣, 乃
將得比哉! 則若以斯辯, 譬猶狗馬, 其不及遠矣."

少知(소지)·大公調(대공조) : 가상의 사람 이름

丘里(구리) : 향촌, 동네

殊(수) : 다르다

職(직) : 직무

淳淳(순순) : 흐르는 모습을 표현하는 말

差(차) : 어긋나다

同壇(동단) : 바탕이 같다. 공통점이 있다는 뜻이다.

해설

'여론'이라는 말을 들어 도에 관해 이야기한다. 여론이란, '집합과 원소'의 관계로 쉽게 설명할 수 있다. 다양한 각자의 의견 하나하나를 한데 모아서 우리는 여론이라고 한다. 즉 여론이 여러 의견의 집합이라는 것이다. 예를 들어 말[馬]의 각각의 신체부위는 말[馬]이라는 집합의 원소인 것과 같다. 그런데 도는 모든 것을 포괄하므로 소지는 도 역시 여론과 같은 모든 것의 집합이 아닌가 하고 묻는다. 하지만 도는 이름을 짓고 규정지을 수 있는 성질의 것이 아니다. 이름을 지어 규정하는 순간 구분이 생겨나기 때문이다. 이러한 구분은 모든 것을 포괄하는 도와 어긋나는 성질이다.

11

소지가 말했다. "이 세계, 우주 속 어디에서 만물이 생겨나는 것입니까?"

대공조가 말했다. "음양의 기운은 서로를 비추어주기도 하고 서로를 해치기도 하고 서로를 자라게 하기도 한다. 사계절은 번갈아 순환하면서 다음 계절을 낳고 앞의 계절을 소멸시킨다. 사물의 욕망과 감정은 여기에서 생겨나고, 암컷과 수컷의 결합은 여기에서 발생하게 된다. 우리의 삶은 안전과 위험이 서로 뒤바뀌며 발생하고 화와 복이 번갈아 일어나며 여유로운 일과 급박한 일이 번갈아 찾아오므로 이에 따라 삶과 죽음이 생기게 된다. 이것이 명칭과 실상의 구별로 식별이 가능해진 세상의 법칙이며 우리가 알 수 있는 가장 정미한 원리다. 만물의 변화는 서로 질서를 지키며 규칙적으로 일어나고 운행의 작용은 서로 영향을 미치며 극에 달하면 다시 돌아오고 끝이 나면 다시 시작된다. 이것이 만물이 지닌 현상이다. 말로 표현하는 것과 지식으로 아는 것은 그저 사물의 이치가 어떻다는 것을 설명하는 데 그친다. 진정으로 도를 파악하는 사람은 사물의 근원을 쫓지도 않고 따지지도 않는다. 말과 지식이 도달할 수 없는 부분이기 때문이다."

少知曰:"四方之內, 六合之裏, 萬物之所生惡起?"大公調曰:
"陰陽相照相蓋相治, 四時相代相生相殺, 欲惡去就於是橋
起, 雌雄片合於是庸有. 安危相易, 禍福相生, 緩急相摩, 聚散
以成. 此名實之可紀, 精微之可志也. 隨序之相理, 橋運之相
使, 窮則反, 終則始. 此物之所有, 言之所盡, 知之所至, 極物
而已. 覩道之人, 不隨其所廢, 不原其所起, 此議之所止."

四方(사방)·六合(육합) : 세계, 우주

蓋(개) : 해치다

橋起(교기) : 들고일어나다

片合(편합) : 남자와 여자

橋運(교운) : 작용이나 운행

12

소지가 말했다. "우리 세계가 흘러가는 원인에 대해서 계진은 '어떤
작용도 없다'고 말했고, 접자는 '무엇인가 뒤에서 시키고 있다'고 각각
주장했습니다. 누구의 말이 맞고 누구의 말이 틀렸을까요?"

대공조가 말했다. "닭이 울고 개가 짖는다는 것은 모든 사람이 아는
사실이다. 하지만 아무리 위대한 지혜를 가진 사람이라고 할지라도 그
것이 어떻게 해서 일어나는지를 말로 설명할 수 없고, 닭이나 개가 앞
으로 어떻게 행동할지를 알아맞힐 수 없다. 이를 분석해 보지면, 한없이

정미하면서도 한없이 포괄적이기도 하다. 그런데 '어떤 작용도 없다'는 주장과 '무엇인가 뒤에서 시키고 있다'는 주장은 모두 사물의 겉모습만을 이야기하는 데에 그치니 결국 잘못된 주장이라 할 수 있다.

무엇인가가 작용하고 있다는 접자의 주장은 실제로 '어떤 것이' 조종하는 것처럼 느껴지니 지나치게 구애받는 측면이 있고, 아무것도 작용하지 않는다는 계진의 주장은 '정말 아무것도 없다'는 말로 들리니 지나치게 공허한 측면이 있다. 명칭과 실질을 지닌 것은 사물의 범위에 속하지만, 명칭과 실질이 없는 것은 사물의 범위를 벗어난다. 그러니 말로 표현하고 생각할 수 있다고 해도 정작 말로 표현하는 순간 진실로부터 멀어져 버린다.

아직 생기지 않은 것이 생기지 않도록 막을 수는 없고, 이미 죽은 것을 죽지 않도록 막을 수도 없다. 이처럼 삶과 죽음의 문제는 우리와 멀리 떨어져 있지 않지만, 그 이치는 인간이 알 수 없다. 그러니 계진과 접자의 두 주장은 '아마도 그럴 것이다' 하고 추측한 이야기에 불과하다.

그 본원의 이치를 살펴보면, 이전으로 끝없이 거슬러 올라갈 수 있고, 이후로도 끝없이 이어져 나간다. 이처럼 무궁무진하여 도무지 언어로는 표현될 수 없지만, 현상 속의 사물과 동일한 법칙을 지니고 있다.

사람들은 이러한 본원에 대해 '어떤 작용도 없다'라거나 '무엇인가 뒤에서 시키고 있다'라는 주장을 근본으로 삼아 이해를 하는데, 실은 현상 속의 사물과 함께 시작하고 끝이 난다. 도는 형태를 지닌 것으로 표현될 수 없으며, 형태를 지닌 것 역시 형태를 지니지 않은 것으로 표현될 수 없다. '도(道)'라는 이름은 임시로 빌려온 명칭일 뿐이다. 도에 관한 이러저러한 주장은 그저 사물의 한 측면만을 이야기하는 것인데 어찌 위대한 도를 표현할 수 있겠는가?

만약 말이 어느 한쪽에 치우치지 않고 모든 것에 두루 미칠 수 있다면, 온종일 말을 해도 도에 부합할 수 있지만, 그렇지 않다면 온종일 말을 해도 사물의 측면에 그치고 만다. 도는 사물의 궁극적 원리이니, 언어나 침묵 그 어떤 것으로도 표현할 수 없다. 말하지 않으면서도 침묵하지 않는 것이 바로 이를 논하는 최선의 방법이다."

少知曰: "季眞之莫為, 接子之或使, 二家之議, 孰正於其情? 孰偏於其理?" 大公調曰: "雞鳴狗吠, 是人之所知, 雖有大知, 不能以言讀其所自化, 又不能以意其所將為. 斯而析之, 精至於無倫, 大至於不可圍, 或之使, 莫之為, 未免於物而終以為過. 或使則實, 莫為則虛. 有名有實, 是物之居. 無名無實, 在物之虛. 可言可意, 言而愈疏. 未生不可忌, 已死不可阻. 死生非遠也, 理不可睹. 或之使, 莫之為, 疑之所假. 吾觀之本, 其往無窮. 吾求之末, 其來無止. 無窮無止, 言之無也, 與物同理. 或使, 莫為, 言之本也, 與物終始. 道不可有, 有不可無. 道之為名, 所假而行. 或使莫為, 在物一曲, 夫胡為於大方? 言而足, 則終日言而盡道. 言而不足, 則終日言而盡物. 道物之極, 言默不足以載. 非言非默, 議其有極."

季眞(계진)·接子(접자): 사람 이름. 둘 다 제나라 현인

莫為(막위)·或使(혹사): '세상은 어떻게 해서 작용하는가?'라는 문제에 대한 두 가지 주장을 가리킨다. 각각 '세상을 움직이는 것이 없다'는 주장과 '무엇인가 세상을 움직이는 것이 있다'는 주장이다.

不可忌(불가기): 피할 수 없다

不可阻(불가저) : 막을 수 없다

大方(대방) : 위대한 도(道)

해설

계속해서 도는 말로 표현할 수 없음을 설명하고 있다. '세상은 어떻게 해서 작용하는가?'라는 어려운 질문에 사람들은 두 가지 주장을 내놓는다. 세상을 움직이는 것이 있다는 주장과 그런 것은 없다는 주장이다. 장자는 그 어떤 것도 해답이 될 수는 없다고 생각한다. '있다'라고 하면 무언가 특정한 존재가 있는 것처럼 여겨지고 '없다'라고 하면 아무런 작용도 없는 것처럼 여겨지기 때문이다. 도는 바로 이 '있음'과 '없음' 사이에 있다.

제4편

외물 外物

1

외부에서 일어나는 일에는 일정한 기준이 있을 수 없다. 따라서 용봉과 비간은 죽임을 당했고, 기자는 미치광이처럼 살아야 했으며, 악래도 죽음을 맞이했고, 걸왕과 주왕도 멸망하고 말았다. 군주는 다 자신의 신하가 충성스러운 사람이기를 바라겠지만, 실제로 충성스러운 신하가 반드시 신임을 받는 것은 아니다. 따라서 옛날 오자서는 죽어서 시체가 강물에 떠다니게 되었고 장홍 역시 모함을 받아 촉나라에서 죽었는데 그의 피를 삼 년간 보관했더니 옥으로 변했다고 전해진다. 마찬가지로 세상의 어버이들은 다들 자기 자식이 효도하기를 바라지만 아들이 효도를 한다고 해서 다 자신의 어버이에게서 사랑을 받는 것은 아니다. 따라서 옛날 효기는 계모에게 괴롭힘을 당해 괴로워했고 증삼은 아버지에게 학대를 당해 슬퍼했던 것이다.

나무와 나무를 서로 마찰시키면 불이 붙고, 금속과 불을 계속 함께 놓아두면 금속이 녹아 흐른다. 음양의 기운이 잘못 뒤섞여서 운행되면 천지가 놀라 천둥이 치고 벼락이 떨어져 빗속에서도 불이 생겨 큰 회나무를 태우는 지경에 이르고 만다. 사람의 경우도 마찬가지여서, 사람들은 이해의 양극단에 빠져서 그로 인한 근심에서 벗어나지 못하곤 한다. 그리하여 마음이 마치 하늘에 거꾸로 매달린 듯 불안하고 어지러워진다. 머릿속에서는 계속 이해에 대한 생각이 오가서 마치 불길이 일어나듯 마음속의 조화로움을 태워버린다. 잔잔한 달빛은 타오르는 불길을 이길 수 없듯이 결국 정신은 무너져 도를 완전히 상실하게 된다.

外物不可必, 故龍逢誅, 比干戮, 箕子狂, 惡來死, 桀紂亡. 人主莫不欲其臣之忠, 而忠未必信, 故伍員流於江, 萇弘死於蜀, 藏其血三年, 化而為碧. 人親莫不欲其子之孝, 而孝未必愛, 故孝己憂而曾參悲. 木與木相摩則然, 金與火相守則流. 陰陽錯行, 則天地大絯, 於是乎有雷有霆, 水中有火, 乃焚大槐. 有甚憂兩陷而無所逃, 螴蜳不得成, 心若縣於天地之間, 慰暋沈屯, 利害相摩, 生火甚多, 眾人焚和. 月固不勝火, 於是乎有僓然而道盡.

龍逢(용봉)·干戮(비간) : 사람 이름. 올바른 말을 하다가 왕에게 죽임을 당했다.

箕子(기자) : 사람 이름. 올바른 말을 하다가 받아들여지지 않자 보복을 피하려 미치광이 노릇을 하며 살았지만 결국 죽음을 피하지 못했다.

惡來(악래) : 걸임금을 따르던 간신. 부귀영화를 꿈꾸었지만 결국 뜻을 이루지 못하고 죽고 말았다.

伍員(오운) : 사람 이름. 오나라 왕에게 올바른 말을 했지만 받아들여지지 않았고 오히려 죽임을 당해 시체가 강물에 버려졌다.

萇弘(장홍) : 사람 이름. 모함을 받아 촉나라에서 배를 가르고 죽게 되었다. 사람들이 그의 피를 보관했는데 3년이 지나자 푸른 옥으로 변했다고 한다.

碧(벽) : 푸른 옥

孝己(효기) : 사람 이름. 은나라 고종 임금의 아들로, 계모에게 괴롭힘을 당했다.

曾參(증삼) : 사람 이름. 공자의 제자로서, 부모에게 효성이 지극한 것으로 유명

          했으나 부모에게서 미움을 받았다.

然(연) : 불이 나다

錯行(착행) : 잘못 운행되다

有雷有霆(유뢰유정) : 천둥과 벼락

焚(분) : 불태우다

大槐(대괴) : 큰 홰나무

墆蜳(진윤) : 두려워하다

慰睯沈屯(위혼침둔) : 마음이 우울하고 혼란스러움

僓然(퇴연) : 낡아서 쇠퇴한 모습을 표현하는 말

해설

인간이 자신의 생각을 항상 옳다고 여기고 자만해서는 안 된다는 것을 과거의 사례를 들어 보여주고 있다. 자신이 옳다고 생각한 대로 행동한다고 해서 반드시 예상한 결과가 얻어지는 것이 아니며 부귀영화를 누리며 살고자 해도 반드시 뜻대로 되지는 않는다. 마음속에 근심 걱정이 일어나지 않도록 헛된 생각을 비우고 고요하고 안정된 상태를 유지하는 것이 필요하다.

2

장주는 집이 가난하여 감하후에게 찾아가 곡식을 빌리게 되었다.

감하후가 말했다. "알겠네. 나중에 세금을 거두어들이면 자네에게 삼백냥을 빌려주겠네. 그러면 괜찮겠는가?"

장주는 이 말을 듣고 발끈하고 화를 내며 말했다. "내가 어제 여기 오는 도중에 나를 부르는 사람이 있더군요. 뒤를 돌아보니 수레바퀴 자국에 붕어 한 마리가 있었습니다. 내가 물어보았지요. '붕어야, 너는 거기에서 무엇을 하고 있느냐?' 붕어가 이렇게 말했습니다. '나는 동해에서 바다의 신을 모시고 있던 신하요. 선생에게 한 바가지 정도만이라도 물이 있다면 그걸로 나를 좀 살려주지 않겠소?'

그래서 내가 이렇게 이야기했지요. '알겠다. 내가 남쪽의 오나라, 월나라 임금에게 말을 해서 서쪽 지방의 강물을 끌어와 주겠다. 어떠냐?' 그랬더니 붕어가 화를 내며 이렇게 말했습니다. '지금 항상 살던 곳을 벗어나 몸을 담을 곳이 없어졌으나 한 바가지 물이면 나를 살릴 수 있소. 지금 이렇게 말하느니 차라리 일찌감치 건어물 가게에 가서 나를 찾는 것이 빠르겠소!'"

莊周家貧, 故往貸粟於監河侯. 監河侯曰: "諾. 我將得邑金, 將貸子三百金, 可乎?" 莊周忿然作色曰: "周昨來, 有中道而呼者. 周顧視車轍中, 有鮒魚焉. 周問之曰: '鮒魚來! 子何爲者邪?' 對曰: '我, 東海之波臣也. 君豈有斗升之水而活我哉?' 周曰: '諾. 我且南遊吳越之王, 激西江之水而迎子, 可乎?' 鮒魚忿然作色曰: '吾失我常與, 我無所處. 吾得斗升之水然活耳, 君乃言此, 曾不如早索我於枯魚之肆!'"

監河侯(감하후) : 사람 이름. 누구인지는 자세히 알려져 있지 않다.

邑金(읍금) : 세금

三百金(삼백금) : 여기에서 금(金)은 황금을 말하는 것이 아니라 돈을 세는 단위를
　　　　말한다. 즉 삼백금 정도의 돈을 의미한다.

忿然(분연) : 발끈 화를 내는 모습을 표현하는 말

車轍(거철) : 수레바퀴 자국

鮒魚(부어) : 붕어

波臣(파신) : 파도에서 튕겨져 나온 신하. 동해바다에 살았지만 파도에 튕겨져
　　　　나오게 되었다는 설명이다.

斗升之水(두승지수) : 두(斗)는 말, 승(升)은 되. 모두 바가지의 양을 헤아리는 단
　　　　위다. 즉 한 바가지 정도의 물이라는 뜻이다.

枯魚之肆(고어지사) : 건어물 가게

3

　옛날 임나라의 공자가 커다란 낚싯바늘과 굵고 검은 낚싯줄을 만들
고, 50마리 소를 미끼로 삼아 회계산에 올라가 앉아 동해로 낚싯대를
던져놓고 매일매일 낚시를 했지만 일 년 동안 한 마리도 잡지 못했다.

　그러던 어느 날 커다란 물고기 한 마리가 덥석 미끼를 물었다. 그런
데 오히려 커다란 낚싯바늘을 끌고 물속으로 들어갔다 다시 바다 위로
튀어 오르면서 지느러미를 휘둘러대는 것이 아닌가? 이 물고기가 한 번
요동칠 때마다 산더미 같은 파도가 일어났고 바닷물은 지진이 난 듯 흔
들렸는데, 그 소리가 마치 귀신이 내는 소리 같아서 천 리 밖에 사는 사
람들까지 두려움에 떨었다.

　임나라 공자는 이 물고기를 낚아 배를 갈라 포를 떴다. 그 양이 어찌

나 많던지 동쪽 끝 절강에 사는 사람부터 북쪽 끝 창오에 사는 사람까지 모두 배불리 먹을 수 있을 정도였다. 이런 일이 있은 뒤로 여기저기 떠들기 좋아하는 사람들이 모두 놀라워하며 서로 이 이야기를 전했다. 작은 낚싯대에 가느다란 낚싯줄을 달고 조그만 도랑에서 자잘한 고기를 노리는 사람들은 이런 큰 물고기를 잡을 수 없다.

이와 마찬가지로 하찮은 말을 늘어놓으면서 별 볼일 없는 벼슬이나 얻으려는 사람들은 큰 깨달음을 얻을 수 없다. 임 공자의 넓은 도량을 듣고도 깨닫는 바가 없는 사람이라면 함께 세상을 논하기에는 부족하다.

任公子爲大鉤巨緇, 五十犗以爲餌, 蹲乎會稽, 投竿東海, 旦旦而釣, 期年不得魚. 已而大魚食之, 牽巨鉤錎沒而下, 騖揚而奮髻, 白波若山, 海水震蕩, 聲侔鬼神, 憚赫千里. 任公子得若魚, 離而腊之, 自制河以東, 蒼梧以北, 莫不厭若魚者. 已而後世輇才諷說之徒, 皆驚而相告也. 夫揭竿累, 趣灌瀆, 守鯢鮒, 其於得大魚難矣. 飾小說以干縣令, 其於大達亦遠矣. 是以未嘗聞任氏之風俗, 其不可與經於世亦遠矣.

任公子(임공자) : 임나라의 공자. 공자는 귀한 집안의 자제를 가리킨다.

大鉤巨緇(대구거치) : 큰 낚싯바늘과 굵은 낚싯줄

犗(개) : 거세된 소

餌(이) : 미끼

會稽(회계) : 산 이름

竿(간) : 낚싯대

牽(견) : 이끌다

銘沒(함몰) : 빠지다

鶩揚(무양) : 솟아 올라오다

奮鬐(분기) : 지느러미를 흔들다

震蕩(진탕) : 지진처럼 흔들리다

憚赫(탄혁) : 모두 두려워하다

離而腊之(이이석지) : 살을 갈라 포를 뜨다

制河(제하) : 땅 이름. 지금의 저장을 가리킨다.

蒼梧(창오) : 산 이름

輇才諷說之徒(전재풍설지도) : 여기저기 말을 떠벌리기 좋아하는 무리

趣灌瀆(취관독) : 낚시를 하러 가다

鯢鮒(예부) : 작은 물고기

干縣令(간현령) : 현령에게 벼슬자리를 부탁하다

4

유가의 무리는 《시경》, 《예기》를 근거로 무덤을 파헤친다. 어느 날 유가의 무리가 무덤을 파헤치고 있었는데 그중 우두머리 되는 사람이 밑에서 일하던 아랫사람에게 이렇게 이야기했다. "곧 동이 틀 것 같은데, 일은 어떻게 되어가고 있나?"

아랫사람이 말했다. "아직 송장의 속옷도 벗겨내지 못했습니다. 그런데 입에는 구슬을 물고 있습니다." (우두머리가 말했다.) "《시경》에서도 이렇게 말하지 않았는가? '푸르디푸른 보리가 비탈진 무덤가에 무성하다. 살아서 남에게 은혜를 베푼 적이 없었는데 어찌 죽어서 구슬을 물고 있는가?' 송장의 머리카락을 잡고 턱수염을 잡아당긴 뒤에 턱을 부수고

천천히 두 볼을 벌려서 구슬을 꺼내라. 구슬에 상처가 나서는 안 된다!"

儒以《詩》.《禮》發冢. 大儒臚傳曰: "東方作矣, 事之何若?" 小
儒曰: "未解裙襦, 口中有珠." "《詩》固有之曰: '青青之麥, 生於
陵陂. 生不布施, 死何含珠爲?' 接其鬢, 壓其顪, 儒以金椎控
其頤, 徐別其頰, 無傷口中珠!"

發冢(발총) : 무덤을 파헤치다

大儒(대유) : 유가의 무리 가운데 우두머리

臚傳(여전) : 전하다

裙襦(군유) : 속옷

陵陂(능피) : 비탈진 무덤가

顪(훼) : 턱수염

金椎(금추) : 쇠망치

頤(이) : 턱

徐別其頰(서별기협) : 천천히 볼을 벌리다

해설

유가에서 따르는 덕목이 절대적인 것이 아니라 어디까지나 자의적인 가치
에 지나지 않는다는 사실을 비유를 들어 말하고 있다.

5

노래자의 제자가 나무를 하러 나갔다가 공자를 만나고는 돌아와 노

래자에게 그 사실을 이야기했다. "제가 나무를 하러 갔던 곳에 어떤 사람이 있었는데 상체가 길고 하체는 짧으며 등이 굽은 데다 귀는 머리 뒤쪽에 붙어 있었습니다. 눈매는 마치 천하를 다스리는 듯 날카로웠습니다. 누구의 자식인지 모르겠더군요."

노래자가 말했다. "그 사람이 바로 공자다. 그를 불러오너라!"

공자를 불러오자 노래자가 공자에게 말했다. "공구야! 너의 그 잘난 척하는 태도와 아는 척하는 모습을 없애도록 하여라. 그러면 너는 군자가 될 수 있을 것이다."

공자는 깜짝 놀라며 한 걸음 뒤로 물러나 안색을 가다듬고 이렇게 말했다. "그러면 저의 과업을 잘해나갈 수 있겠습니까?"

노래자가 말했다. "너는 한 시대의 수난은 참지 못하면서 만세의 환난은 간과하고 있다. 너의 도량이 좁은 탓인가 아니면 생각이 짧은 것인가? 남에게 은혜를 베풀면서 환심을 사고자 하나 평생의 치욕은 알지 못하니, 범속한 자들과 다를 바 없다. 이러한 부류의 인간들은 명성을 통해 서로를 끌어당기고 이익으로써 관계를 맺는다. 요임금을 칭찬하고 걸임금을 비난하는 짓을 집어치우고 칭찬과 비난을 넘어 아예 판단을 멈추어야 한다. 이를 어기면 반드시 누군가를 다치게 할 것이고 행동이 항상 사악해질 것이다. 성인은 늘 아무런 선입견이 없이 무심하게 일을 행하므로 매번 성공하는 것이다. 그런데 그대는 어찌하여 늘 자만하며 스스로 내세우고자 하는가?"

老萊子之弟子出薪, 遇仲尼, 反以告曰:"有人於彼, 修上而趨下, 末僂而後耳, 視若營四海, 不知其誰氏之子." 老萊子曰: "是丘也, 召而來!" 仲尼至. 曰:"丘! 去汝躬矜與汝容知, 斯為

君子矣."仲尼揖而退, 蹙然改容而問曰:"業可得進乎?" 老萊
子曰:"夫不忍一世之傷, 而驁萬世之患, 抑固窶邪? 亡其略弗
及邪? 惠以歡爲驁, 終身之醜, 中民之行進焉耳, 相引以名,
相結以隱. 與其譽堯而非桀, 不如兩忘而閉其所譽. 反無非傷
也, 動無非邪也. 聖人躊躇以興事, 以每成功. 奈何哉其載焉
終矜爾!"

老萊子(노래자) : 사람 이름

薪(신) : 땔감. 여기에서는 땔감을 구한다는 뜻

修上(수상) : 상체가 길다

趣下(추하) : 하반신이 짧다

末僂(말루) : 등이 굽다

躬矜(궁긍) : 잘난 척하다

蹙然(축연) : 놀라며 조심하는 모습을 표현하는 말

驁(오) : 거만하다, 가볍게 생각하다

終身之醜(종신지추) : 평생의 치욕

躊躇(주저) : 침착하고 덤덤하다. 무심하게 행동하는 모습

6

송나라 원군이 한밤중에 꿈을 꾸었는데, 꿈속에서 어떤 사람이 머리
를 풀어헤치고는 쪽문 사이로 원군을 들여다보며 이렇게 말하는 것이
었다. "저는 재로라는 연못에서 왔습니다. 저는 청강의 사신으로 하백에
게 가던 중 어부인 여차에게 붙잡히고 말았습니다. 저를 구해주십시오."

원군이 잠에서 깨어 사람을 시켜 꿈에 대해 점쳐보게 했다. 점쟁이가 말했다. "이는 신령한 거북입니다."

　　그 말을 듣고 원군이 주위를 둘러보며 "어부 가운데 여차라는 자가 있는가?" 하고 물었다.

　　주위 신하들이 "있습니다"라고 말했다.

　　그러자 원군이 말했다. "그자를 내일 조정에 부르도록 하라."

　　다음 날, 여차가 조정에 나왔다. 원군이 여차에게 말했다. "최근에 어떤 물고기를 잡았느냐?"

　　여차가 대답했다. "크기가 다섯 자나 되는 흰 거북 하나를 잡아 올린 적이 있습니다."

　　원군이 말했다. "그 거북을 나에게 바치도록 하라."

　　나중에 여차가 거북을 보내왔다. 원군은 거북을 받고는 죽일지 살릴지를 고민했는데, 도저히 어떻게 해야 좋을지 알 수가 없어 다시 점을 쳐보았다.

　　점을 쳐본 점쟁이가 이렇게 말했다. "거북을 죽여서 그 등껍질로 점을 치면 좋은 운세가 나올 것입니다."

　　그 말을 듣고 거북을 죽여 등껍질을 지져 점을 쳤는데, 어찌나 용한지 72번 점을 쳐서 모두 정확히 들어맞았다. 나중에 공자가 이 이야기를 듣고 이렇게 말했다. "저 신비한 거북은 송나라 원군의 꿈에 나올 정도로 신통한 능력이 있었지만, 결국 어부의 그물에나 걸리고 말했다. 72번이나 점을 쳐서 모두 맞힐 만큼 지혜가 뛰어났지만 배가 갈리는 화를 피하지는 못했다.

　　이처럼 아무리 뛰어난 지혜라 해도 막히는 부분이 있고 신비스러운 능력이라 해도 미치지 못하는 부분이 있다. 최고의 지혜를 지닌 자는 모든 이가 모략하려 할 것이고, 물고기는 그물은 두려워하지 않을지언정 바닷새는 두려워하기 마련이다. 그러므로 작은 지혜를 버려야 큰 지혜를 얻을 수 있고, 자신이 선하다는 생각을 버려야 선함이 저절로 드러나게 된다. 갓난아이는 따로 스승이 없어도 곧 말을 잘하게 된다. 말을 할 수 있는 부모와 함께 지내기 때문이다."

宋元君夜半而夢人被髮闚阿門, 曰:"予自宰路之淵, 予為淸江使河伯之所, 漁者余且得予." 元君覺, 使人占之, 曰:"此神龜也." 君曰:"漁者有余且乎?" 左右曰:"有." 君曰:"令余且會朝." 明日, 余且朝. 君曰:"漁何得?" 對曰:"且之網, 得白龜焉, 其圓五尺." 君曰:"獻若之龜." 龜至, 君再欲殺之, 再欲活之, 心疑, 卜之, 曰:"殺龜以卜, 吉." 乃剖龜, 七十二鑽而無遺筴. 仲尼曰:"神龜能見夢於元君而不能避余且之網. 知能七十二鑽而無遺筴, 不能避剖腸之患. 如是, 則知有所困, 神有所不及也. 雖有至知, 萬人謀之. 魚不畏網而畏鵜鶘. 去小知而大知明, 去善而自善矣. 嬰兒生無石師而能言, 與能言者處也."

宋元君(송원군) : 송나라 임금

闚(규) : 엿보다

阿門(아문) : 쪽문

宰路之淵(재로지연) : 재로라는 이름의 연못

淸江(청강) : 강 이름. 여기에서는 청강의 신을 가리킨다.

河伯(하백) : 황하강의 신

余且(여차) : 사람 이름

網(망) : 그물

獻(헌) : 바치다

心疑(심의) : 마음속으로 갈등하다

七十二鑽(칠십이찬) : 72번 구멍을 뚫다. 등껍질에 구멍을 뚫고 불로 지져 그 모
　　　양을 보고 점을 쳤다.

無遺筴(무유책) : 점을 칠 때마다 정확히 들어맞다

鵜鶘(제호) : 사다새. 새의 일종

해설

이 이야기에서 신비스러운 거북이는 지혜를 뽐내는 사람들을 비유한다.
거북이는 임금의 꿈에 나올 정도로 능력이 뛰어났지만 고작 어부의 그물
에 붙잡히고 말았다. 작은 지혜를 자만하다가는 큰 화를 입게 된다는 것을
말하고 있다.

7

　혜자가 장자에게 말했다. "자네의 말은 아무런 쓸모가 없네."

　장자가 말했다. "쓸모없는 것에 대해 제대로 알고 있어야 비로소 쓸
모에 대해 말할 수 있지. 천지는 엄청나게 크고 넓지만 정작 사람이 사
용하는 것은 발로 밟을 정도의 크기뿐일세. 그렇다고 해서 발로 밟을 땅
만큼만 남겨두고 나머지는 저 깊은 곳까지 파내어 버린다면 여전히 쓸
모 있는 땅이라 할 수 있겠는가?"

　혜자가 말했다. "그리되면 쓸모가 없어지지."

　장자가 말했다. "그렇다면 쓸모없는 것은 실제로는 쓸모가 있다고 할

수 있지 않겠나."

惠子謂莊子曰:"子言無用." 莊子曰:"知無用而始可與言用矣.
夫地非不廣且大也, 人之所用容足耳. 然則廁足而墊之, 致黃
泉, 人尙有用乎?" 惠子曰:"無用." 莊子曰:"然則無用之爲用
也亦明矣."

廁足(측족) : 발만큼의 땅을 재다
黃泉(황천) : 저승. 땅속 깊은 곳에 있다고 알려져 있다.

8

장자가 말했다. "어떤 사람이 여유롭게 유유자적할 수 있는 넓은 마음이 있다면, 어떤 상황에서도 유유자적할 수 있지 않겠는가? 하지만 그럴 만한 마음이 없다면 아무리 애를 써도 유유자적할 수는 없지 않을까? 속세를 떠나 여기저기 떠돌아다닌다든가, 세상과 인연을 끊고 숨어 버리는 행동은 큰 깨달음과 두터운 덕을 지닌 자가 할 짓이 아니다. 이런 자는 세상의 일에 한번 빠져들면 돌아올 줄 모르는데, 마치 불처럼 타올라 뒤도 돌아보지 않는다.

세상의 지위가 바뀌어 누군가는 왕이 되고 누군가는 신하가 되기도 한다. 이는 일시적 관계이기 때문이다. 시대가 다시 변화하면 관계가 어떻게 달라질지 알 수 없다. 따라서 지인은 한 가지 행동에 얽매이지 않는다.

그런데 지금의 학자들은 옛날 시대를 높이고 현재를 낮추는 경우가 많다. 옛날의 희위씨와 같은 제왕을 기준으로 지금 세상을 바라본다면 누구인들 이런 마음이 들지 않겠는가? 오직 지인만이 세상 속에 처해 있으면서 한쪽 생각에 치우치지 않을 수 있으니, 세상을 따라 행동하면서도 자신의 본성을 잃지 않을 수 있다. 따라서 세상 사람들의 가르침에 쉽게 물들지 않고 그 참된 뜻만 계승하되 이들과 대립하는 일이 없도록 하면 될 것이다.

莊子曰: "人有能遊, 且得不遊乎? 人而不能遊, 且得遊乎? 夫流遁之志, 決絶之行, 噫! 其非至知厚德之任與! 覆墜而不反, 火馳而不顧, 雖相與爲君臣, 時也, 易世而無以相賤. 故曰: 至人不留行焉. 夫尊古而卑今, 學者之流也. 且以狶韋氏之流觀今之世, 夫孰能不波? 唯至人乃能遊於世而不僻, 順人而不失己, 彼敎不學, 承意不彼.

流遁之志(유둔지지) : 속세를 떠나 여기저기 떠돌아다니려는 행동

決絶之行(결절지행) : 세상과 인연을 끊고 숨어버리는 행동

覆墜(복추) : 뒤집히고 넘어지다

狶韋氏(희위씨) : 옛날의 전설적인 제왕의 이름

承意不彼(승의불피) : 다른 의견을 다르다고 차별하지 않고 공평한 마음으로 받
　　　아들이는 것

9

눈이 잘 보이는 것을 '눈이 밝다'고 하고, 귀가 잘 들리는 것을 '귀가 밝다'고 하고, 코가 예민한 것을 '냄새를 잘 맡는다'고 하고, 입맛이 민감한 것을 '맛을 잘 안다'고 하고, 마음의 판단이 밝은 것을 '지혜롭다'고 하고, 지혜가 두루 통달한 것을 '덕이 있다'고 말한다.

도는 가로막혀서는 안 되는 것이다. 도가 가로막히는 것은 마치 목이 메는 것과 같다. 목이 멘 채로 계속 있게 되면 제대로 숨을 쉴 수 없고, 제대로 숨을 쉴 수 없으면 크게 해를 입고 만다.

만물 가운데 지능을 갖추고 있는 것들은 호흡으로 생명을 유지한다. 호흡이 제대로 되지 않는 것은 자연적인 문제가 아니다. 자연은 그 사물에 구멍을 뚫어 밤낮으로 막히지 않고 통하게 만들어 주었는데, 인간이 오히려 그 구멍을 막아버렸다. 부엌에는 문이 여러 개 있어 자유롭게 출입할 수 있듯이, 인간의 마음에도 역시 얽매이지 않는 자유로운 부분이 있다.

방에 빈 곳이 없으면 며느리와 시어머니가 다투게 되듯, 마음에 얽매이지 않는 자유가 없으면 온갖 욕망이 서로 싸우게 된다. 조용한 산속이 사람들에게 좋은 이유는 바로 좁은 정신적 공간에서는 복잡하게 일어나는 욕망을 다 감당할 수 없기 때문이다.

目徹爲明, 耳徹爲聰, 鼻徹爲顫, 口徹爲甘, 心徹爲知, 知徹爲德. 凡道不欲壅, 壅則哽, 哽而不止則跈, 跈則眾害生. 物之有知者恃息, 其不殷, 非天之罪. 天之穿之, 日夜無降, 人則顧塞其竇. 胞有重閬, 心有天遊. 室無空虛, 則婦姑勃谿. 心無天遊, 則六鑿相攘. 大林丘山之善於人也, 亦神者不勝.

徹(철) : 밝다, 통하다

顫(전) : 냄새를 잘 맡다

甘(감) : 맛을 잘 느끼다

壅(옹) : 막히다

哽(경) : 목이 메다

跈(전) : 작용이 어긋나다

恃息(시식) : 호흡에 의지하다

日夜無降(일야무강) : 밤낮으로 막힘이 없다

竇(두) : 구멍

閬(랑) : 출입문

婦姑(부고) : 며느리와 시어머니

勃豀(발계) : 싸우다

六鑿(육착) : 위에서 나온 '눈, 코, 귀, 입, 마음, 지혜'의 작용

10

명성을 구하다가 덕이 넘치게 되고, 자신을 지나치게 드러내다가 명성이 넘치게 된다. 절박한 상황에서 온갖 계략이 생겨나고, 다툼 속에서 지모가 생겨나고, 집착 속에서 막힘이 생겨난다. 관청의 일은 사람들의 뜻에 따라서 결정되어야 한다. 봄비가 내리는 시기가 되면 초목이 무성하게 자라나는데, 이에 사람들이 가래와 호미를 들고 풀을 베다가 문득 돌아보면 어느샌가 베어낸 풀의 절반이 자라나 있다. 하지만 사람들은 왜 그렇게 되는지를 알 수가 없다.

德溢乎名, 名溢乎暴, 謀稽乎誸, 知出乎爭, 柴生乎守, 官事果
乎眾宜. 春雨日時, 草木怒生, 銚鎒於是乎始修, 草木之到植
者過半, 而不知其然.

溢(일) : 넘치다

暴(폭) : 드러내다

謀(모) : 계략, 모략

稽(계) : 생각하다

誸(현) : 급하다

柴(시) : 막히다

銚鎒(요누) : 가래와 호미. 모두 농기구다.

11

정좌하여 명상하는 단련법은 병을 낫게 할 수 있고, 지압법은 늙는
것을 어느 정도 늦출 수 있으며, 호흡 단련법은 몸의 안정을 찾을 수 있
다. 하지만 이들은 몸을 괴롭히는 사람들이 힘쓰는 방법이다.

여유롭게 마음의 자유를 누리는 사람들은 이러한 방법을 쳐다보지도
않는다. 성인이 세상을 놀라게 하는 방법을 신인은 쳐다보지도 않는다.
현인이 세상을 놀라게 하는 방법을 성인은 쳐다보지도 않는다. 군자가
세상을 놀라게 하는 방법을 현인은 쳐다보지도 않는다. 소인이 세상에
영합하는 방법을 군자는 쳐다보지도 않는다.

靜然可以補病, 眥搣可以休老, 寧可以止遽. 雖然, 若是, 勞者

之務也, 非佚者之所未嘗過而問焉. 聖人之所以駴天下, 神人
未嘗過而問焉. 賢人所以駴世, 聖人未嘗過而問焉. 君子所以
駴國, 賢人未嘗過而問焉. 小人所以合時, 君子未嘗過而問焉.

靜然(정연) : 가만히 앉아서 명상을 하는 것

補病(보병) : 병을 낫게 하다

眥搣(자멸) : 눈을 문지르는 등의 지압법

寧(녕) : 호흡을 고요하게 하는 것

止遽(지거) : 급하다

所以駴天下(소이해천하) : 세상을 놀라게 하는 방법

해설

당시에는 몸을 수양하고 단련하여 도를 얻고자 한 사람들이 많았다. 장자
는 바로 이러한 세태를 비판하고자 하였다.

12

송나라 성문 중 하나인 연문 근처에 부모를 잃은 사람이 살고 있었
다. 이 사람은 장례의 예절을 잘 지켜서 효자로 칭송받았다. 송나라 임
금은 그를 가상하게 여겨 벼슬자리를 내려주었다. 그런 일이 있은 후
에, 마을 사람 가운데 자신도 벼슬자리를 얻어볼까 하고 따라 하다가 굶
어 죽은 사람이 절반이 넘었다고 한다.

옛날 요임금이 허유에게 천하를 물려주자 허유는 도망가버렸다. 탕
임금이 무광에게 천하를 물려주자 무광은 발끈 화를 냈다. 기타는 이 이

야기를 듣고 혹시나 자신에게도 찾아올까 싶어서 관수에 빠져 죽었으니, 제후들이 모두 그를 찾아가 조문하였다. 삼 년 뒤 신도적 또한 같은 이유로 스스로 강에 몸을 던졌다.

演門有親死者, 以善毀, 爵爲官師, 其黨人毀而死者半. 堯與 許由天下, 許由逃之. 湯與務光天下, 務光怒之. 紀他聞之, 帥 弟子而踆於窾水, 諸侯弔之三年, 申徒狄因以踣河.

演門(연문) : 송나라의 성문 이름

毀(선훼) : 몸이 마르다, 여위다. 부모의 죽음을 슬퍼하여 몸이 마르게 되었다는
　　　　뜻이다.

黨人(당인) : 마을 사람

堯與許由(요여허유) : 요임금이 허유에게 왕위를 물려주려고 했던 일

湯與務光(탕여무광) : 탕임금이 무광에게 왕위를 물려주려고 했던 일

紀他(기타) : 사람 이름

窾水(관수) : 물 이름

諸侯(제후) : 사람 이름

申徒狄(신도적) : 사람 이름

해설

깨달음을 얻은 진인은 어떠한 유혹에도 마음을 빼앗기지 않는다. 사람들이 원하는 권력이나 명예는 결국 사람을 해치기 마련이다. 이야기에 등장하는 여러 인물은 이런 사실을 알고 권력이나 명예를 피하려고 한다.

13

통발은 물고기를 잡는 도구이므로 물고기를 잡고 나면 통발은 잊힌다. 올가미는 토끼를 잡는 도구이므로 토끼를 잡으면 올가미는 잊힌다. 이와 마찬가지로 말은 의미를 전달하는 도구이므로 의미를 전달하고 나면 잊히기 마련이다. 그런데 사람들은 쓸데없이 말을 지나치게 중시한다. 어디서 말을 잊어버린 사람을 만나 함께 이야기를 나눌 수 있을까?"

荃者所以在魚, 得魚而忘荃. 蹄者所以在兔, 得兔而忘蹄. 言者所以在意, 得意而忘言. 吾安得忘言之人而與之言哉?"

荃(전) : 통발, 물고기를 잡는 도구

蹄(제) : 올가미, 짐승을 잡는 도구

해설

말은 생각을 전달하는 도구이며 껍데기일 뿐이므로 말에 집착해서는 안 된다.

제5편
우언 寓言

1

내가 하는 말은 우언(寓言)이 열에 아홉을 차지하고, 중언(重言)이 열에 일곱을 차지하며, 치언(卮言)은 날마다 새롭게 등장하는데, 그 속에는 자연의 이치가 담겨 있다.

열에 아홉을 차지하는 우언(寓言)은 다른 이야기를 빌려와 말을 하는 방식이다. 이는 아버지가 정작 친아들을 중매하지 않는 이유와 같다. 아버지가 직접 자식을 칭찬하는 것보다는 남이 자식을 칭찬하는 것이 더효과적이기 때문이다. 내가 우화를 주로 사용하는 것은 내 책임이 아니라 사람들의 책임이 크다. 사람들은 자기 생각과 같으면 따르지만, 같지 않으면 무조건 반대한다. 그래서 내 이야기가 아닌 것처럼 다른 이야기를 빌려 말하는 것이다.

열에 일곱을 차지하는 중언(重言)은 논쟁을 멈추려는 목적이 있다. 이는 연장자의 말을 빌린 것이기 때문이다. 그런데 식견은 없지만 나이만 많아서 말로만 연장자인 사람은 남보다 앞선다고 할 수 없다. 재덕과 학식이 없으면 사람다운 도리가 없다. 이러한 자들을 진부한 사람이라고한다.

무심한 듯 내뱉는 치언(卮言)은 날마다 넘쳐 나오지만, 모두 자연의 이치와 부합한다. 그 말이 어디에도 얽매이지 않으니 평생 말을 하면서도 자유로울 수 있다. 자신의 의도를 담아 말을 하지 않는다면 사물 간에 차별이 생겨나지 않는다. 본래는 어떤 차별도 없이 균등했으나 이에 대해 의도를 담아 말함으로써 차별이 생겨나게 되었다. 균등했던 사물에 의도적인 말이 더해지면 균등함을 잃고 차별이 생겨난다. 따라서 '무언으로 말을 하라'라고 하는 것이다. 의도를 담지 않은 무언의 말을 하면 평생 말을 해도 마치 한 번도 말을 하지 않은 것과 같고, 평생 말을 하지 않아도 마치 말을 하지 않았던 적이 없는 것과 같다.

　모든 사람은 다 그럴 만한 이유가 있어서 '옳다'고 주장하고 '옳지 않다'고 주장한다. 사람들은 다 각자 이유를 가지고 '그렇다'고 주장하고 '그렇지 않다'고 주장한다. 무엇이 그러한가? 다들 그렇다고 하는 것을 그렇다고 주장한다. 무엇이 그렇지 않은가? 다들 그렇지 않다고 하는 것을 그렇지 않다고 주장한다. 무엇이 옳은가? 다들 옳다고 하는 것을 옳다고 주장한다. 무엇이 옳지 않은가? 다들 옳지 않다고 하는 것을 옳지 않다고 주장한다.

　하지만 모든 사물은 다들 '그러하다고 할 수 있는' 점을 지니고 있다. 또한 모든 사물은 '옳다고 할 수 있는' 점을 지니고 있다. 따라서 그렇지 않다고 할 수 있는 사물이란 없으며, 옳지 않다고 할 수 있는 사물은 없다. 그러니 무심하게 흘러나와 자연의 이치에 부합하는 말이 아니라면 어찌 만물과 하나가 되어 오래도록 함께할 수 있겠는가?

　만물은 다 각자의 고유한 씨앗을 가지고 있어서 계속 모습이 변화해 나간다. 따라서 처음과 끝이 고리처럼 계속 변화하고 이어지므로 그 정해진 순서를 알 수 없다. 이를 자연의 평등함이라고 한다. 이 자연의 평등함이란 사물을 차별하지 않고 동등하게 보는 이치를 의미한다.

寓言十九, 重言十七, 卮言日出, 和以天倪. 寓言十九, 藉外論
之. 親父不爲其子媒. 親父譽之, 不若非其父者也. 非吾罪也,
人之罪也. 與己同則應, 不與己同則反, 同於己爲是之, 異於
己爲非之. 重言十七, 所以已言也, 是爲耆艾. 年先矣, 而無經
緯本末以期年耆者, 是非先也. 人而無以先人, 無人道也. 人
而無人道, 是之謂陳人. 卮言日出, 和以天倪, 因以曼衍, 所以
窮年. 不言則齊, 齊與言不齊, 言與齊不齊也, 故曰無言. 言無
言, 終身言, 未嘗言. 終身不言, 未嘗不言. 有自也而可, 有自
也而不可. 有自也而然, 有自也而不然. 惡乎然? 然於然. 惡
乎不然? 不然於不然. 惡乎可? 可於可. 惡乎不可? 不可於不
可. 物固有所然, 物固有所可, 無物不然, 無物不可. 非卮言日
出, 和以天倪, 孰得其久! 萬物皆種也, 以不同形相禪, 始卒
若環, 莫得其倫, 是謂天均. 天均者, 天倪也.

寓言(우언) : 우화. 비유를 들어 이야기하는 방식이다.

重言(중언) : 인용. 다른 사람의 말을 빌려서 말하는 방식이다

卮言(치언) : 앞뒤가 맞지 않는 허황된 이야기

藉外(차외) : 밖에서 빌려오다

耆艾(기애) : 노인

年耆者(연기자) : 나이가 많은 사람

陳人(진인) : 고리타분하고 진부한 사람

天倪(천예) : 차별을 넘어선 경지. 자연의 이치를 말한다.

曼衍(만연) : 끝이 없이 서로 구분되지 않는 모습을 표현하는 말

禪(선) : 자리를 바꾸다

天均(천균) : 천예(天倪)와 같은 뜻. 모든 것을 동등하게 보는 자연의 이치를 말
한다.

해설

장자가 자신의 이야기를 설명하고 있다. 장자는 여러 가지 이야기 방식으
로 자신의 생각을 말하는데, 이러한 방식은 세 가지로 나뉜다.

첫 번째는 우언, 즉 우화로서, 비유를 들어 생각을 말하는 방식이다. 사람들
은 남의 말을 잘 들으려고 하지 않으므로 마치 자신의 이야기가 아닌 것처
럼 비유해서 설명하려는 것이다.

두 번째는 중언, 즉 인용이다. 역시 사람들이 흔히 신뢰하는 옛날 사람의
말을 빌려 자신의 생각을 전한다.

세 번째는 치언, 즉 어떤 의도를 지니지 않고 무심하게 내뱉는 일종의 허황
된 이야기다. 이러한 이야기로 장자는 일반 사람들의 편견과 고정관념을
깨부순다. 사람들이 아무런 비판 없이 철석같이 믿는 생각이 절대적으로
옳은 것이 아님을 말하려는 것이다.

2

장자가 혜자에게 말했다. "공자는 나이가 육십이 되도록 육십 번이
나 생각을 바꾸었네. 처음에 옳다고 한 것도 나중에 가서는 틀렸다고 했
지. 그래서 지금 옳다고 하는 것들도 지난 59년 동안에는 틀렸다고 말
했을 수도 있네."

혜자가 말했다. "공자가 뜻을 부지런히 갈고닦으면서 지식을 추구했기 때문일 걸세."

장자가 말했다. "아닐세. 공자는 그런 태도를 일찌감치 버렸네. 하지만 그런 이야기를 한 번도 입 밖에 꺼낸 적은 없지. 공자가 이렇게 이야기한 적이 있다네. '인간은 자연으로부터 자질을 부여받으니, 신령함을 품은 채 태어난다.' 그런데 지금 자네는 그럴싸하게 법도에 들어맞는 말을 하고 이익과 의리를 내세우며, 좋고 나쁨, 옳고 그름을 구분함으로써 사람들을 설득하려 하는데, 이는 그저 말로만 사람들을 이기는 것일 뿐이네. 만약 진정으로 사람의 마음을 감화하며 거스르는 마음이 일어나지 않게 하려면 천하의 일정한 법도를 확정하여야 할 것이네. 그만두세, 그만두세! 나조차도 그에게 미치지 못한다네."

莊子謂惠子曰: "孔子行年六十而六十化, 始時所是, 卒而非之, 未知今之所謂是之非五十九年非也." 惠子曰: "孔子勤志服知也." 莊子曰: "孔子謝之矣, 而其未之嘗言. 孔子云: '夫受才乎大本, 復靈以生.' 鳴而當律, 言而當法, 利義陳乎前, 而好惡是非直服人之口而已矣. 使人乃以心服而不敢蘁立, 定天下之定. 已乎已乎! 吾且不得及彼乎!"

勤志(근지) : 열심히 뜻을 갈고닦음

服知(복지) : 지식을 습득하는 데 몰두함

蘁(오) : 거스르다

이 글에서 공자는 살아오는 동안 매번 생각이 바뀌었다. 이는 공부를 열심히 해서 새로운 사실을 깨달았기 때문이 아니다. 항상 자신의 생각이 틀릴 수 있다는 열린 태도를 가지고 있었기 때문이다. 이런 자만하지 않는 태도는 매우 중요하다.

3

증자는 두 번 벼슬을 했는데, 그때마다 마음 상태가 달랐다. 하루는 그가 이렇게 말했다. "부모님이 살아 계시고 벼슬을 했을 때는 봉급이 삼부에 지나지 않았지만 마음이 즐거웠다. 하지만 부모님이 돌아가신 후에 벼슬을 했을 때는 봉급이 삼천종이나 되었지만 하나도 즐겁지 않고 슬프기만 했다."

이 말을 들은 공자의 제자 가운데 하나가 공자에게 물었다. "증삼과 같은 사람은 벼슬에 마음이 얽매이는 과오가 없다고 할 수 있을까요?"

공자가 말했다. "이미 마음이 얽매여 있다. 아무것도 얽매이는 것이 없는데 왜 슬픔이 있겠는가? 만일 진정으로 얽매이는 것이 없는 자라면 삼부니 삼천종이니 하는 재물을 마치 작은 새나 모기, 등에가 눈앞을 지나가는 것처럼 생각할 것이다."

曾子再仕而心再化, 曰: "吾及親仕, 三釜而心樂. 後仕, 三千鍾而不洎, 吾心悲." 弟子問於仲尼曰: "若參者, 可謂無所縣其罪乎?" 曰: "旣已縣矣. 夫無所縣者, 可以有哀乎? 彼視三釜. 三千鍾, 如觀雀蚊虻相過乎前也."

曾子(증자) : 사람 이름. 공자의 제자 중 한 사람으로 효성이 지극했던 것으로
　　유명했다.

三釜(삼부)·三千鍾(삼천종) : 부피를 헤아리는 단위. 여기에서는 봉급의 단위를
　　세는 것으로 쓰였다. 1종(鍾)은 1부(釜)의 네 배에 해당한다.

不洎(불계) : 이르지 못하다. 부모에게 미치지 못했다는 의미다.

縣其罪(현기죄) : 죄를 저지르다. 여기에서는 마음이 봉급에 얽매이는 것을 가리
　　킨다.

雀蚊虻(작문맹) : 참새, 모기, 등에

해설

진정한 깨달음을 얻은 사람은 어떠한 일도 특별하게 생각하지 않고 차별
적으로 생각하지 않으므로 마음이 흔들리지 않는다. 증삼은 훌륭한 인물
이기는 하나 상황에 따라 기뻐하고 슬퍼하는 등 마음이 외부의 일에 따라
흔들리고 있으므로 아직 부족한 측면이 있다.

4

안성자유가 동곽자기에게 말했다. "제가 스승님의 가르침을 들은 지
1년이 되어서는 본래의 소박한 모습으로 돌아갈 수 있었고, 2년이 되어
서는 아집을 버리고 세상을 따를 수 있게 되었고, 3년이 되어서는 어떤
것에도 얽매이지 않고 모든 일에 통달하게 되었고, 4년이 되어서는 만
물과 하나 되어 변화할 수 있었고, 5년이 되어서는 만물이 저에게로 모
여들었고, 6년이 되어서는 귀신이 찾아와 머물게 되었고, 7년이 되어서
는 타고난 성질을 완전히 이루게 되었고, 8년이 되어서는 죽음과 삶을

완전히 잊게 되었고, 9년이 되어서는 드디어 도의 오묘한 경지를 깨닫게 되었습니다.

세상을 살아가면서 함부로 행동하다가는 죽음을 맞이하게 됩니다. 따라서 항상 공평한 태도를 유지해야 합니다. 사람의 죽음에는 반드시 그 유래하는 바가 있기 때문입니다. 하지만 생명은 양기가 일어나면서 저절로 시작되니 유래하는 바가 없습니다. 정말로 그러할까요? 정말로 그렇다면, 무엇이 적합한 것이고, 무엇이 적합하지 않은 것일까요? 하늘에는 천체가 운행하는 일정한 법칙이 있고, 땅에는 사람들이 살아가는 거처가 일정하게 정해져 있는데, 내가 어떻게 이를 억지로 바랄 수 있을까요? 삶이 끝나는 곳을 알 수 없는데 어찌 운명이 없다고 할 수 있으며, 삶이 시작되는 곳을 알 수 없는데 어찌 운명이 있다고 할 수 있을까요? 만물에는 모두 대응하는 것이 있다고 한다면, 삶과 죽음이 서로 대응하는데 어찌 귀신이 없다고 할 수 있을까요? 만약 대응하는 것이 없다고 한다면, 삶과 죽음이 서로 대응하지 않는데 어찌 귀신이 있다고 할 수 있을까요?"

顏成子游謂東郭子綦曰: "自吾聞子之言, 一年而野, 二年而從, 三年而通, 四年而物, 五年而來, 六年而鬼入, 七年而天成, 八年而不知死, 不知生, 九年而大妙. 生有為, 死也. 勸公: 以其死也, 有自也. 而生陽也, 無自也. 而果然乎? 惡乎其所適? 惡乎其所不適? 天有曆數, 地有人據, 吾惡乎求之? 莫知其所終, 若之何其無命也? 莫知其所始, 若之何其有命也? 有以相應也, 若之何其無鬼邪? 無以相應也, 若之何其有鬼邪?"

顔成子游(안성자유) : 사람 이름. 동곽자기의 제자다.

東郭子綦(동곽자기) : 사람 이름. 집이 동쪽 성곽에 있었으므로 동곽(東郭)이라는
이름이 붙었다.

野(야) : 검소하다, 소박하다

鬼入(귀입) : 귀신이 들어오다. 형체에 얽매이지 않아서 마치 형체가 없는 귀신과
같은 모습이 되었다는 의미다.

勸公(권공) : 공평한 태도에 힘쓰다

天有曆數(천유역수) : 하늘의 천체에 일정한 위치와 규칙이 있음

地有人據(지유인거) : 땅에는 사람들이 거처하는 일정한 위치가 있음

5

그림자 가장자리의 어둠이 그림자에게 물었다. "조금 전에는 몸에 붙어 있다가 지금은 다시 위로 고개를 쳐들고 있고, 조금 전에는 머리를 묶고 있다가 지금은 다시 머리를 풀어헤치고 있고, 조금 전에는 앉아 있다가 지금은 다시 일어나 있고, 조금 전에는 걸어가고 있다가 지금은 다시 걸음을 멈추었는데 왜 그러는 것인가?"

그림자가 말했다. "나는 그저 따라서 움직일 뿐인데 내가 어떻게 알겠는가? 내가 움직이기는 하지만 왜 그런지는 알지 못한다. 그렇다면 나는 매미나 뱀의 허물과 같은 것일까? 비슷하지만 그렇지 않다. 나는 형체가 없기 때문이지. 나는 불빛과 햇빛 속에서는 나타나고 그늘과 어둠 속에서는 사라진다. 바로 내가 거기에 의지하여 나타나기 때문이다. (이처럼 형체가 없는 나조차도 이러한데) 형체가 있어서 형체에 의지해야 하는 것들이 어떻게 나와 같을 수 있겠나? 불빛과 햇빛이 나오면 나 역

시 따라서 나오고, 이들이 사라지면 나 역시 따라서 사라지지. 불빛과 햇빛이 왕성해지면 나 역시 따라서 왕성해질 뿐인데, 왕성해지는 것에 대해 내가 뭐라고 할 수 있겠는가?"

眾罔兩問於景曰: "若向也俯而今也仰, 向也括而今也被髮, 向也坐而今也起, 向也行而今也止, 何也?" 景曰: "搜搜也, 奚稍問也? 予有而不知其所以. 予, 蜩甲也, 蛇蛻也, 似之而非也. 火與日, 吾屯也. 陰與夜, 吾代也. 彼, 吾所以有待邪? 而況乎以有待者乎! 彼來則我與之來, 彼往則我與之往, 彼強陽則我與之強陽. 強陽者, 又何以有問乎!"

罔兩(망량) : 그림자의 바깥쪽에 생기는 옅은 그늘

景(경) : 그림자

括(괄) : 모으다. 여기에서는 머리를 묶는다는 뜻이다.

搜搜(수수) : 무심하게 움직이는 모습을 표현하는 말

蜩甲(조갑) : 매미의 껍질

蛇蛻(사태) : 뱀의 허물

屯(오둔) : 모습을 드러내다

強陽(강양) : 왕성하다

6

양자거가 노자를 만나려고 남쪽의 패 땅으로 갔는데, 마침 노자는 패 땅을 떠나 진나라를 향해 가던 중이었다. 그래서 양자거는 교외로 마중을 나가 위나라의 수도 양에서 노자를 만나게 되었다. 그런데 노자가 길을 걷는 도중에 하늘을 쳐다보며 이렇게 탄식하는 것이었다. "처음에는 자네를 가르칠 만하다고 생각했는데, 지금 보니 그럴 만한 가치가 없구나."

양자거는 아무런 대답도 하지 못했다. 숙소에 도착해서 양자거는 노자에게 전할 세숫대야와 양치질할 물과 수건, 빗 등을 든 채 신발을 밖에다 벗어두고 노자 앞에 다가가 무릎을 꿇고 이렇게 말했다.

"좀 전에 바로 말씀을 드리고 싶었지만 선생님이 걷기만 하셔서 감히 여쭤볼 수 없었습니다. 지금은 여유가 있으신 것 같아서 제가 무엇을 잘못했는지 여쭤보고 싶습니다."

노자가 말했다. "너는 눈을 치켜뜨고 잔뜩 거만한 태도를 하고 있다. 그런데 누가 너와 함께하려고 하겠느냐? 정말로 맑고 깨끗한 사람은 오히려 더러운 모습을 하고 있고, 진정으로 덕을 갖추고 있는 사람은 부족해 보이는 모습을 하고 있는 법이다."

양자거는 이 말을 듣고는 두려워하며 낯빛을 바로 한 채 말했다. "그 말씀 잘 받들겠습니다."

양자거가 처음 숙소에 도착했을 때는 거만한 모습을 하고 있어서 숙소의 사람들이 모두 나와 그를 마중했다. 주인은 방석을 들고 찾아오고 그 아내는 빗과 수건을 가져다주었으며 먼저 앉아 있던 사람들은 자리를 뜨고 불 쬐던 사람들도 따뜻한 자리를 양보했다. 그런데 그가 태도를 바꾸고 지내다가 돌아갈 때가 되자, 사람들이 그와 편하게 지내게 되어서 자리를 다투어 앉는 사이가 되었다.

陽子居南之沛, 老聃西遊於秦, 邀於郊, 至於梁而遇老子. 老子中道仰天而歎曰:"始以汝為可教, 今不可也." 陽子居不答.
至舍, 進盥漱巾櫛, 脫屨戶外, 膝行而前曰:"向者弟子欲請夫
子, 夫子行不閒, 是以不敢. 今閒矣, 請問其過." 老子曰:"而睢
睢盱盱, 而誰與居? 大白若辱, 盛德若不足." 陽子居蹴然變
容曰:"敬聞命矣." 其往也, 舍者迎將其家, 公執席, 妻執巾櫛,
舍者避席, 煬者避灶. 其反也, 舍者與之爭席矣.

陽子居(양자거) : 사람 이름. 성은 양(陽), 이름은 주(朱), 자거(子居)는 그의 자(字)다.

秦(진) : 나라 이름

梁(양) : 위나라의 수도

盥漱巾櫛(관수건즐) : 대야, 양칫물, 수건, 빗

脫屨戶外(탈구호외) : 신발을 벗고 집 밖으로 나가다

膝行(슬행) : 무릎으로 기어가다

睢睢盱盱(휴휴우우) : 거만한 눈빛을 표현하는 말

煬者(양자) : 불을 쬐는 사람

避灶(피조) : 따뜻한 자리를 양보하다

해설

사람들과 좋은 관계를 맺기 위해 오만한 태도를 버려야 함을 말하고 있다.
이는 통치자의 권위적인 태도에 관해 비유적으로 말하는 것이다. 권위적인
태도는 일시적인 복종을 가져올 수 있지만, 결국 화가 되어 돌아올 것이다.

제6편

양왕 讓王

1

요임금이 천하를 허유에게 물려주려고 했지만 허유는 받아들이지 않았다. 그래서 이번에는 자주지부에게 물려주고자 했는데, 자주지부는 이렇게 이야기했다. "저를 천자로 삼으려는 것은 괜찮습니다만 제가 지금 심한 근심의 병으로 치료를 받고 있으니 도저히 천하를 다스릴 겨를이 없습니다."

천하는 매우 귀중한 것이 분명하다. 하지만 그렇다고 해서 자기 목숨을 해칠 정도는 아니다. 천하도 목숨보다 중요하지 않은데 다른 사물이야 어떨까? 천하를 자신의 것으로 사사롭게 여기지 않는 자라야 천하를 맡길 수 있을 것이다.

堯以天下讓許由, 許由不受. 又讓於子州支父, 子州支父曰: "以為我天子, 猶之可也. 雖然, 我適有幽憂之病, 方且治之, 未暇治天下也." 夫天下至重也, 而不以害其生, 又況他物乎! 唯無以天下為者, 可以託天下也.

子州支父(자주지부) : 사람 이름. 도를 체득한 은사

幽憂之病(유우지병) : 깊은 근심으로 생긴 마음의 병

순임금이 천하를 자주지백에게 물려주고자 했는데, 자주지백이 이렇게 이야기했다. "저는 지금 심한 근심의 병으로 치료를 받고 있으니 도저히 천하를 다스릴 겨를이 없습니다." 천하는 크고 귀한 기물이지만, 생명과 바꿀 정도는 아니다. 이것이 도를 깨달은 사람과 그렇지 못한 보통 사람들의 차이다.

> 舜讓天下於子州支伯, 子州支伯曰:"予適有幽憂之病, 方且治之, 未暇治天下也." 故天下大器也, 而不以易生, 此有道者之所以異乎俗者也.

子州支伯(자주지백) : 사람 이름. 위의 자주지보와 같은 인물이다.

순임금은 선권에게 천하를 물려주고자 했다. 선권이 말했다. "나는 이 우주에 서서 자연의 이치에 따라 살고 있습니다. 겨울에는 털가죽옷을 입고, 여름에는 무명옷을 입습니다. 봄에는 땅을 갈고 씨를 뿌리며 열심히 일하고 가을에는 곡식을 거둬들이며 편히 휴식합니다. 해가 뜨면 나와서 일을 하고 해가 지면 들어가서 쉬지요. 천지 사이에서 여유롭고 편안하게 머무르니 마음 또한 만족스럽습니다. 그런데 왜 천하 따위를 다스리겠습니까? 내 마음을 이렇게 이해하지 못하시니 참으로 슬프군요."

그렇게 그는 순임금의 요청을 받아들이지 않고 깊은 산속으로 들어가 버렸는데 그가 어디로 갔는지 아무도 알지 못했다.

舜以天下讓善卷, 善卷曰: "余立於宇宙之中, 冬日衣皮毛, 夏日衣葛絺. 春耕種, 形足以勞動. 秋收斂, 身足以休息. 日出而作, 日入而息, 逍遙於天地之間而心意自得. 吾何以天下為哉? 悲夫! 子之不知余也!" 遂不受. 於是去而入深山, 莫知其處.

善卷(선권) : 사람 이름. 도를 깨달은 인물

皮毛(피모) : 모피옷

葛絺(갈치) : 갈포옷

순임금이 이번에는 그의 친구인 석호 땅의 농부에게 물려주려고 했다. 농부가 말했다. "참 고생이 많습니다. 왕께서는 참으로 수고를 마다하지 않으시는군요." 그는 순임금의 덕이 한참 모자란다고 여겨 아내와 함께 짐을 짊어지고 자식들을 데리고 바다 건너 섬으로 들어갔는데, 다시는 돌아오지 않았다.

舜以天下讓其友石戶之農, 石戶之農曰: "捲捲乎后之為人, 葆力之士也." 以舜之德為未至也, 於是夫負妻戴, 攜子以入於海, 終身不反也.

石戶(석호) : 땅 이름

捲捲乎(권권호) : 열심히 일하는 모습을 표현하는 말

葆力之士(보력지사) : 힘을 다해 열심히 일하는 사람

해설

요임금과 순임금이 왕위를 다른 사람에게 물려주려 한 가상의 이야기를 들어 권력에 대한 욕망이 얼마나 인간에게 해로운지를 설명하고 있다. 위 이야기에 등장하는 도를 깨달은 인물들은 요임금과 순임금의 제안을 다들 거부하고 피한다. 보통의 사람들은 임금의 자리를 귀하다고 여기지만 이들은 그것이 인간의 자연스러운 삶을 해치기 때문에 옳지 않은 것이라 말한다. 자리를 귀하다고 여기지만 이들은 그것이 인간의 자연스러운 삶을 해치기 때문에 옳지 않은 것이라 말한다.

2

태왕 단보가 빈(邠)이라는 땅에 살고 있었을 때, 오랑캐의 공격을 받았다. 그래서 그들에게 모피와 비단을 바치고 항복하려고 했으나 그들은 받아들이지 않았다. 그래서 다시 개와 말을 보냈지만 역시 받아들여지지 않았다. 이번에는 구슬과 옥 등 값진 보석을 보냈는데 역시나 받아들여지지 않았다. 오랑캐들은 오직 땅만을 원했다.

이런 상황에서 태왕 단보가 사람들을 불러놓고 말했다. "오랑캐들과 전쟁을 벌이면 많은 사람이 죽게 된다. 내가 다른 사람의 형과 함께 살고자 그 동생을 죽게 만들고, 내가 다른 사람의 아버지와 함께 살고자 그 자식을 죽게 만드는 것은 도저히 용납할 수 없다. 그러니 그대들은 모두 이 땅에서 열심히 살도록 하라. 나의 신하가 되는 것과 오랑캐의 신하가 되는 것이 어찌 다르겠는가? 내가 듣기로 사람들을 기르기 위한 땅 때문에 정작 사람들이 다치는 일이 있어서는 안 된다고 하였다."

이 말을 마치고 그는 곧바로 지팡이를 짚고 빈(邠) 땅을 버리고 떠나갔는데, 백성들이 모두 손수레를 끌고 그를 따라와서 결국 기산 아래에 새로운 나라를 만들 수 있었다. 태왕 단보야말로 진정으로 생명을 존중할 줄 아는 사람이라 말할 수 있다. 생명을 존중할 줄 아는 사람이란, 부귀하다고 해서 방탕한 삶으로 자신의 몸을 해치지 않으며, 빈천하다고 해서 이익을 좇다가 몸을 괴롭게 만들지 않는다. 그런데 요즘 사람들은 고관대작의 자리에 있으면서도 이를 잃어버리지 않을까 지나치게 걱정하기 바쁘고, 이익을 보면 자신의 몸조차 돌보지 않고 가벼이 행동하니, 참으로 미혹된 일이 아닐 수 없다.

大王亶父居邠, 狄人攻之. 事之以皮帛而不受, 事之以犬馬而不受, 事之以珠玉而不受, 狄人之所求者土地也. 大王亶父曰:"與人之兄居而殺其弟, 與人之父居而殺其子, 吾不忍也. 子皆勉居矣! 為吾臣與為狄人臣, 奚以異? 且吾聞之, 不以所用養害所養." 因杖筴而去之. 民相連而從之, 遂成國於岐山之下. 夫大王亶父可謂能尊生矣. 能尊生者, 雖貴富不以養傷身, 雖貧賤不以利累形. 今世之人, 居高官尊爵者, 皆重失之, 見利輕亡其身, 豈不惑哉!

大王亶父(대왕단보) : 주나라의 시조 문왕의 할아버지

狄人(적인) : 중국 북쪽 지방의 오랑캐

杖筴(장협) : 지팡이를 짚다

岐山(기산) : 산 이름

3

월나라 사람들은 삼대에 걸쳐 자신들의 임금을 죽였다. 임금 자리에 앉게 될 왕자 수는 자신도 결국 죽임을 당할까 걱정이 이만저만이 아니었다. 어떻게 할지 고민을 하다가 단혈이라는 동굴로 도망쳐 버렸다. 졸지에 임금을 잃어버린 월나라 사람들은 왕자 수를 찾고자 노력했다. 한참 동안 찾지 못하다가 결국 단혈 동굴에서 왕자 수를 찾아냈으나, 그가 나오려 하지 않자 월나라 사람들은 쑥풀로 연기를 피워 그를 나오게 하였다. 그가 밖으로 나오자 그를 왕이 타는 수레에 태워 궁궐로 돌아왔다.

왕자 수는 수레에 올라 하늘을 쳐다보며 슬프게 외쳤다. "아, 임금이 되는 건가, 임금이 되는 건가! 어째서 나를 내버려두지 않는 것인가!" 그는 임금이 되기 싫었던 것이 아니다. 임금이 되어 겪게 될 화를 두려워했던 것이다. 왕자 수와 같은 사람을 두고 임금 자리를 위해 자신의 목숨을 해치거나 하지 않는 사람이라고 말할 수 있다. 그런데 또한 이런 훌륭한 점 때문에 월나라 사람들이 그를 자신들의 임금으로 모시려 한 것이다.

越人三世弑其君, 王子搜患之, 逃乎丹穴. 而越國無君, 求王子搜不得, 從之丹穴. 王子搜不肯出, 越人薰之以艾, 乘以王輿. 王子搜援綏登車, 仰天而呼曰:"君乎君乎! 獨不可以舍我乎!"王子搜非惡為君也, 惡為君之患也. 若王子搜者, 可謂不以國傷生矣, 此固越人之所欲得爲君也.

搜(수) : 월나라 태자의 이름

丹穴(단혈) : 동굴의 이름

薰(후) : 태우다

艾(애) : 쑥

4

한나라와 위나라가 서로 땅을 두고 전쟁을 벌일 때였다. 자화자가 한나라의 임금 소희후를 만났는데, 그는 전쟁 때문에 매우 걱정스러운 낯빛을 하고 있었다. 자화자가 그에게 물었다. "지금 세상 사람들에게 이런 서약서를 쓰게 한다고 생각해 보십시오. 이 서약서에는 '왼손으로 이 서약서를 잡으면 오른손을 잘라버리고, 오른손으로 이 서약서를 잡으면 왼손을 잘라버린다. 하지만 서약서를 굳게 잡는 사람은 천하를 거머쥘 것이다'라고 쓰여 있다고 하겠습니다. 그럼 임금께서는 이 서약서를 잡으시겠습니까?"

소희후가 말했다. "과인은 잡지 않겠노라."

자화자가 말했다. "맞습니다. 이것으로 보면, 두 손이 천하보다 중요하고, 온몸은 두 손보다 더 중요할 것입니다. 더군다나 한나라가 온 천하보다 가벼운 것은 분명하고, 지금 다투고 있는 땅은 한나라 전체에 비하면 훨씬 작은 것도 당연합니다. 그런데 왜 임금께서는 지금 몸을 괴롭히고 목숨을 상하면서까지 땅을 얻지 못하는 것을 괴로워하시는지요?"

소희후가 그 말을 듣고 말했다. "그렇구나! 지금까지 나를 가르쳐주는 사람은 많았지만 이런 말은 들어본 적이 없도다." 자화자는 일의 중요함과 중요하지 않음을 아는 사람이라 할 수 있다.

韓魏相與爭侵地. 子華子見昭僖侯, 昭僖侯有憂色. 子華子曰:"今使天下書銘於君之前, 書之言曰:'左手攫之則右手廢, 右手攫之則左手廢, 然而攫之者必有天下.'君能攫之乎?" 昭僖侯曰:"寡人不攫也." 子華子曰:"甚善! 自是觀之, 兩臂重於天下也, 身亦重於兩臂. 韓之輕於天下亦遠矣, 今之所爭者, 其輕於韓又遠. 君固愁身傷生以憂戚不得也!" 僖侯曰:"善哉! 教寡人者眾矣, 未嘗得聞此言也." 子華子可謂知輕重矣.

子華子(자화자) : 사람 이름. 위나라의 현자

昭僖侯(소희후) : 한나라의 임금

書銘(서명) : 서약서

攫(확) : 움켜쥐다

兩臂(양비) : 양팔

5

노나라 임금이 안합이라는 자가 도를 깨달은 사람이라는 소문을 듣고 사람을 시켜 예물을 가지고 찾아가 보게 하였다. 안합은 누추한 집에서 허름한 옷을 입고 스스로 소를 먹이면서 살고 있었다. 노나라 임금의 사자가 찾아오자 안합이 직접 그를 맞이했는데, 사자가 그에게 말했다. "여기가 안합의 집이 맞소?"

안합이 대답했다. "이곳이 안합의 집이오."

안합의 집임을 확인한 사자가 임금의 예물을 안합에게 전달하려고 했는데, 안합이 그것을 보고는 이렇게 말했다. "나에게 주는 예물이 맞소? 혹시라도 잘못 전달했다가 당신이 벌을 받을까 두려우니, 누구에게 전하는 것인지 제대로 확인하고 오는 것이 좋겠소."

이에 사자가 돌아가서 다시 임금의 명령을 확인하고 안합의 집을 찾아왔다. 하지만 안합은 이미 어디론가 사라져버려 다시는 찾을 수 없었다. 안합과 같은 사람은 진정으로 부귀영화를 싫어하는 자다.

魯君聞顏闔得道之人也, 使人以幣先焉. 顏闔守陋閭, 苴布之衣而自飯牛. 魯君之使者至, 顏闔自對之. 使者曰:"此顏闔之家與?" 顏闔對曰:"此闔之家也." 使者致幣, 顏闔曰:"恐聽者謬而遺使者罪, 不若審之." 使者還, 反審之, 復來求之, 則不得已. 故若顏闔者, 眞惡富貴也.

顏闔(안합) : 사람 이름. 도를 깨달은 인물이다.

幣(폐) : 폐백, 재물

陋閭(누려) : 누추한 집

苴布之衣(저포지의) : 허름한 옷을 입다

謬(류) : 그르치다

6

따라서 이런 말이 있다. 도의 가장 참된 부분으로 자신의 몸을 다스리고, 남은 것으로 나라와 가문을 다스리며, 마지막 남은 찌꺼기로 세상을 다스린다. 이것으로 볼 때, 제왕의 업적이란 성인이 하는 일의 나머지에 해당하는 일이지, 진정으로 몸을 갖추고 삶을 기를 만한 것은 못된다. 하지만 지금 세상에서 말하는 군자들은 대부분 자신의 몸을 위험하게 만들고 목숨을 버리면서까지 물질적인 욕망을 추구한다.

성인이 행하는 바는 그 행위가 어디로 향하는지, 왜 그렇게 하는지를 잘 살펴보아야 한다. 예를 들어 어떤 사람이 수나라 제후의 진귀한 구슬로 벼랑 위를 날고 있는 참새를 쏘아 맞혔다고 한다면 사람들은 모두 그를 비웃을 것이다. 왜 그럴까? 귀중한 것을 사용해서 하찮은 것을 얻고자 했기 때문이다. 그런데 생명의 귀중함이 어찌 구슬 정도에 그칠 수 있겠는가?

故曰: 道之眞以治身, 其緒餘以爲國家, 其土苴以治天下. 由此觀之, 帝王之功, 聖人之餘事也, 非所以完身養生也. 今世俗之君子, 多爲身棄生以殉物, 豈不悲哉! 凡聖人之動作也, 必察其所以之, 與其所以爲. 今且有人於此, 以隨侯之珠彈千仞之雀, 世必笑之. 是何也? 則其所用者重而所要者輕也. 夫生者, 豈特隨侯之重哉!

隨侯之珠(수후지주) : 옛날 수(隨)나라 임금이 연못에서 얻었다고 하는 구슬. 귀한 보물을 의미한다.

彈(탄) : 탄알을 쏘다

千仞之雀(천인지작) : 천 길이나 되는 높은 벼랑 위를 나는 참새

7

자열자가 매우 가난하여 굶주린 낯빛을 하고 있었다. 때마침 정나라를 찾아온 논객이 그 소식을 듣고 정나라의 재상 자양을 찾아가 이렇게 말했다. "열어구는 도를 깨달은 훌륭한 선비입니다. 지금 당신 나라에 살고 있으면서 굶주리고 있습니다. 당신이 그를 도와주지 않는다면 사람들이 당신을 어떻게 생각할까요?"

정나라 재상 자양은 사람을 시켜 곡식을 보내주었다. 하지만 자열자는 사자가 찾아오자 재차 사양하면서 받아들이지 않았다. 어쩔 수 없이 사자가 돌아가고 자열자가 방으로 들어갔는데, 방에서 아내가 그를 원망하며 가슴을 치면서 말했다. "내가 듣기로 도를 깨달은 사람의 아내가 되면 안락하게 살 수 있다고 하더이다. 우리가 굶고 있는 것을 높으신 분이 미안하게 여겨 곡식을 보내주었는데 받지 않으시니 우리는 천상 가난해야 할 운명인가 봅니다."

자열자가 웃으며 말했다. "자양은 스스로 나를 알아봐준 것이 아니오. 남의 말을 듣고 내게 곡식을 보내준 것이지. 그런 사람은 분명 다른 사람의 말을 듣고 나를 벌할 것이오. 그래서 내가 곡식을 받지 않은 것이라오." 과연 시간이 흘러 백성들이 반란을 일으켜 자양을 죽이는 일이 발생했다.

子列子窮, 容貌有飢色. 客有言之於鄭子陽者曰: "列御寇, 蓋有道之士也, 居君之國而窮, 君無乃為不好士乎?" 鄭子陽即令官遺之粟. 子列子見使者, 再拜而辭. 使者去, 子列子入, 其妻望之而拊心曰: "妾聞為有道者之妻子, 皆得佚樂, 今有飢色. 君過而遺先生食, 先生不受, 豈不命邪!" 子列子笑謂之曰:

"君非自知我也. 以人之言而遺我粟, 至其罪我也, 又且以人
之言. 此吾所以不受也." 其卒, 民果作難而殺子陽.

子列子(자열자) : 사람 이름. 열어구(列御寇)를 높여서 부르는 말이다.

鄭子陽(정자양) : 정나라의 재상 자양(子陽)

令(령) : ~하게 하다

8

초나라 소왕이 전쟁에서 패배하여 나라를 잃고 말았다. 그때 양을 도
축하는 일을 하던 설이라는 자가 소왕을 따라 함께 도망쳤다. 나중에 소
왕이 나라를 되찾게 되었을 때 소왕은 그를 도왔던 사람들에게 모두 상
을 내렸는데, 도축장이 설에게도 상이 내려졌다.

상을 받게 된 설은 이렇게 이야기했다. "대왕께서 나라를 잃으셨을
때 저 또한 일자리를 잃었습니다. 이제 나라를 되찾았으니 저 또한 다시
일자리를 찾은 셈입니다. 그런데 어찌 또 무슨 상을 주신단 말입니까?"

이 말을 전해 들은 소왕이 말했다. "억지로라도 상을 주도록 하라!"

설이 말했다. "대왕이 나라를 잃으신 것은 저의 죄가 아닙니다. 따라
서 저는 벌을 받지 않았습니다. 반대로 대왕이 나라를 찾으신 것 역시
저의 공이 아닙니다. 그러니 제가 상을 받는 것은 옳지 않습니다."

소왕은 이 말을 듣고는 "그를 만나보겠다"라고 하였다.

하지만 이 소식을 들은 설은 또 이렇게 말했다. "우리 초나라의 국법
에 따르면 반드시 중대한 상을 받거나 큰 공을 세운 사람이라야 임금님
을 뵐 수 있다고 하였습니다. 그런데 저는 나라를 지킬 지혜도 지니지

못했고, 죽음을 무릅쓰고 싸울 용기도 없습니다. 오나라 군대가 쳐들어왔을 때 저는 제 목숨을 지키고자 도망갔을 뿐, 대왕을 지키기 위해 따라갔던 것이 아닙니다. 그런데도 임금께서 법을 어기고 저를 만나려고 하시는 것은 옳지 않습니다. 그런 방식으로 이름이 알려지고 싶지는 않습니다."

소왕은 이 말을 전해 듣고 사마인 자기에게 이렇게 말했다. "그자는 비록 비천한 지위에 있으나 펼치는 뜻은 아주 고상하군. 그대가 가서 그에게 삼공의 지위를 맡기도록 하시오."

이 소식을 들은 설은 "삼공의 자리가 양을 도축하는 일보다 훨씬 귀하다는 사실을 저는 잘 알고 있습니다. 삼공이 받는 만종의 봉급이 저의 봉급보다 훨씬 많다는 사실 또한 잘 알고 있습니다. 하지만 어찌 녹봉을 탐내서 우리 임금님이 아무에게나 상을 내리는 사람이라는 오명을 듣도록 할 수 있겠습니까? 저는 도저히 받을 수 없습니다. 제발 저를 양을 도축하는 곳으로 갈 수 있게 해주십시오"라고 말하고 끝내 벼슬을 받지 않았다.

楚昭王失國, 屠羊說走而從於昭王. 昭王反國, 將賞從者, 及屠羊說. 屠羊說曰: "大王失國, 說失屠羊. 大王反國, 說亦反屠羊. 臣之爵祿已復矣, 又何賞之言?" 王曰: "强之!" 屠羊說曰: "大王失國, 非臣之罪, 故不敢伏其誅. 大王反國, 非臣之功, 故不敢當其賞." 王曰: "見之!" 屠羊說曰: "楚國之法, 必有重賞大功而後得見. 今臣之知不足以存國, 而勇不足以死寇. 吳軍入郢, 說畏難而避寇, 非故隨大王也. 今大王欲廢法毁約而見說, 此非臣之所以聞於天下也." 王謂司馬子綦曰: "屠羊

說居處卑賤而陳義甚高, 子綦為我延之以三旌之位." 屠羊說
曰:"夫三旌之位, 吾知其貴於屠羊之肆也. 萬鍾之祿, 吾知其
富於屠羊之利也. 然豈可以食爵祿而使吾君有妄施之名乎!
說不敢當, 願復反吾屠羊之肆." 遂不受也.

楚昭王(초소왕) : 초나라 소왕

屠羊說(도양설) : 양을 도축하는 설(說)이라는 인물

廢法毀約(폐법훼약) : 법을 어기고 약속을 깨뜨리다

肆(사) : 가게

9

공자의 제자인 원헌이 노나라에 살고 있었다. 그의 집은 단칸방이었
는데 지붕은 풀로 덮었고 쑥으로 대충 만들어놓은 문은 망가져 온전하
지 않았다. 뽕나무로 지도리를 만들고 깨진 항아리로 창문을 만들고는
거친 갈포옷으로 구멍을 막았다. 천장에서는 비가 새어 방바닥이 축축
한데 원헌은 방 한가운데서 거문고를 연주하고 있었다.

하루는 공자의 다른 제자인 자공이 원헌을 만나러 왔다. 그는 고급스
러운 옷을 걸치고 큰 말이 이끄는 수레를 타고 행차하였는데, 수레바퀴
가 커서 원헌이 사는 좁은 골목으로 들어올 수가 없을 지경이었다. 어
쩔 수 없이 자공은 수레에서 내려 걸어서 원헌의 집으로 찾아갔다. 자
공이 원헌을 만났을 때 원헌은 나무껍질로 만든 갓을 쓰고 뒤꿈치가 다
떨어진 신발을 신고 명아주 지팡이를 짚은 채 밖으로 나와 마중을 하고
있었다.

이 모습을 보고 자공이 말했다. "아이고, 선생께서는 어디 병이라도 드셨습니까?"

원헌이 말했다. "내가 듣기로 재물이 없는 것을 가난하다고 말하고 도를 배우고서 실천하지 않는 것을 병들었다고 말한다고 하였습니다. 내가 비록 가난하기는 하나 병이 들지는 않았습니다."

이 말을 듣고 자공은 뒷걸음질 치며 매우 부끄러워했다.

원헌이 웃으며 말했다. "세상에 알려지기를 바라면서 행동하고 줏대 없이 남의 말을 따르면서 사람을 사귀고 자신의 이익을 위해 학문을 하고 자신을 위해 남을 가르치고 인의를 내세우면서 악행을 저지르고 수레나 말을 타면서 자신을 꾸미는 일은 나로서는 도저히 할 수 없는 짓입니다."

原憲居魯, 環堵之室, 茨以生草, 蓬戶不完, 桑以爲樞而甕牖, 二室, 褐以爲塞, 上漏下溼, 匡坐而弦. 子貢乘大馬, 中紺而表素, 軒車不容巷, 往見原憲. 原憲華冠縰履, 杖藜而應門. 子貢曰: "嘻! 先生何病?" 原憲應之曰: "憲聞之: '無財謂之貧, 學而不能行謂之病.' 今憲, 貧也, 非病也." 子貢逡巡而有愧色. 原憲笑曰: "夫希世而行, 比周而友, 學以爲人, 敎以爲己, 仁義之慝, 輿馬之飾, 憲不忍爲也."

原憲(원헌) : 공자의 제자. 성은 원(原), 이름은 사(思), 헌(憲)은 그의 자(字)이다.

環堵之室(환도지실) : 좁은 단칸방

茨(자) : 지붕을 이다

蓬戶(봉호) : 쑥으로 문을 만들다

樞(추) : 지도리

甕牖(옹유) : 깨진 항아리로 창문을 만들다

褐(갈) : 베옷, 굵은 베

上漏下溼(상루하습) : 위에서 비가 새서 바닥이 축축하게 젖다

匡坐(광좌) : 바르게 앉다

華冠縰履(화관쇄리) : 나무껍질로 만든 갓을 쓰고 뒤꿈치가 다 떨어진 신발을
　　　　　　　　　　신다

杖藜(장려) : 명아주 지팡이를 짚다

逡巡(준순) : 망설이면서 물러나다

해설

가난하고 궁핍한 삶은 비록 힘든 삶이기는 하나 그것이 부정되어야 할 정
도로 나쁜 것은 아니다. 적어도 부귀영화를 위해 인위와 가식을 행하며 자
신의 본성을 기만하지는 않았기 때문이다.

10

증자가 위나라에 살고 있을 때였다. 집안이 가난해 입던 솜옷은 겉이
다 해졌고 얼굴은 푸석푸석하게 떴으며 손발은 다 갈라졌다. 삼일 동안
이나 불을 때지 못했고 십 년 동안 새로 옷을 만들어 입지 못했다. 갓을
쓰려고 해도 갓끈이 다 떨어져 있었고 옷깃을 여미려고 하면 옷이 찢어
져 팔꿈치가 보였으며 신발을 신으려고 하면 다 낡아 뒤꿈치가 빠져버
리는 정도였다. 하지만 그가 다 낡은 신발을 끌고 상나라의 시가를 낭송
하면 그 소리가 온 천지에 가득 차서 마치 아름다운 악기를 연주하는 것

만 같은 느낌이 들었다. 천자조차도 그를 신하로 삼지 못했으며 제후들도 그와 함부로 사귈 수 없었다. 이처럼 뜻을 잘 기르는 사람은 형체의 어려움을 모두 잊을 수 있고, 형체를 잘 기르는 사람은 이익을 잊을 수 있고, 도의 경지에 이른 사람은 모든 사사로운 마음마저 잊을 수 있다.

曾子居衛, 縕袍無表, 顏色腫噲, 手足胼胝. 三日不舉火, 十年不製衣, 正冠而纓絕, 捉衿而肘見, 納履而踵決. 曳縱而歌商頌, 聲滿天地, 若出金石. 天子不得臣, 諸侯不得友. 故養志者忘形, 養形者忘利, 致道者忘心矣.

縕袍(온포) : 솜옷

腫噲(송쾌) : 종기가 나고 초췌해지다

胼胝(변지) : 살이 트다

捉衿而肘見(착금이주견) : 옷이 너무 낡아 옷깃을 여미려고 하면 팔꿈치 부분이 뜯어져서 팔꿈치가 드러난다는 의미

納履而踵決(납리이종결) : 신발이 너무 낡아 신발을 신으려고 하면 발뒤꿈치 부분이 뜯어져서 발뒤꿈치가 빠져나온다는 의미

商頌(상송) : 상나라 시기에 지어진 시가

11

공자가 안회에게 말했다. "안회야, 이리 와 보거라! 너의 집은 가난하고 어렵지 않느냐. 그런데 왜 관직에 나가지 않느냐?"

안회가 그 말에 이렇게 답했다. "저는 관직을 원하지 않습니다. 제가

성 밖에 밭이 50묘 있습니다. 죽 정도는 지어 먹을 수 있지요. 또 성안에도 밭이 10묘 있습니다. 여기에 뽕나무와 삼나무를 기르면 제가 입을 비단과 삼베옷 정도는 족히 만들 수 있습니다. 또 거문고를 타면서 즐겁게 시간을 보낼 수 있고, 스승님께 도를 배워 충분히 삶을 즐길 수 있습니다. 그러니 관직은 필요가 없습니다."

공자는 얼굴빛이 달라지며 태도를 바꾸고 말했다. "너의 마음이 참으로 훌륭하구나! 이런 말을 들은 적이 있다. '만족할 줄 아는 사람은 이익으로 자신을 괴롭히지 않고, 스스로 깨달아 얻을 수 있는 사람은 잃어버리는 것이 있어도 걱정하지 않으며, 내면을 잘 수양한 사람은 작위가 없어도 부끄러워하지 않는다.' 이 말을 듣고 내가 오랫동안 외우고 있었는데 처음으로 이 말을 실천하는 사람을 본 것 같구나. 내가 깨달은 바가 크다."

孔子謂顏回曰:"回來! 家貧居卑, 胡不仕乎?"顏回對曰:"不願仕. 回有郭外之田五十畝, 足以給饘粥. 郭內之田十畝, 足以為絲麻. 鼓琴足以自娛. 所學夫子之道者足以自樂也. 回不願仕."孔子愀然變容曰:"善哉回之意! 丘聞之:'知足者不以利自累也, 審自得者失之而不懼, 行修於內者無位而不怍.' 丘誦之久矣, 今於回而後見之, 是丘之得也."

畝(무) : 밭이랑

饘粥(전죽) : 죽

絲麻(사마) : 비단과 삼베

12

중산의 귀족 모가 첨자에게 말했다. "나는 강호에 숨어 지내지만 마음만은 위나라 궁전에 머물러 있습니다. 어찌하면 좋겠습니까?"

첨자가 말했다. "목숨을 귀중하게 여기십시오. 목숨이 귀중해지면 이익은 가벼워지는 법입니다."

모가 말했다. "그것은 저도 잘 알고 있습니다만, 스스로를 이겨내기가 힘이 듭니다."

첨자가 말했다. "도저히 자신을 이길 수 없다면 그냥 마음을 따르십시오. 차라리 그렇게 하면 정신이 괴로운 일은 없을 것 아닙니까? 자신을 이겨낼 수도 없는데 억지로 따르지 않으면 이는 자신을 두 배로 해치는 일이라 할 수 있습니다. 자신을 두 배로 해치게 되면 도저히 장수할 수 없지요."

위모는 대국 귀족 집안의 자제였다. 그러한 자가 동굴에 숨어 살았으니, 평민보다 훨씬 더 곤궁한 삶을 살았던 것이다. 따라서 아직 도에는 이르지 못했지만 그 의지만은 높이 살 만하다.

中山公子牟謂瞻子曰: "身在江海之上, 心居乎魏闕之下, 奈何?" 瞻子曰: "重生. 重生則利輕." 中山公子牟曰: "雖知之, 未能自勝也." 瞻子曰: "不能自勝則從, 神無惡乎? 不能自勝而强不從者, 此之謂重傷. 重傷之人, 無壽類矣." 魏牟, 萬乘之公子也, 其隱巖穴也, 難為於布衣之士, 雖未至乎道, 可謂有其意矣.

中山公子牟(중산공자모) : 위나라 귀족의 자제인 모(牟)라는 인물. 중산(中山)은 벼슬 이름이다.

瞻子(첨자) : 사람 이름. 위나라의 현자

重傷(중상) : 거듭 해치다

해설

목숨이 가장 중요하고 과도한 물질적인 욕구를 추구하지 않는 것이 좋지만, 이를 억지로 실천할 필요는 없다. 자신이 할 수 없는 것을 억지로 하면 자신을 더욱더 해치게 되기 때문이다. 항상 자신이 할 수 있는 만큼 실천해야 한다.

13

공자가 진나라와 채나라 사이에서 포위되어 곤란에 처했을 때, 칠일 동안이나 불로 지은 밥을 먹지 못했고, 쌀 한 톨 넣지 않은 명아주풀 미음을 마시면서 하루하루 연명하였다. 그래서 얼굴빛이 매우 초췌하였는데도 그는 여전히 방에서 거문고를 연주하며 노래를 불렀다.

안회는 밖에서 나물을 다듬고 있었고 자로와 자공은 서로 이야기를 나누고 있었다. "우리 스승님은 두 번씩이나 노나라에서 쫓겨났고 위나라에서도 추방당하셨지. 송나라에서는 나무에 깔려 죽을 뻔하셨고, 상나라와 주나라에서도 곤란에 처하신 적이 한두 번이 아니시지. 그런데 이번에는 진나라와 채나라 사이에서 포위되어 궁지에 몰리고 마셨네. 스승님을 죽여도 죄가 되지 않고, 스승님을 사로잡아 욕보이는 것도 금지되지 않은 상황이야. 그런데도 스승님은 거문고를 연주하며 노래를 부르고 음악을 한 번도 멈춘 적이 없으시니, 군자가 이렇게까지 부끄러움을 모를 수가 있단 말인가?"

이 말을 들은 안회는 아무런 대꾸도 하지 않고 방으로 들어가 공자에게 이 말을 알렸다. 공자는 거문고를 밀어놓고 한숨을 쉬며 말했다. "유와 사는 참으로 속이 좁은 녀석들이구나. 불러오너라. 내가 이야기를 해주겠다."

자로와 자공이 들어왔다. 자로가 먼저 이렇게 이야기했다. "지금과 같은 상황을 곤궁하다고 말할 수 있지 않겠습니까?"

공자가 말했다. "대체 무슨 말이냐! 군자는 도가 통하는 것을 통한다고 하고 도가 통하지 않는 것을 곤궁하다고 말한다. 내가 비록 잠깐 동안의 환란을 만났거늘, 인의의 도를 가슴에 품고 있는데 어찌 곤궁하다고 말하느냐? 따라서 내면을 반성해 보아도 도에 부끄러움이 없고, 위험을 만나도 덕을 잃지 않는 것이다. 한파가 닥치고 서리와 눈이 내려야 소나무와 잣나무의 위대함을 알 수 있는 법이다. 그러니 지금 이 고난은 나를 시험할 좋은 기회가 아니겠는가?"

공자가 말을 마치고 편안한 모습으로 다시 거문고를 타면서 노래를 부르자, 자로는 신이 난 모습으로 방패를 들고 춤을 추었다. 자공이 이 모습을 보고 말했다. "하늘이 얼마나 높고 땅이 얼마나 깊은지 나는 미처 알지 못했구나!"

옛날 도를 깨달았던 인물들은 비록 자신의 도가 통해도 즐거워하고 자신의 도를 아무도 알아주지 않아도 즐거워했다. 즉 도가 통하거나 통하지 않는 상황 때문에 이들이 즐거울 수 있었던 것이 아니었다. 자신이 도와 덕을 지니고 있다면, 뜻이 통하거나 통하지 않는 상황은 마치 더위와 추위, 바람과 비가 변화해 가는 것과 같이 느껴질 것이다. 따라서 허유는 영양 땅에 숨어 살면서도 즐겁게 지낼 수 있었고, 공백은 공수산에 숨어 살면서도 스스로 만족하며 지낼 수 있었다.

孔子窮於陳蔡之間, 七日不火食, 藜羹不糝, 顏色甚憊, 而弦
歌於室. 顏回擇菜, 子路子貢相與言曰:"夫子再逐於魯, 削迹
於衛, 伐樹於宋, 窮於商周, 圍於陳蔡, 殺夫子者無罪, 藉夫
子者無禁. 弦歌鼓琴, 未嘗絕音, 君子之無恥也若此乎?" 顏
回無以應, 入告孔子. 孔子推琴喟然而歎曰:"由與賜, 細人也.
召而來! 吾語之." 子路子貢入. 子路曰:"如此者可謂窮矣." 孔
子曰:"是何言也! 君子通於道之謂通, 窮於道之謂窮. 今丘抱
仁義之道, 以遭亂世之患, 其何窮之為? 故內省而不窮於道,
臨難而不失其德, 天寒既至, 霜露既降, 吾是以知松柏之茂
也. 陳蔡之隘, 於丘其幸乎!" 孔子削然反琴而弦歌, 子路扢然
執干而舞. 子貢曰:"吾不知天之高也, 地之下也." 古之得道
者, 窮亦樂, 通亦樂. 所樂非窮通也, 道德於此, 則窮通為寒暑
風雨之序矣. 故許由娛於穎陽, 而共伯得乎共首.

藜羹(여갱) : 명아줏국

憊(비) : 고달프다

擇菜(택채) : 나물을 다듬다

藉(적) : 짓밟다, 범하다

由與賜(유여사) : 각각 자로와 자공의 이름

細人(세인) : 속이 좁은 사람

松柏之茂(송백지무) : 소나무와 잣나무가 사시사철 변하지 않고 푸른 모습을 가리
     킨다.

削然(소연) : 마음이 평화롭고 즐거운 모습을 표현하는 말

潁陽(영양) : 영수라는 강의 북쪽

14

순임금이 천하를 그의 친구인 북인무택에게 물려주려고 했다.

북인무택이 말했다. "참으로 이상한 자로다! 본래 논밭에서 농사를 지으며 살다가 요임금의 집안에 드나들더니, 거기에서 그치지 않고 그 치욕스러운 행위로 나까지 더럽히려고 하는구나! 그를 만난 것이 참으로 부끄럽다." 말을 마친 뒤 그는 청령이라는 연못에 스스로 몸을 던졌다.

舜以天下讓其友北人無擇, 北人無擇曰："異哉! 后之爲人也, 居於畎畝之中, 而遊堯之門. 不若是而已, 又欲以其辱行漫我. 吾羞見之."因自投淸泠之淵.

北人無擇(북인무택) : 가상의 인물의 이름

畎畝(견무) : 논과 밭

15

탕왕이 폭군 걸왕을 정벌하기 위해 변수를 찾아 계책을 논의하려고 하였다.

변수는 탕왕의 요청에 이렇게 말했다. "이것은 저의 일이 아닙니다."

탕왕이 말했다. "그렇다면 누가 할 수 있겠소?"

변수가 말했다. "저는 모릅니다."

이에 탕왕은 다시 무광을 찾아 함께 의논하고자 했다.

그런데 무광 역시 이렇게 말했다. "이것은 저의 일이 아닙니다."

탕왕이 말했다. "그렇다면 누가 할 수 있겠소?"

무광이 말했다. "저는 모릅니다."

탕왕이 말했다. "이윤은 어떻소?"

무광이 말했다. "그는 의지가 굳세 치욕을 잘 참아낼 수 있습니다. 다른 것은 잘 모르겠습니다."

그리하여 탕왕은 이윤과 함께 걸왕을 칠 계책을 논하여 결국 걸왕을 정벌하였다. 그런 뒤에 왕위를 변수에게 물려주고자 하였다.

변수는 이렇게 말했다. "탕왕이 걸왕을 정벌하기 위해 나를 찾은 것은 분명 나를 잔인한 인간으로 보았기 때문일 것이다. 그런데 이제 왕위까지 물려주려고 하니, 나를 탐욕스러운 인간으로 여기는 것이 분명하다. 난세에 태어난 것도 모자라 무도한 인간에 의해 두 번이나 치욕스러운 일을 당했으니, 도저히 견딜 수가 없구나." 이렇게 말하고 그는 주수에 몸을 던져 자결하고 말았다.

湯將伐桀, 因卞隨而謀, 卞隨曰:"非吾事也." 湯曰:"孰可?" 曰: "吾不知也." 湯又因瞀光而謀, 瞀光曰:"非吾事也." 湯曰:"孰可?" 曰:"吾不知也." 湯曰:"伊尹何如?" 曰:"强力忍垢, 吾不知其他也." 湯遂與伊尹謀伐桀. 剋之, 以讓卞隨. 卞隨辭曰:"后之伐桀也謀乎我, 必以我爲賊也. 勝桀而讓我, 必以我爲貪也. 吾生乎亂世, 而無道之人再來漫我以其辱行, 吾不忍數聞也." 乃自投椆水而死.

卞隨(변수) : 사람 이름. 도를 깨달은 사람

瞀光(무광) : 사람 이름. 도를 깨달은 사람

伊尹(이윤) : 사람 이름. 세속에 살던 현자

稠水(주수) : 강 이름

탕왕은 이번에는 무광에게 왕위를 물려주고자 했다. "지혜로운 사람이 계획을 꾸미고 용맹한 사람이 일을 수행하면 어진 사람이 제위에 오르는 것이 예부터 이어진 도리입니다. 그러니 선생이 왕위에 오르는 것이 어떻겠습니까?"

무광은 사양하며 말했다. "임금을 폐위하는 것은 정의로운 일이 아니고 백성을 죽이는 일은 어진 일이 아닙니다. 다른 사람이 어려움을 이겨내고 일을 해냈는데, 제가 이익을 차지하는 것은 염치없는 일입니다. '정의롭지 않다면 작록을 받아들이지 말고, 무도한 세상에서는 그 땅조차 밟지 말라'고 하였습니다. 그런데 심지어 저를 임금의 자리에 올리려고 하시니, 도저히 참을 수가 없습니다." 이러한 말을 남기고 그는 돌을 짊어진 채 여수에 뛰어들어 죽고 말았다.

湯又讓瞀光曰:"知者謀之, 武者遂之, 仁者居之, 古之道也. 吾子胡不立乎?"瞀光辭曰:"廢上, 非義也. 殺民, 非仁也. 人犯其難, 我享其利, 非廉也. 吾聞之曰:'非其義者, 不受其祿. 無道之世, 不踐其土.'況尊我乎! 吾不忍久見也."乃負石而自沈於盧水

廬水(여수) : 강 이름

16

옛날 주나라가 부흥하던 때에 한 형제가 고죽이라는 지방에 살고 있었다. 형의 이름은 백이였고 동생은 숙제라고 하였다.

어느 날 하루는 두 사람이 상의하면서 말했다. "듣자 하니 서쪽 지방에 어떤 사람이 도를 터득한 것 같다고 하는데, 한번 가서 만나보지 않겠나?"

그러고는 그 사람을 만나기 위해 길을 떠나 기산의 남쪽에 도착했다. 무왕이 이들의 이야기를 전해 듣고 동생인 단을 보내 이들을 먼저 만나 보게 했다.

단이 그들에게 이렇게 약속했다. "그대들의 봉록을 두 단계를 높이고, 1급 관직을 부여하겠소." 그러고는 약속을 굳게 하기 위해 짐승을 죽여 피를 바르고 땅에 서약서를 묻었다. 두 사람은 그 모습을 보고 크게 웃으며 말했다. "허허, 다릅니다. 이것은 우리가 말하는 도가 아닙니다. 옛날 신농씨가 공경을 다해 제사를 올렸을 때도 스스로 복을 바라지는 않았고, 충실하게 백성들을 대했지만, 아무것도 백성들에게 요구하지 않았습니다. 정사에 참여하고자 하는 자는 정사에 참여하도록 하고, 다스림에 참여하고자 하는 자는 다스림에 참여하도록 하였습니다. 남을 망하게 해서 성공하려 하지 않았고, 남을 낮춰서 자신을 높이려고 하지도 않았으며, 기회를 노려 이익을 챙기려고도 하지 않았습니다.

그런데 지금 주나라는 은나라가 혼란해진 틈을 타 재빨리 권력을 빼앗았습니다. 윗사람은 계략을 꾸미고 아랫사람은 뇌물을 쓰며 군사를 믿고 힘을 내세우며 짐승의 피로 맹세를 하여 사람들을 믿게 만들고 자신의 업적을 내세워 백성들을 기쁘게 만들며 전쟁을 일으켜 이득을 챙기려고 하지요. 이는 걸왕의 폭정을 새로운 혼란으로 바꾸는 것밖에 되지 않습니다.

우리가 듣기로 '옛날의 현인들은 치세에는 책임을 피하지 않지만, 난세에는 구차하게 목숨을 구하지 않았다'라고 하였습니다. 지금 천하가 어둡고 주나라의 덕이 쇠하였으니, 주나라 밑에 살면서 몸을 더럽히기보다는 깨끗한 죽음을 택하는 것이 낫겠습니다."

이렇게 말하고 둘은 수양산으로 들어가 나오지 않다가 결국 굶어 죽었다. 백이, 숙제와 같은 자들은 설령 부귀와 영화를 얻을 수 있다고 해도 결코 이를 받아들이지 않는다. 고상한 절조와 비범한 행위로 자신만의 뜻을 즐기면서 세상과 타협하지 않는 것이 바로 이들의 절개이다.

昔周之興, 有士二人處於孤竹, 曰伯夷叔齊. 二人相謂曰: "吾聞西方有人, 似有道者, 試往觀焉." 至於岐陽, 武王聞之, 使叔旦往見之, 與盟曰: "加富二等, 就官一列." 血牲而埋之. 二人相視而笑曰: "嘻! 異哉! 此非吾所謂道也. 昔者神農之有天下也, 時祀盡敬而不祈喜. 其於人也, 忠信盡治而無求焉. 樂與政為政, 樂與治為治, 不以人之壞自成也, 不以人之卑自高也, 不以遭時自利也. 今周見殷之亂而遽為政, 上謀而下行貨, 阻兵而保威, 割牲而盟以為信, 揚行以說眾, 殺伐以要利, 是推亂以易暴也. 吾聞: '古之士遭治世不避其任, 遇亂世不為苟存.' 今天下闇, 周德衰, 其並乎周以塗吾身也, 不如避之以絜吾行." 二子北至於首陽之山, 遂餓而死焉. 若伯夷叔齊

者, 其於富貴也, 苟可得已, 則必不賴. 高節戾行, 獨樂其志,
不事於世, 此二士之節也.

岐陽(기양) : 기산의 북쪽

叔旦(숙단) : 무왕의 동생인 주공(周公)을 가리킴. 단(旦)은 그의 이름이다.

血牲而埋之(혈생이매지) : 짐승의 피를 발라 서약서를 쓰고 그것을 땅에 묻음.

　　　중요한 약속을 맺을 때 사용하던 방식이다.

遭時(조시) : 기회를 노리다

首陽之山(수양지산) : 산 이름

제7편

도척 盜跖

1

공자와 유하계는 서로 친구 사이였다. 유하계에게는 이름이 도척인 동생이 한 명 있었다. 도척은 도적의 우두머리였는데, 그를 따르는 부하가 9천 명이나 되었다. 도척의 무리는 천하에 횡행하며 제후들의 영토를 침범하였고, 남의 집에 구멍을 뚫고 문을 떼어낸 뒤 들어가 소와 말을 훔치고 부녀자를 납치하는 일들을 자행했다.

이들은 도적질에 몰두하느라 가족도 잊고 부모형제도 돌보지 않았으며 조상의 제사도 지내지 않았다. 이들이 큰 나라를 지나가면 그 나라에서는 해자를 파고 성문을 닫은 채 굳게 지켰고, 작은 나라에서는 모든 사람이 성루에 숨어들어 이들이 지나가기만을 기다렸으니, 백성들의 고통이 이만저만이 아니었다.

孔子與柳下季爲友. 柳下季之弟名曰盜跖. 盜跖從卒九千人, 橫行天下, 侵暴諸侯, 穴室樞戶, 驅人牛馬, 取人婦女, 貪得忘親, 不顧父母兄弟, 不祭先祖. 所過之邑, 大國守城, 小國入保, 萬民苦之.

柳下季(유하계) : 버드나무 아래 사는 계(季)라는 인물. 실제 이름은 전금(展禽)이
　　　　　 며, 계(季)는 그의 자(字)다. 실제로는 도척과 형제 사이가 아니며 공자와
　　　　　 친구 사이도 아니었다.

盜跖(도척) : 옛날의 유명한 도둑. 이름은 척(跖)이다.

卒(졸) : 졸개, 부하

橫行(횡행) : 제멋대로 행동하다

侵(침) : 침범하다

穴室樞戶(혈실추호) : 남의 집에 구멍을 뚫고 문을 떼어내다. 즉 남의 집에 들어가
　　　　　 도둑질을 한다는 의미다.

　공자가 유하계에게 말했다. "자식을 둔 아버지라면 반드시 그 자식을
가르치고 바른 길로 인도해야 하며, 동생을 둔 형이라면 반드시 그 동생
을 훈계하여 깨우칠 수 있어야 하오. 만약 아버지이면서도 그 자식을 가
르치지 못하고 형이면서도 동생을 훈계하여 깨우칠 수 없다면 부자와
형제 사이가 특별히 귀하다고 말할 수 없는 것 아니겠소? 선생은 세상
에서 알아주는 훌륭한 선비이면서도 동생인 도척은 세상에 해를 끼치
고 있소. 그런데도 자기 동생조차 바로잡지 못하시니, 제가 다 부끄럽군
요. 내가 선생을 위해 그를 한번 설득해 보리다."

　유하계가 말했다. "선생은 지금 '자식을 둔 아버지라면 반드시 그 자
식을 가르치고 바른 길로 인도해야 하며, 동생을 둔 형이라면 반드시 그
동생을 훈계하여 깨우칠 수 있어야 한다'고 말씀하셨지만, 만약 자식이
아비의 말을 듣지 않고, 동생이 형의 가르침을 받아들이지 않는다면 아
무리 말을 잘한들 어떻게 할 수 있겠소?

제 동생 도척은 그 성격이 솟구치는 샘물처럼 활발하고 의지는 회오
리바람처럼 사납소. 어떤 적이라도 상대할 만큼 강인하며, 잘못된 것을
그럴싸하게 꾸며낼 만큼 말솜씨가 뛰어나다오. 자신의 뜻에 따라주면
좋아하지만, 자신의 뜻을 거스르면 화내면서 쉽게 남을 욕하니, 부디 그
를 찾아가지 마시오."

孔子謂柳下季曰: "夫為人父者, 必能詔其子. 為人兄者, 必能
教其弟. 若父不能詔其子, 兄不能教其弟, 則無貴父子兄弟
之親矣. 今先生, 世之才士也, 弟為盜跖, 為天下害, 而弗能教
也, 丘竊為先生羞之. 丘請為先生往說之." 柳下季曰: "先生言
'為人父者必能詔其子, 為人兄者必能教其弟', 若子不聽父之
詔, 弟不受兄之教, 雖今先生之辯, 將奈之何哉? 且跖之為人
也, 心如涌泉, 意如飄風, 強足以距敵, 辯足以飾非, 順其心則
喜, 逆其心則怒, 易辱人以言. 先生必無往."

竊(절) : 훔치다

羞(수) : 부끄러워하다

飄風(표풍) : 회오리바람

距敵(거적) : 적을 상대하다

공자는 유하계의 말을 듣지 않은 채 안회에게 수레를 몰게 하고 자공
을 옆에 태우고는 도척을 만나러 갔다. 도척은 마침 태산 남쪽에서 부하
들을 쉬게 해놓고 자신은 사람의 간을 꺼내 회를 쳐서 먹고 있었다. 공

자가 수레에서 내려 접대하러 온 도척의 부하에게 말했다.

"노나라의 공구가 장군의 훌륭한 소문을 듣고 이렇게 찾아와 인사드립니다."

부하가 도척에게 공자가 왔다는 말을 전했다. 도척은 이 이야기를 듣고는 크게 분노하였는데, 눈에서는 불이 나는 듯했고, 머리털은 갓을 찌를 듯 솟구쳤다. 도척이 말했다.

"아니, 이자는 노나라의 위선자 공구가 아니더냐? 내가 이렇게 말했다고 전하여라. '너는 함부로 말을 지어대면서 아무 데나 문왕과 무왕의 이름을 가져다 쓰며, 머리에는 나뭇가지처럼 생긴 요란한 갓을 쓰며, 허리에는 소가죽으로 만든 허리띠를 차며, 수다스럽게 헛소리를 늘어놓으며, 일도 하지 않고 밥을 빌어먹으며, 옷감도 짜지 않고 옷을 입으며, 입술과 혀를 마구 놀려대며 멋대로 옳고 그름을 판단하여 세상의 군주들을 어지럽히고 있다.

너 때문에 천하의 학자들이 본업으로 돌아가지 않고 모두 효도나 우애를 내세우며 요행으로 부귀를 얻고자 하니, 네 놈의 죄가 너무도 크다. 당장 꺼져버려라! 그렇지 않으면 너의 간을 꺼내 점심으로 먹을 것이다.'"

孔子不聽, 顏回為御, 子貢為右, 往見盜跖. 盜跖乃方休卒徒太山之陽, 膾人肝而餔之. 孔子下車而前, 見謁者曰:"魯人孔丘, 聞將軍高義, 敬再拜謁者." 謁者入通, 盜跖聞之大怒, 目如明星, 髮上指冠, 曰:"此夫魯國之巧偽人孔丘非邪? 為我告之:'爾作言造語, 妄稱文武, 冠枝木之冠, 帶死牛之脅, 多辭繆說, 不耕而食, 不織而衣, 搖脣鼓舌, 擅生是非, 以迷天下之主, 使天下學士不反其本, 妄作孝弟而徼倖於封侯富貴者也.
子之罪大極重, 疾走歸! 不然, 我將以子肝益晝餔之膳."

膾(회) : 회, 회치다

枝木之冠(지목지관) : 나뭇가지처럼 장식이 많은 갓

死牛之脅(사우지협) : 죽은 소의 가죽으로 만든 허리띠

多辭繆說(다사무설) : 수다스럽고 말이 많음

搖脣鼓舌(요순고설) : 입술과 혀를 마구 놀려댐. 사방으로 말을 전하고 다닌다
　　　는 의미다.

擅(천) : 멋대로 하다

부하가 이렇게 말을 전하자 공자는 다시금 요청했다. "저는 장군의
형님이신 유하계와 친하게 지내는 사이입니다. 부디 장군의 막하에서
발끝이라도 바라볼 수 있도록 해주십시오."

부하가 다시 이 말을 전하자 도척은 "들여보내라!"라고 말했다.

공자는 종종걸음으로 조심히 앞으로 나아가 도척에게 큰절을 두 번
올렸다. 도척은 크게 화를 내며 두 다리를 떡하니 벌리고 한 손으로는
칼을 쥐고 두 눈을 부릅뜨고는 호랑이와 같은 소리로 말했다. "앞으로
나오라! 네가 하는 말이 마음에 들면 살려줄 것이지만, 그렇지 않으면
죽여버리겠다."

孔子復通曰 : "丘得幸於季, 願望履幕下." 謁者復通, 盜跖曰 :
"使來前!" 孔子趨而進, 避席反走, 再拜盜跖. 盜跖大怒, 兩展

其足, 案劍瞋目, 聲如乳虎, 曰:"丘來前! 若所言, 順吾意則生,
逆吾心則死."

履幕(이막) : 신발과 신발 자국

乳虎(유호) : 새끼에게 젖을 먹일 때의 암호랑이. 가장 사나울 때라고 한다.

공자가 말했다. "제가 듣기로 세상에는 세 가지 미덕이 있다고 합니
다. 첫 번째는 태어나면서 기골이 크고 장대하며 아무도 비교할 수 없을
정도로 용모가 아름다워서, 누구나 그를 보고 좋아하는 것을 상덕(上德)
이라 합니다. 그다음으로 세상의 이치를 깨달을 만한 지혜와 사물의 도
리를 이해할 만한 능력을 지닌 것을 중덕(中德)이라 하지요. 마지막으로
용기와 결단력이 있고 많은 부하를 거느릴 통솔력이 있는 것을 하덕(下
德)이라 합니다. 누구이건 이 중 한 가지 덕목만 갖추어도 충분히 임금
의 자리에 오를 수 있습니다.

그런데 지금 장군께서는 이 세 가지 덕목을 모두 갖추고 계십니다.
키는 여덟 자 두 치나 되고 얼굴에서는 빛이 나며 입술은 붉고 치아는
조개껍질처럼 가지런하며 목소리는 음률에 들어맞습니다. 그런데도 사
람들에게는 도적으로 불리시니, 장군이 받으시는 치욕을 저는 용납할
수가 없습니다.

만일 장군께서 저의 말을 받아들이신다면, 저는 친히 사신이 되어 남
쪽으로 오나라와 월나라, 북쪽으로 제나라와 노나라, 동쪽으로 송나라
와 위나라, 서쪽으로 진나라와 초나라에 가서 장군을 위해 사방 수백 리
의 커다란 성을 쌓고 수십만 호의 마을을 만들게 한 뒤, 장군을 임금으

로 모시도록 설득하겠습니다. 그런 뒤에 천하의 사람들과 함께 새롭게 시작하여 사람들이 전쟁을 그치고 형제를 돌보며 조상들의 제사를 지내도록 하겠습니다. 이것이 성인의 업적이 아니고 무엇이겠습니까? 천하 모든 이가 이를 바라고 있을 것입니다."

孔子曰:"丘聞之, 凡天下有三德: 生而長大, 美好無雙, 少長貴賤見而皆說之, 此上德也. 知維天地, 能辯諸物, 此中德也. 勇悍果敢, 聚衆率兵, 此下德也. 凡人有此一德者, 足以南面稱孤矣. 今將軍兼此三者, 身長八尺二寸, 面目有光, 脣如激丹, 齒如齊貝, 音中黃鐘, 而名曰盜跖, 丘竊爲將軍恥不取焉. 將軍有意聽臣, 臣請南使吳越, 北使齊魯, 東使宋衛, 西使晉楚, 使爲將軍造大城數百里, 立數十萬戶之邑, 尊將軍爲諸侯, 與天下更始, 罷兵休卒, 收養昆弟, 共祭先祖. 此聖人才士之行, 而天下之願也."

無雙(무쌍) : 적수가 없다

勇悍(용한) : 용감하고 사나움

激丹(격단) : 새빨갛다

齊貝(제패) : 마치 조개껍질처럼 이가 가지런함

黃鐘(황종) : 계이름 가운데 하나. 십이율(十二律)의 첫째 음에 해당한다.

吳(오)·越(월)·齊(제)·魯(노)·宋(송)·衛(위)·晉(진)·楚(초) : 모두 나라 이름

이 말을 들은 도척은 더욱 크게 화를 내며 말했다. "이리 앞으로 나오

너라! 이익에 따라 행동을 바꾸고 충고를 듣고 행동을 고치는 것은 어리석은 백성들이나 하는 짓이다. 내 체격이 크고 용모가 아름다워서 사람들이 좋아하는 것은 부모님이 남겨주신 덕이다. 네놈 따위가 칭찬하지 않으면 내가 모를 줄 알았느냐?

내가 듣기로는 '남 앞에서 칭찬을 하는 사람은 뒤에서 험담을 한다'라고 하더군. 지금 네가 나에게 큰 성과 많은 백성을 안겨주겠다고 말하는데, 이는 이익으로 나를 꼬드기면서 마치 평범한 백성처럼 길들이려고 하는 것이다. 그러니 그 성과 백성이 얼마나 오래 가겠느냐?

성으로 따진다면 천하만큼 큰 성이 없다. 그런데 요임금이나 순임금은 천하를 차지하였지만 그 자손들은 송곳 하나 꽂을 땅도 갖지 못했다. 탕왕이나 무왕 역시 천자의 자리에 올랐지만 후손들은 멸망하고 말았다. 지나치게 큰 것을 가졌기 때문이 아니겠느냐?

게다가 옛날에는 짐승들이 많고 인간은 적어 사람들은 모두 나무 위에 올라가 살면서 짐승을 피해 다녔다고 한다. 이들은 낮에는 도토리나 밤을 주웠고 밤에는 나무 위에서 잠을 청하였으니, 유소씨의 백성이라 불렀다.

또 옛날 사람들은 옷이란 것을 알지 못하였다. 여름에 땔감을 모아두었다가 겨울에 때며 살았다. 그래서 이들을 살아가는 방법을 아는 백성이라 불렀다. 신농씨의 시대에는 백성들이 누워 잠잘 때는 아무 걱정 없이 편하게 쉴 수 있었고 깨어 움직일 때는 여유롭게 지냈는데, 자신의 어머니는 누군지 알아도 아버지는 누군지 몰랐으며 사슴의 무리와 함께 살면서 스스로 논밭을 경작하여 곡식을 거두어 먹었고, 스스로 옷감을 짜서 옷을 지어 입었으니, 서로 해치려는 마음을 갖지 않았다. 이때가 바로 지극한 덕이 성행하던 시절이다. 그런데 황제(黃帝)가 세상을 다스리던 시절에 이르러서는 지극한 덕이 시행되지 못했고, 탁록의 들판에서 치우와 전쟁을 벌여 온 들판이 죽은 사람의 피로 물들었다.

요임금과 순임금이 천자의 자리에 오르자 여러 신하의 지위를 구분하게 되었고, 탕왕은 자신의 주군이었던 걸왕을 쫓아냈으며 무왕은 폭군인 주왕을 죽였으니 이때부터는 그저 강한 사람이 약한 사람을 괴롭히고, 다수가 소수를 억압하는 세상이 되고 말았다. 따라서 탕왕과 무왕 이후부터는 모두 백성들을 혼란에 빠뜨린 무리라고 할 수 있다.

盜跖大怒曰: "丘來前! 夫可規以利而可諫以言者, 皆愚陋恒民之謂耳. 今長大美好, 人見而悅之者, 此吾父母之遺德也. 丘雖不吾譽, 吾獨不自知邪? 且吾聞之:'好面譽人者, 亦好背而毀之.' 今丘告我以大城衆民, 是欲規我以利而恆民畜我也, 安可久長也? 城之大者, 莫大乎天下矣. 堯舜有天下, 子孫無置錐之地, 湯武立為天子而後世絕滅, 非以其利大故邪? 且吾聞之: 古者禽獸多而人少, 於是民皆巢居以避之, 晝拾橡栗, 暮栖木上, 故命之曰有巢氏之民. 古者民不知衣服, 夏多積薪, 冬則煬之, 故命之曰知生之民. 神農之世, 臥則居居, 起則于于, 民知其母, 不知其父, 與麋鹿共處, 耕而食, 織而衣, 無有相害之心, 此至德之隆也. 然而黃帝不能致德, 與蚩尤戰於涿鹿之野, 流血百里. 堯舜作, 立群臣, 湯放其主, 武王殺紂. 自是之後, 以強陵弱, 以眾暴寡. 湯武以來, 皆亂人之徒也.

愚陋(우루): 어리석고 고루하다

恆民(항민): 평범한 백성

巢居(소거) : 나무 위에 집을 짓고 살다

拾(습) : 줍다

橡栗(상률) : 도토리와 밤

栖(서) : 살다, 거처하다

有巢氏(유소씨) : 사람들에게 나무 위에 집을 짓고 사는 방법을 가르쳐주었다고
전해지는 전설 속 제왕

煬(양) : 불을 때다

居居(거거) : 편안한 모양

于于(우우) : 여유로운 모양

蚩尤(치우) : 전설상의 인물. 신농씨의 신하로서 군대를 처음 만들었다고 전해
진다.

涿鹿之野(탁록지야) : 탁록이라는 이름의 들판

그런데도 지금 너는 문왕, 무왕의 도를 닦으면서 세상의 언론을 장악하여 후세를 가르치려 든다. 헐렁한 옷에 얇은 띠로 몸을 치장한 채 헛소리나 일삼으며 천하의 군주들을 현혹하고 부귀영화를 노리고 있으니 천하에 이보다 큰 도적이 없을 것이다. 그런데 왜 세상은 너를 도적이라 부르지 않고 죄 없는 나를 도적이라 부른단 말인가?

너는 달콤한 말로 자로를 유혹하여 너를 따르게 하면서 그가 쓰고 있던 큰 갓을 벗기고 장검을 풀어놓게 하였다. 세상 사람들은 이것을 보고 '공자는 난폭한 것을 멈추고 그른 행동을 바로잡을 수 있다'고 말했지. 하지만 자로는 끝내 위나라 임금을 죽이려고 하다 실패하여 오히려 죽임을 당하고 그 몸이 소금에 절여지는 형벌을 당하고 말았다. 결국 너의

가르침이 통하지 않은 것이 아니겠는가?

너는 스스로를 훌륭한 선비나 성인으로 생각하겠지! 그런데 노나라에서 두 번이나 쫓겨나고 위나라에서 추방당했으며, 제나라에서 궁지에 몰렸고, 진나라와 채나라 사이에서 포위당해서 세상 아무 곳도 갈 데가 없지 않았느냐. 게다가 너는 자로를 가르쳐 고작 그런 형벌이나 당하게 만들었다. 네 몸도 지키지 못하고 다른 사람들의 목숨도 지키지 못했다. 그런데도 너의 가르침이 그리 귀하단 말이냐?

今子修文武之道, 掌天下之辯, 以教後世, 縫衣淺帶, 矯言偽行, 以迷惑天下之主, 而欲求富貴焉, 盜莫大於子. 天下何故不謂子為盜丘而乃謂我為盜跖? 子以甘辭說子路而使從之, 使子路去其危冠, 解其長劍, 而受教於子, 天下皆曰 '孔丘能止暴禁非.' 其卒之也, 子路欲殺衛君而事不成, 身菹於衛東門之上, 是子教之不至也. 子自謂才士聖人邪! 則再逐於魯, 削跡於衛, 窮於齊, 圍於陳蔡, 不容身於天下. 子教子路菹此患, 上無以為身, 下無以為人, 子之道豈足貴邪?

縫衣淺帶(봉의천대) : 헐렁한 옷을 입고 가느다란 허리띠를 매다. 유자(儒者)들의
　　　복장을 가리킨다.
菹(저) : 젓갈을 담그다

세상 사람들이 존경하는 자들 가운데 황제(黃帝)보다 더 높은 자가 없을 것이다. 그런 황제조차도 덕행을 온전히 갖추지 못했으니, 탁록의 들

판에서 전쟁을 벌여 사방을 피로 물들이기도 하였다. 요임금은 자애롭지 못했고, 순임금은 불효하였으며, 우임금은 반신불수가 되었고, 탕왕은 자신의 군주를 쫓아냈으며, 무왕은 주왕을 정벌하였고, 문왕은 유리 땅에 감금당했다. 이 여섯 명은 모두 세상에서 덕이 높다고 불리는 자들이다.

하지만 자세히 따져보면 이들 모두 이익을 탐하다 본성을 잃고 참된 성품에서 벗어났으니, 이들의 행동이야말로 부끄럽기 짝이 없는 짓이다!

世之所高, 莫若黃帝, 黃帝尚不能全德, 而戰涿鹿之野, 流血百里. 堯不慈, 舜不孝, 禹偏枯, 湯放其主, 武王伐紂, 文王拘羑里. 此六子者, 世之所高也, 孰論之, 皆以利惑其眞而强反其情性, 其行乃甚可羞也!

偏枯(편고) : 반신불수
羑里(유리) : 땅 이름

세상 사람들이 흔히 말하는 현인에는 백이와 숙제가 있다. 이들은 고죽국의 임금 자리를 사양하고 수양산에서 굶어 죽었는데, 아무도 그들의 시신을 장례 지내주지 않았다. 포초는 고고하게 행동하면서 세상을 비난하다가 결국 나무를 끌어안고 죽음을 맞이했다. 신도적은 임금에게 올바른 말을 하다가 받아들여지지 않자 돌을 짊어지고 강에 뛰어들어 물고기의 밥이 되었다. 개자추는 지극히 충성스러워서 피난길에서 고생하는 임금에게 자신의 허벅지 살을 잘라 바치기까지 했는데, 나중에 세력을 되찾은 진문공이 그를 저버리자, 분노한 나머지 진문공을 떠나 산으로 들어가 나무를 끌어안은 채 불에 타죽고 말았다.

노나라 사람 미생은 여자와 다리 아래에서 만나기로 약속하였으나, 시간이 지나도 그녀는 오지 않았고, 비가 와서 강물이 불어나는데도 하염없이 그녀를 기다리다 결국 다리 기둥을 붙잡고 있다가 물에 빠져 죽고 말았다.

이 여섯 명은 제사상에 올라간 개나 제물로 강에 던져진 돼지, 바가지를 들고 구걸하는 거지나 다를 바가 없다. 모두 명분만 따지고 죽음을 가볍게 여기면서 정작 중요한 것을 잃어버린 사람들이다.

세상에 이름난 충신에는 왕자 비간과 오자서를 넘어서는 자가 없을 것이다. 하지만 오자서는 죽임을 당해 시체가 강물에 던져졌고, 비간은 가슴이 쪼개지고 심장이 잘리는 형벌을 받았다. 이 둘은 세상에 더없는 충신이지만, 결국 천하의 웃음거리가 되고 말았다. 저 옛날 황제부터 비간과 오자서에 이르기까지 모든 경우를 살펴보았을 때, 이들의 행위는 하나도 귀하게 여길 만한 것이 없다.

世之所謂賢士, 伯夷叔齊, 伯夷叔齊辭孤竹之君, 而餓死於首陽之山, 骨肉不葬. 鮑焦飾行非世, 抱木而死. 申徒狄諫而不聽, 負石自投於河, 為魚鱉所食. 介子推至忠也, 自割其股以食文公, 文公後背之, 子推怒而去, 抱木而燔死. 尾生與女子期於梁下, 女子不來, 水至不去, 抱梁柱而死. 此六子者, 無異於磔犬流豕. 操瓢而乞者, 皆離名輕死, 不念本養壽命者也. 世之所謂忠臣者, 莫若王子比干伍子胥, 子胥沈江, 比干剖心. 此二子者, 世謂忠臣也, 然卒為天下笑. 自上觀之, 至於子胥比干, 皆不足貴也.

孤竹(고죽) : 나라 이름

鮑焦(포초) : 사람 이름

飾(식) : 꾸미다

申徒狄(신도적) : 사람 이름

介子推(개자추) : 사람 이름

尾生(미생) : 약속을 잘 지키는 것으로 유명한 사람의 이름

磔犬流豕(책견유시) : 개를 죽이고 돼지를 물에 띄워 보내다. 제사의 제물로 개와
　　　　　　돼지를 바치는 것을 의미한다.

操瓢而乞(조표이걸) : 바가지를 들고 구걸하다

比干(비간) : 사람 이름

伍子胥(오자서) : 사람 이름

　만약 네가 귀신의 일을 가지고 나를 설득하려고 한다면 내가 다 알
수는 없겠지만, 인간의 일을 가지고 나를 설득하려고 한다면 지금 내가
말한 사례들을 넘어서지는 못할 것이다. 그런 것들은 이미 나도 들어서
잘 알고 있다. 이제 내가 너에게 인간의 참된 모습을 말해주겠노라.

　인간은 눈으로는 아름다운 것을 보고 싶어 하며, 귀로는 좋은 소리를
듣고 싶어 한다. 입으로는 맛있는 음식을 먹고 싶어 하고, 마음은 만족
스러운 기분을 바란다. 인간의 수명이란 최대한 오래 살아봤자 백 살,
꽤 오래 살았다고 하면 여든 살, 적당히 오래 살았다고 하면 예순 살 남
짓이다. 그나마 병들어 괴로워하고, 남의 장례식장에서 죽음을 두려워

하고, 살아가면서 걱정하는 일들을 다 제외하고 나면 그중에 입을 크게 벌리고 웃을 수 있는 나날은 한 달에 4~5일을 넘지 않을 것이다.

이 끝없는 세상 속에서 짧은 삶을 산다는 것은 마치 재빠른 말이 문틈으로 획 하고 지나가는 것과도 같다. 그러니 자신의 뜻을 마음껏 펼치지 못하고, 수명을 잘 길러나가지 못하는 자라면 도에 통달한 자라고 할 수 없다.

지금까지 네가 했던 말들은 내가 모두 내다버린 것들이니, 두 번 다시 입에 올리지 말고 당장 물러가라! 너의 도란 그저 권세에 빌붙어 아첨하기에 급급한 것이다. 모두 거짓으로 꾸며낸 것일 뿐 참된 본성을 보전할 수 없으니 논할 가치가 어디 있겠는가?"

丘之所以說我者, 若告我以鬼事, 則我不能知也. 若告我以人事者, 不過此矣, 皆吾所聞知也. 今吾告子以人之情: 目欲視色, 耳欲聽聲, 口欲察味, 志氣欲盈. 人上壽百歲, 中壽八十, 下壽六十, 除病瘦死喪憂患, 其中開口而笑者, 一月之中不過四五日而已矣. 天與地無窮, 人死者有時, 操有時之具而託於無窮之間, 忽然無異騏驥之馳過隙也. 不能說其志意, 養其壽命者, 皆非通道者也. 丘之所言, 皆吾之所棄也, 亟去走歸, 無復言之! 子之道, 狂狂汲汲, 詐巧虛偽事也, 非可以全眞也, 奚足論哉?"

病瘦(병수) : 병에 걸려 야윔

騏驥(기기) : 매우 빨리 달리는 말

隙(극) : 틈

狂狂汲汲(광광급급) : 얻어내고자 애쓰는 모습을 표현하는 말

공자는 황급히 두 번 절하고 도망치듯 문을 나왔는데, 수레에 올라타다 손잡이를 세 번이나 놓쳤다. 눈은 멍하니 풀려서 아무것도 보이지 않았고 낯빛은 마치 재와 같이 어두웠으며, 수레 앞턱에 기댄 채 숨도 제대로 쉬지 못하고 겨우 노나라로 돌아왔다. 돌아오는 길에 동쪽 성문에서 우연히 유하계를 다시 만났다.

유하계가 말했다. "요즘 통 모습이 보이지 않던데, 수레를 타고 온 걸 보니 혹시 도척을 만나고 온 것이오?"

공자가 하늘을 우러러 탄식하며 말했다. "그렇소."

유하계가 말했다. "미리 말씀드린 것처럼 제 아우가 선생의 말을 거역하지 않았소?"

공자가 말했다. "말씀하신 그대로였소. 병에 걸리지도 않았는데 뜸을 뜬다는 말이 바로 나를 두고 하는 말인 듯하오. 잠자는 호랑이의 수염을 뽑다가 하마터면 호랑이에게 잡아먹힐 뻔했소!"

孔子再拜趨走, 出門上車, 執轡三失, 目芒然無見, 色若死灰, 據軾低頭, 不能出氣. 歸到魯東門外, 適遇柳下季. 柳下季曰: "今者闕然數日不見, 車馬有行色, 得微往見跖邪?" 孔子仰天而歎曰: "然." 柳下季曰: "跖得無逆汝意若前乎?" 孔子曰: "然. 丘所謂無病而自灸也, 疾走料虎頭, 編虎須, 幾不免虎口哉!"

轡(비) : 고삐, 수레의 손잡이

據軾低頭(거식저두) : 수레 앞턱에 기대어 앉음

灸(구) : 뜸, 뜸뜨다

해설

장자는 공자와 도척 사이의 가상의 대화로 유가를 비판하고 있다. 유가에서는 인의예지의 덕목을 내세우면서 도덕적인 인간이 되기를 강조한다. 하지만 역사적으로 볼 때, 도덕을 내세우다 목숨까지 잃게 된 사례가 아주 많다. 장자는 항상 자신이 본래 타고난 것을 지키는 것이 중요하다고 강조했다. 생명은 인간이 하늘로부터 부여받은 것으로, 본래부터 가지고 태어나는 것이지만, 인(仁)과 의(義)와 같은 도덕 가치는 그렇지 않다. 따라서 장자는 유가의 덕목을 추구하다가 자신의 목숨까지 잃는 것은 본말이 전도된 일이며, 사회의 혼란이 바로 여기에서 시작된다고 보았다.

2

자장이 만구득에게 물었다. "당신은 왜 덕행을 실천하지 않소? 덕행을 실천하지 않으면 사람들로부터 신뢰를 얻지 못하오. 신뢰가 없으면 관직을 얻지 못하겠지요. 관직을 얻지 못하면 어찌 돈을 벌어 생활을 꾸려가겠소? 그러니 명성으로 보나 이익으로 보나 덕행을 실천하는 것이 가장 옳다고 할 수 있을 것이오. 명성이나 이익을 떠나서 생각해도 자신의 마음에 비추어 살펴보자면, 선비란 하루라도 덕행을 실천하지 않을 수 없을 것이오!"

만구득이 말했다. "원래 부끄러움을 모르는 인간이 부자가 되고, 말이 많은 인간이 이름을 알리는 법이오. 명성이나 이익을 크게 얻으려면 부끄러움을 잊고 말을 잘 늘어놓아야 한다는 것이오. 그러니 명성이나 이익의 측면에서 생각하면 말을 잘 늘어놓는 것이 가장 좋을 것이오. 하지만 명성과 이익을 떠나 자신의 마음에 비추어 살펴보자면, 선비들이 실천해야 하는 것은 그저 타고난 성질을 지키는 것 뿐이외다."

子張問於滿苟得曰: "盍不爲行? 無行則不信, 不信則不任, 不任則不利. 故觀之名, 計之利, 而義眞是也. 若棄名利, 反之於心, 則夫士之爲行, 不可一日不爲乎?" 滿苟得曰: "無恥者富, 多信者顯. 夫名利之大者, 幾在無恥而信. 故觀之名, 計之利, 而信眞是也. 若棄名利, 反之於心, 則夫士之爲行, 抱其天乎!"

子張(자장) : 공자의 제자. 성은 전손(顓孫)이고 이름은 사(師)이며 자장(子張)은 그의 자(字)다.

滿苟得(만구득) : 사람 이름. 가상의 인물이다.

자장이 말했다. "옛날의 걸왕과 주왕은 세상에서 가장 귀한 임금의 자리에 올라 천하라고 하는 부귀영화를 누렸소. 하지만 지금 하인에게 '걸, 주 같은 놈'이라고 하면 부끄러워하며 받아들이려고 하지 않지요. 아무리 그릇이 작은 인간이라도 그들을 천하게 여기기 때문이오. 그런데 공자나 묵자는 보통 사람이나 다를 바 없이 가난했지만, 지금 재상들에게 '그대의 행실은 공자와 묵자 같습니다'라고 하면 겸손한 자세로 스스로 부족하다고 말을 할 것이오. 덕행을 실천하는 선비야말로 진정으로 사람들이 귀하게 여긴다는 것을 알 수 있소. 그러니 일이 잘 풀려 천자가 된다고 해서 반드시 좋은 것도 아니고, 평범한 사람으로 산다고 해서 꼭 나쁘다고 할 수는 없소. 귀천의 구별은 그 사람의 행동에 달린 것 아니겠소?"

만구득이 말했다. "좀도둑은 붙잡히고 말지만, 나라를 훔친 큰 도둑은 제후가 되오. 일단 제후가 되고 나면 그의 집으로 온갖 인물이 모여들지. 옛날 제나라 환공은 자기 형을 죽이고 형수를 아내로 삼았는데도 천하를 차지했다는 이유로 관중과 같은 훌륭한 신하를 얻었소. 전성자상은 자신의 군주를 죽이고 스스로 임금의 자리를 차지했는데, 공자가 그의 초청에 응했소. 말로는 그들을 천박하게 여길지 몰라도 실제로는 그들에게 머리를 숙였소. 이는 말과 행동이 마음속에서 서로 다툰 것이니 참으로 모순이 아닐 수 없소. 그래서 《서경》에도 이런 말이 있소. '어느 것이 나쁘고 어느 것이 좋다고 하겠는가? 성공하면 우두머리가 되고, 실패하면 꼬리가 될 뿐인데.'"

子張曰:"昔者桀紂貴爲天子, 富有天下, 今謂臧聚曰'汝行如桀紂', 則有作色, 有不服之心者, 小人所賤也. 仲尼墨翟, 窮爲匹夫, 今謂宰相曰'子行如仲尼墨翟', 則變容易色稱不足者, 士誠貴也. 故勢爲天子, 未必貴也. 窮爲匹夫, 未必賤也. 貴賤之分, 在行之美惡." 滿苟得曰:"小盜者拘, 大盜者爲諸侯, 諸侯之門, 義士存焉. 昔者桓公小白殺兄入嫂而管仲爲臣, 田成子常殺君竊國, 而孔子受幣. 論則賤之, 行則下之, 則是言行之情悖戰於胸中也, 不亦拂乎! 故《書》曰:'孰惡孰美? 成者爲首, 不成者爲尾.'"

臧聚(장취) : 시종과 도둑의 부하. 하인의 뜻으로 쓰였다.

墨翟(묵적) : 묵가의 창시자. 성은 묵(墨), 이름은 적(翟)이다.

嫂(수) : 형수

田成子常(전성자상) : 사람 이름

幣(폐) : 폐백

悖戰(패전) : 다투다, 싸우다

자장이 말했다. "하지만 만약 행실을 올바르게 하지 않는다면 가깝고 먼 관계에 일정한 도리가 없어지고, 귀하고 천함에 마땅한 법칙이 사라지며, 나이에 따른 질서가 없어지고 만다오. 그럼 다섯 가지의 근본 질서와 여섯 가지의 관계를 앞으로 어떻게 따질 것이오?"

만구득이 말했다. "요임금은 자기 맏아들을 죽였고, 순임금은 자신의 이복동생을 쫓아냈소. 이들에게도 가깝고 먼 관계의 도리가 있다고 할 수 있는 것이오? 또 탕왕은 걸왕을 추방했고 무왕은 주왕을 죽였소. 이런데도 귀하고 천함에 마땅한 법칙이 있다고 할 수 있겠소? 왕계는 형들을 제치고 자신이 임금의 자리에 올랐고, 주공은 형을 죽였소. 이들에게도 위아래의 질서가 있다는 것이오? 유가는 거짓을 일삼고 묵가에서는 겸애를 주장하는데, 과연 다섯 가지의 근본 질서와 여섯 가지의 관계가 세워질 수 있는지 나는 잘 모르겠소.

지금 당신은 명성을 위해 행동하고자 하고, 나는 이익을 위해 행동하고자 하는데, 실은 명성이나 이익을 위해 행동하는 것 모두 이치에 맞지 않고 참된 도에 비추어 보아도 옳지 않소. 예전에 우리가 무약 선생에게 가서 우리의 논쟁을 해결해 달라고 말씀드린 적이 있지 않소? 이때 선생이 이렇게 말씀하셨지. '소인은 재물에 목숨을 바치고 군자는 명성에 목숨을 바친다. 그들이 타고난 모습과 본성을 바꾸는 이유는 서로 다르나, 해야 하는 일을 하지 않고 하지 말아야 할 짓을 한다는 점에서는 똑같다.'

그래서 결국 이렇게 결론을 내리신 거요. '재물에 목숨을 거는 소인이 되지 말고, 타고난 성품을 잘 따라가라. 명성에 목숨을 거는 군자가 되지 말고, 자연의 이치를 잘 따라라. 때로는 굽히고 때로는 곧게 서서 자연의 이치에 따라 사물들과 함께 변화하라. 한 가지 생각에 집착하지 말고 상황에 따라 옳고 그름을 바꾸어 가면서도 중심을 잃지 말도록 하라. 고집스럽게 자신이 생각하는 정의만을 내세우지 말라. 그렇지 않으면 참된 도를 잃어버리게 될 것이다. 쓸데없는 재물을 좇지 말고 헛된 성공에 목숨을 걸지 말라. 그렇지 않으면 타고난 성품을 잃어버리고 말 것이다.'

비간의 가슴이 찢기고 오자서의 눈이 도려내진 것은 지나친 충성이 불러온 재앙이오. 직궁이 아버지의 범죄를 까발리고 미생이 여자와 한 약속을 지키다 죽은 것은 신뢰에 집착한 결과요. 또 포자가 선 채로 말라 죽고 신도적이 스스로 죽음을 택한 것은 다 지나친 청렴함이 끼친 해악이오. 공자가 어머니의 죽음을 보지 못하고 광자가 아버지와 인연을 끊어 평생 만나지 못했던 것은 의로움만을 따지다 저지른 실수요.

이상이 옛날부터 지금까지 전해오는 사례들이오. 이들은 전부 말과 행동을 올바르게 한다고 생각했을 테지만, 그 때문에 오히려 재앙을 맞이하고 걱정거리를 떠안게 되었던 것이오."

子張曰: "子不爲行, 即將疏戚無倫, 貴賤無義, 長幼無序, 五紀六位將何以為別乎?" 滿苟得曰:"堯殺長子, 舜流母弟, 疏戚有倫乎? 湯放桀, 武王伐紂, 貴賤有義乎? 王季為適, 周公殺兄, 長幼有序乎? 儒者偽辭, 墨者兼愛, 五紀六位將有別乎? 且子正為名, 我正為利. 名利之實, 不順於理, 不監於道. 吾日與子訟於無約, 曰:'小人殉財, 君子殉名. 其所以變其情, 易其性, 則異矣. 乃至於棄其所為而殉其所不為, 則一也.' 故曰: 無為小人, 反殉而天. 無為君子, 從天之理. 若枉若直, 相而天極, 面觀四方, 與時消息. 若是若非, 執而圓機, 獨成而意, 與道徘徊. 無轉而行, 無成而義, 將失而所為. 無赴而富, 無殉而成, 將棄而天. 比干剖心, 子胥抉眼, 忠之禍也. 直躬證父, 尾生溺死, 信之患也. 鮑子立乾, 申子不自理, 廉之害也. 孔子不見母, 匡子不見父, 義之失也. 此上世之所傳, 下世之所語, 以為士者正其言, 必其行, 故服其殃, 離其患也."

五紀六位(오기육위) : 다섯 가지의 근본 질서와 여섯 가지의 관계. 오기(五紀)란 부모, 군신, 형제, 부부, 친구 관계를 말하고 육위(六位)란 아버지와 숙부, 형제, 친가 친척, 외가 친척, 스승, 친구 관계를 가리킨다.

王季(왕계) : 사람 이름. 주나라 문왕의 아버지다.

枉(왕) : 굽다

抉(결) : 긁다

鮑子(포자) : 사람 이름. 포초

申子(신자) : 사람 이름. 신도적

匡子(광자) : 사람 이름. 광장. 아버지에게 바른말을 하다 쫓겨났다고 전해진다.

해설

자장과 만구득의 대화로 역시 유가를 비판하고 있다. 유가에서는 부모와 자식 간의 사랑과 임금과 신하 사이의 충성을 강조한다. 하지만 유가에서 존경하는 위대한 제왕들은 실제로는 이와 반대되는 모습을 보였다. 예를 들어 유가에서 성인이라고 떠받드는 요임금은 자기 맏아들을 죽였고, 순임금은 자신의 이복동생을 추방했다. 이런 모습을 볼 때, 유가의 도덕이란 결국 자의적으로 만들어낸 허위와 가식에 지나지 않는다는 것이다.

3

무족이 지화에게 물었다. "사람은 누구나 명성을 좇고 이익을 추구하기 마련입니다. 만일 어떤 사람이 부자가 되면 사람들이 그에게 몰려들고, 몰려든 사람들은 스스로를 낮추면서 그를 우러러 떠받들게 됩니다. 이처럼 사람들에게서 존경과 부러움을 받는 것이 편안한 삶과 장수의 비결인데, 당신은 여기에 생각이 없어 보이는군요. 아직 세상을 잘 모르는 것입니까? 아니면 알면서도 능력이 없어서 못하는 것입니까? 아니면 정말로 올바른 도를 지키면서 다른 생각을 하지 않는 겁니까?"

지화가 말했다. "어떤 사람이 스스로 동시대의, 동향의 사람들과 함께 어울린다고 생각하면서 다른 한편으로 자신이 세속을 초월한 사람이라고 여긴다면 마음속에 주체적인 원칙이 없는 것이라 할 수 있다. 이러한 자들은 자신의 주장도 없이 시대의 변화와 옳고 그름을 멋대로 판단하니 지극히 소중한 생명을 버리고 지극히 귀한 도를 뒤로한 채, 아무생각 없이 세상을 따르면서 이를 자신이 해야 할 일로 착각한다.

이런 방식으로 어떻게 생명을 보전하고 몸과 마음을 편안하게 만들 수 있겠는가? 몸을 해치는 것이 무엇인지 몸을 편안하게 만드는 것이 무엇인지 자신의 몸에 비추어 잘 살펴보지 않고, 마음을 두렵게 만드는 것이 무엇인지 마음을 기쁘게 하는 것이 무엇인지 자신의 마음에 비추어 살펴볼 생각을 하지 않는다. 그저 하고 싶은 대로 할 줄만 알지 왜 그렇게 하는지는 알지 못한다. 따라서 이런 사람들은 천자의 자리에 올라 천하를 소유한다고 하더라도 고난을 피할 수가 없다."

無足問於知和曰:"人卒未有不興名就利者. 彼富則人歸之, 歸則下之, 下則貴之. 夫見下貴者, 所以長生安體樂意之道也. 今子獨無意焉, 知不足邪? 意知而力不能行邪? 故推正不忘邪?"知和曰:"今夫此人以爲與己同時而生, 同鄉而處者, 以爲夫絕俗過世之士焉, 是專無主正, 所以覽古今之時, 是非之分也, 與俗化世. 去至重, 棄至尊, 以爲其所爲也, 此其所以論長生安體樂意之道, 不亦遠乎! 慘怛之疾, 恬愉之安, 不監於體. 怵惕之恐, 欣懽之喜, 不監於心. 知爲爲而不知所以爲, 是以貴爲天子, 富有天下, 而不免於患也."

無足(무족) : 가상의 인물의 이름

知和(지화) : 가상의 인물의 이름

絕俗過世之士(절속과제지사) : 세상을 초월한 사람

慘怛(참달) : 슬프고 가슴이 아픔

恬愉(염유) : 마음이 여유롭고 즐거움

怵惕(출척) : 두렵고 조심스러움

欣懽(흔환) : 기쁘고 좋음

무족이 말했다. "부유하다는 것은 사람에게 도움이 되지 않을 수 없습니다. 천하의 온갖 좋은 것과 온갖 권세를 모두 손에 넣을 수 있지요. 그러니 이런 사람에게는 지인도 미치지 못하고, 현인도 따라오지 못할 것입니다. 또 많은 사람을 거느리고 있으므로 다른 사람의 힘을 빌려 위세를 뽐낼 수도 있고 다른 사람의 지혜를 빌려 자신의 능력으로 삼을 수도 있으며 다른 사람의 덕을 이용해서 훌륭한 성품을 드러낼 수도 있으니, 나라를 지니지 못했다고 하더라도 그 권위만은 임금 부럽지 않을 것입니다.

즐거운 오락이나, 맛있는 음식, 권력 같은 것은 굳이 마음속으로 배우지 않아도 즐겁다는 것을 알며, 몸에 익히지 않아도 좋다는 것을 알 수 있습니다. 좋아하고 싫어하고 피하고 추구하는 것은 가르쳐주는 사람이 없이도 누구나 하게 되는 인간의 본성입니다. 그러니 천하가 나를 비난한다 한들 어떻게 이러한 것들을 마다할 수 있겠습니까?"

지화가 말했다. "지혜로운 자는 백성들의 뜻에 따라 행동하므로 그들의 원칙에 어긋나지 않는다. 이렇게 함으로써 항상 본분을 지키고 남을 침범하지 않으며, 억지로 하려 하지 않으므로 탐내고 바라는 것이 없다. 만족을 모르기 때문에 탐내고 바라는 것이며 이러한 자들은 사방으로 남과 다투면서도 정작 스스로는 탐욕스럽다고 생각하지 않는다.

진정으로 만족할 줄 아는 사람은 남는 것이 있으면 충분하다고 생각하므로 사양할 줄 아는데, 천하를 포기하고도 스스로 청렴하다는 생각을 하지 않는다. 청렴하다거나 탐욕스럽다거나 하는 것은 밖에서 결정되지 않고 사람 마음의 태도로 결정된다. 그래서 어떤 사람은 천자의 지위에 오르더라도 권세와 지위로 남을 업신여기지 않고 천하를 다 소유할 정도로 부유해지더라도 재물을 가지고 사람들을 괴롭히지 않는다.

항상 그런 높은 지위가 가져다줄 근심과 고난을 생각하면서 그것이 자신의 본성을 해친다고 생각되면 과감히 포기하고 받아들이지 않는다. 이는 자신의 본성을 중요하게 생각했기 때문이지, 청렴하다는 명예를 바라고 행동한 것이 아니다.

요·순임금이 임금 자리를 물려주려고 했던 것은 천하에 자신의 인자함을 보여주려고 한 것이 아니다. 천자라는 미명을 위해 자신의 본성을 손상하지 않고자 해서다. 선권과 허유가 임금 자리를 받지 않았던 것도 다 이러한 이유 때문이었다. 이들은 모두 자신에게 이득이 되는 것을 취하고 해가 되는 것을 버리고자 한 것일 뿐이다. 그런데 천하의 사람들은 모두 이들의 현명함을 칭찬한다. 물론 이들이 그런 칭찬을 듣기에 손색이 없는 것은 맞지만, 이들이 명예를 바라고 그렇게 행동했던 것은 아니다."

無足曰: "夫富之於人, 無所不利, 窮美究執, 至人之所不得逮, 賢人之所不能及, 俠人之勇力而不爲威強, 秉人之知謀以爲明察, 因人之德以爲賢良, 非享國而嚴若君父. 且夫聲色滋味權勢之於人, 心不待學而樂之, 體不待象而安之. 夫欲惡避就, 固不待師, 此人之性也. 天下雖非我, 孰能辭之!" 知和曰: "知者之爲, 故動以百姓, 不違其度, 是以足而不爭, 無以爲故不求. 不足故求之, 爭四處而不自以爲貪. 有餘故辭之, 棄天下而不自以爲廉. 廉貪之實, 非以迫外也, 反監之度. 勢爲天子而不以貴驕人, 富有天下而不以財戲人. 計其患, 慮其反, 以爲害於性, 故辭而不受也, 非以要名譽也. 堯舜爲帝而雍, 非仁天下也, 不以美害生也. 善卷許由得帝而不受, 非虛辭讓

也, 不以事害己. 此皆就其利, 辭其害, 而天下稱賢焉, 則可以
有之, 彼非以興名譽也."

俠(협) : 도움을 받고 의지하다

秉(병) : 잡다, 장악하다

享國(향국) : 나라를 소유하는 기분을 누리다

무족이 말했다. "사람이 자신의 명예를 지키려고 몸을 괴롭히면서 맛
있는 것도 끊고 검소하게 생명을 길러 나간다면, 오랫동안 병을 앓으면
서 죽지도 살지도 못하는 사람과 다를 바 없지 않겠습니까?"

지화가 말했다. "항상 적당히 가지는 것이 행복하고, 넘쳐 남아도는
것이 해로운 것은 모든 사물에 적용되지만 그중에서도 재물의 경우가
가장 심하다. 부유한 사람들은 귀로 온갖 화려한 소리를 즐기고 입안에
기름진 음식을 가득 넣은 채 욕심을 채우는데, 자기가 해야 할 일조차
잊어버리니 그야말로 어지러운 삶이라 할 수 있다.

또한 이들은 왕성한 혈기에 빠져 마치 무거운 짐을 짊어지고 가듯 힘
든 행동을 자처하니 사서 고생을 하는 삶이라 할 수 있다. 또한 재물을
탐내서 괜한 걱정을 하고 권력을 좇으면서 정력을 다 소모하며 여유가
있을 때는 쾌락에 빠지고 체력이 남아돌 때는 주체하지 못하고 움직이
니, 병든 삶이라 할 수 있다. 또한 부와 이익을 좇아 재물이 담장만큼 쌓
여 있어도 만족할 줄 모르고 끊임없이 탐하기만 하고 버릴 줄 모르니 치
욕스러운 삶이라 할 수 있다.

재물이 더는 쓸 곳이 없을 정도로 쌓여 있는데도 여전히 재물을 생각

하고, 마음이 초췌해졌는데도 이익만을 추구하니 근심스러운 삶이라 할 수 있다. 집 안에 있을 때는 강도가 들까 두려워하고 밖에 나가면 도둑이 들까 걱정하여 집에 망루를 설치하고 집 밖으로 나가려 하지 않으니 두려움에 가득 찬 삶이라 할 수 있다.

이 여섯 가지는 세상 어디에도 없을 끔찍한 삶인데, 세상의 부자들은 이 사실을 망각한 채 자신의 삶을 뒤돌아보려 하지 않는다. 그러다 갑자기 재앙이 찾아오게 되면 그제야 모든 것을 다 탕진하면서 하루라도 무사한 날로 돌아가고 싶다고 생각하지만 결코 돌이킬 수 없다. 명성이나 이익의 측면에서 살펴보아도 하나도 남는 것이 없는데, 몸과 마음은 얽매여 끊임없이 이를 다투어대니 이 어찌 미혹된 삶이 아니겠는가?"

無足曰: "必持其名, 苦體絕甘, 約養以持生, 則亦久病長阨而不死者也." 知和曰: "平爲福, 有餘爲害者, 物莫不然, 而財其甚者也. 今富人耳營鐘鼓管籥之聲, 口嗛於芻豢醪醴之味, 以感其意, 遺忘其業, 可謂亂矣. 侅溺於馮氣, 若負重行而上也, 可謂苦矣. 貪財而取慰, 貪權而取竭, 靜居則溺, 體澤則馮, 可謂疾矣. 爲欲富就利, 故滿若堵耳而不知避, 且馮而不舍, 可謂辱矣. 財積而無用, 服膺而不舍, 滿心戚醮, 求益而不止, 可謂憂矣. 內則疑劫請之賊, 外則畏寇盜之害, 內周樓疏, 外不敢獨行, 可謂畏矣. 此六者, 天下之至害也, 皆遺忘而不知察, 及其患至, 求盡性竭財, 單以反一日之無故而不可得也. 故觀之名則不見, 求之利則不得, 繚意體而爭此, 不亦惑乎!"

鐘鼓(종고) : 종과 북. 타악기

筦籥(관약) : 피리. 관악기

芻豢(추환) : 초식동물과 곡식동물. 즉 기름진 식사를 의미한다.

佚溺(해닉) : 깊이 빠져들다

馮氣(풍기) : 혈기가 왕성하다

堵(도) : 담

服膺(복응) : 배와 가슴에 품다. 재물만 끌어모으려고 한다는 의미다.

戚醮(척초) : 초췌하다, 고민이 많다

寇盜(구도) : 도둑

繚(료) : 감기다, 묶이다

해설

무족과 지화의 가상의 대화로 부유하고 풍족하게 욕망을 충족하며 살아가는 것이 반드시 좋은 삶이 아니라는 것을 말하고 있다. 욕망과 쾌락에 지나치게 빠져들면 몸과 마음이 황폐해져서 제대로 된 삶을 살 수 없기 때문이다. 따라서 장자는 항상 적절한 욕구만을 취할 것을 강조한다.

제8편

설검˙說劍

1

옛날 조나라 문왕은 칼싸움을 좋아하여 전국의 검사들을 초청했는데, 그 수가 삼천 명이 넘었다. 이들은 밤낮으로 문왕 앞에서 칼싸움을 벌였는데, 죽고 다치는 사람만 해도 일 년에 백 명이 넘었다. 상황이 이런데도 문왕은 여전히 칼싸움을 좋아하고 싫증내는 기색이 없었다.

이렇게 삼 년이 지나자 결국 조나라는 크게 쇠퇴하고 말았고, 기회를 틈타 이웃 나라 제후들이 조나라를 정벌하고자 계획했다. 태자인 리는 이를 걱정하여 신하들을 모아놓고 말했다.

"누가 폐하를 설득하여 칼싸움을 멈출 수 있겠는가. 그렇게 할 수만 있다면 내 천금의 상을 내리겠노라."

신하들이 입을 모아 이렇게 말했다. "장자라면 그 일을 해낼 수 있을 것입니다."

昔趙文王喜劍, 劍士夾門而客三千餘人, 日夜相擊於前, 死傷者歲百餘人, 好之不厭. 如是三年, 國衰, 諸侯謀之. 太子悝患之, 募左右曰: "孰能說王之意止劍士者, 賜之千金." 左右曰:

"莊子當能."

趙文王(조문왕) : 조나라 임금 문왕. 혜왕이라고도 한다.
悝(리) : 조나라 태자. 문왕의 아들이다.

이에 태자가 사람을 시켜 장자에게 천금을 주고 모셔오도록 했다. 하지만 장자는 돈은 받지 않고 태자를 찾아가 이렇게 이야기했다.

"태자께서는 저에게 무엇을 시키려고 이 큰돈을 내리셨습니까?"

태자가 말했다. "선생께서 매우 훌륭한 분이라 들었기에 제가 천금을 예물로 바치려고 했던 것입니다. 그런데 선생께서 받아주지 않으시니 제가 달리 무슨 말을 하겠습니까?"

장자가 말했다. "제가 듣기로 태자께서 저에게 시키시려는 일이란 왕이 좋아하시는 칼싸움을 멈추도록 해달라는 것이라던데, 만일 제가 실패한다면 왕의 뜻에도 거슬리고, 태자의 명령에도 부응하지 못했으니 이래저래 저는 형벌을 면하지 못하게 될 것입니다. 그런데 천금이 다 무슨 소용이겠습니까? 반대로 만일 제가 성공한다면 천금이 문제가 아니라 이 조나라 안에서 제가 가지지 못할 것이 무엇이겠습니까?"

태자가 말했다. "그렇습니다. 그런데 우리 국왕께서는 검사들만 보려 하시니 참으로 큰일입니다."

장자가 말했다. "좋습니다. 저도 칼을 잘 다룹니다."

태자가 말했다. "그런데 제가 살펴보니, 왕께서 좋아하시는 검사들은 하나같이 머리를 풀어헤치고 상투를 높이 치켜 묶었으며 투구를 깊이 눌러 쓰고 장식 없는 끈으로 투구를 묶은 채 소매가 짧은 전투복을 입고 있더군요. 이들은 눈을 부릅뜨고 거친 소리를 질러대는데 왕께서는 그런 모습을 좋아하셨습니다. 만약 선생이 그런 선비의 옷을 입은 채 왕을 만나러 가시면 분명히 좋아하지 않으실 겁니다."

장자가 말했다. "그럼 검사의 복장을 준비해 주십시오."

태자가 사흘에 걸쳐 옷을 준비하여 장자에게 주자, 장자는 비로소 태자와 함께 왕을 만나러 갔다. 왕은 칼을 뽑아들고 이들을 기다리고 있었다.

太子乃使人以千金奉莊子. 莊子弗受, 與使者俱往見太子曰: "太子何以敎周, 賜周千金?" 太子曰: "聞夫子明聖, 謹奉千金以幣從者. 夫子弗受, 悝尚何敢言!" 莊子曰: "聞太子所欲用周者, 欲絶王之喜好也. 使臣上說大王而逆王意, 下不當太子, 則身刑而死, 周尚安所事金乎! 使臣上說大王, 下當太子, 趙國何求而不得也?" 太子曰: "然. 吾王所見, 唯劍士也." 莊子曰: "諾. 周善爲劍." 太子曰: "然吾王所見劍士, 皆蓬頭突鬢, 垂冠, 曼胡之纓, 短後之衣, 嗔目而語難, 王乃說之. 今夫子必儒服而見王, 事必大逆." 莊子曰: "請治劍服." 治劍服三日, 乃見太子. 太子乃與見王, 王脫白刃待之.

蓬頭(봉두) : 머리를 풀어헤치다

突鬢(돌빈) : 상투를 높이 치켜 묶음

垂冠(수관) : 싸우기 좋게 투구를 눌러쓰다

曼胡之纓(만호지영) : 단단하게 끈으로 투구를 묶다

嗔目(진목) : 눈을 부릅뜨다

장자는 전당에 들어가서도 황급히 걸음을 옮기지도 않고 왕을 보고 예를 갖춰 절을 하지도 않았다.

왕이 그런 장자를 보고 말했다. "그대는 나에게 무엇을 가르치려고 태자를 앞세우고 온 거요?"

장자가 말했다. "제가 듣기로 대왕께서는 칼싸움을 즐기신다고 하여, 저도 실력을 보여드리고자 찾아뵙게 되었습니다."

그러자 왕이 궁금해하며 물었다. "그대는 칼로 몇 명이나 상대할 수 있소?"

장자가 말했다. "저는 열 발자국 걸어갈 때마다 한 사람씩 죽일 수 있는데, 천 리 길을 가는 동안 아무도 저를 막을 수 없습니다."

왕이 그 말을 듣고 크게 기뻐하며 말했다. "천하무적이로구나."

장자가 말했다. "칼싸움이라는 것은 먼저 허점을 보이고 약점을 열어 상대방을 유인하여야 합니다. 이렇게 상대방을 보고 그보다 늦게 칼을 뽑지만, 상대보다 빨리 칼을 쓰는 것이 핵심입니다. 제가 한번 시범을 보이겠습니다."

왕이 말했다. "선생은 숙소로 돌아가서 잠시 쉬시오. 내 다시 자리를 만들어 선생을 부르리다." 그러고는 7일 동안 장자와 겨룰 검사를 뽑기 위해 시합을 펼쳤다. 이 때문에 또 60여 명이나 다치거나 목숨을 잃었다. 최종적으로 대여섯 명을 선발하여 궁전 아래 세워두고는 장자를 불렀다.

왕이 말했다. "오늘 한번 시험 삼아 이들에게 칼솜씨를 보여주시오."

장자가 말했다. "오랫동안 이날만을 기다려왔습니다."

왕이 말했다. "선생이 사용할 칼은 긴 것과 짧은 것 중 무엇이오?"

장자가 말했다. "어떤 것이든 상관없습니다. 제게 칼이 석 자루가 있는데, 그중에서 왕께서 정하시는 칼을 쓰겠습니다. 다만 그전에 이 칼에 대해서 설명을 드리고 싶습니다."

莊子入殿門不趨, 見王不拜. 王曰: "子欲何以教寡人, 使太子先?" 曰: "臣聞大王喜劍, 故以劍見王." 王曰: "子之劍何能禁制?" 曰: "臣之劍, 十步一人, 千里不留行." 王大悅之, 曰: "天下無敵矣." 莊子曰: "夫為劍者, 示之以虛, 開之以利, 後之以發, 先之以至. 願得試之." 王曰: "夫子休就舍, 待命令設戲請夫子." 王乃校劍士七日, 死傷者六十餘人, 得五六人, 使奉劍於殿下, 乃召莊子. 王曰: "今日試使士敦劍." 莊子曰: "望之久矣." 王曰: "夫子所御杖, 長短何如?" 曰: "臣之所奉皆可. 然臣有三劍, 唯王所用, 請先言而後試."

不趨(불추) : 조심스럽게 걷지 않음. 추(趨)는 종종걸음으로 조심스럽게 걸어가는
　　　　것을 말한다.
設戲(설희) : 시합 준비를 하다
校劍士(교검사) : 검사들을 비교해 보다
殿下(전하) : 임금을 높여 부르는 말

임금이 말했다. "그 세 가지 칼이란 무엇이오?"
장자가 말했다. "바로 천자의 칼, 제후의 칼, 평민의 칼입니다."
임금이 물었다. "천자의 칼이란 어떤 것이오?"
장자가 말했다. "천자의 칼이란 연나라의 계와 석성 땅을 칼끝으로

삼고, 제나라의 대산을 칼날로 삼으며, 진나라와 위나라를 칼등으로 삼고, 주나라와 송나라를 칼자루의 테로 삼고, 한나라와 위나라를 칼자루로 삼습니다. 사방의 오랑캐로 칼을 덮고, 사계절의 변화로 칼을 감싸며, 발해로 칼을 두르고, 항산이라는 띠를 허리에 찹니다.

오행의 이치로 칼을 통제하고 형벌과 덕으로 칼 쓰는 법을 생각하며, 음양의 기운으로 칼을 뽑아 봄과 여름에는 가만히 쥐고 있고, 가을과 겨울에는 칼을 내려칩니다. 이 칼을 앞으로 뻗으면 끝없이 뻗어나가며, 위로 들면 한없이 높은 곳으로 나아가며, 내려놓으면 깊이를 알 수 없는 곳까지 나아가며, 휘두르면 사방 어디에도 당할 것이 없습니다.

위로는 뜬구름마저 가르고, 아래로는 땅을 절단합니다. 이 칼을 한번 사용하기만 하면 제후들의 행동을 바로잡고 천하를 복종시킬 수 있습니다. 이것이 바로 천자의 칼입니다."

문왕이 넋이 나간 채로 멍하니 있다 정신을 차리고 물었다. "그러면 제후의 칼이란 무엇이오?"

장자가 말했다. "제후의 칼이란 지혜와 용기가 있는 선비를 칼끝으로 삼고, 청렴한 선비를 칼날로 삼으며, 현명한 선비를 칼등으로 삼고, 충직한 선비를 칼자루의 테로 삼고, 영웅호걸을 칼자루로 삼습니다. 이 칼역시 앞으로 뻗으면 끝없이 뻗어나가며, 위로 들면 역시 한없이 높은 곳으로 나아가며, 내려놓으면 깊이를 알 수 없는 곳까지 나아가며, 휘두르면 사방 어디에도 당할 것이 없습니다.

이 칼은 위로는 둥근 하늘을 본받고 해와 달과 별의 운행에 따르며, 아래로는 네모난 땅을 본받고 사계절의 변화에 따릅니다. 가운데로는 백성의 뜻에 따라 온 마을을 안정시킵니다. 이 칼을 휘두르면 마치 천둥번개가 진동하는 듯 사방으로 울려 퍼져 나라 안의 모든 사람이 왕께 찾아와 복종하며 명령을 따르게 될 것입니다. 이것이 바로 제후의 칼입니다."

임금이 물었다. "그렇다면 평민의 칼이란 무엇이오?"

장자가 말했다. "평민의 칼이란 머리를 풀어헤치고 상투를 높이 치켜 묶고 투구를 깊이 눌러쓰며 장식 없는 끈으로 투구를 묶고 소매가 짧은 전투복을 입은 채로 눈을 부릅뜨고는 거친 소리를 질러대며 휘두르는 칼을 말합니다.

앞에 적을 만나면 휘둘러 위로는 목을 베고 아래로는 간과 폐를 가르는 것이 바로 평민의 칼이니, 이는 싸움닭이나 다를 바가 없습니다. 평민의 칼을 든 검사가 칼을 휘두르다 목숨을 잃으면 그것으로 끝나버려 다시는 나라를 위해 일할 수 없습니다. 그런데 지금 대왕께서는 천자의 자리에 계시면서 여전히 평민의 칼만 좋아하시는데, 신이 보기에는 그럴만한 가치가 없는 듯합니다."

왕이 이 말을 듣고 크게 깨달아 장자를 전당 위로 데려왔다. 왕궁의 요리사가 술상을 바쳤으나 왕은 다른 생각을 하며 주위를 맴돌기만 했다. 장자가 임금에게 말했다.

"대왕께서는 편히 앉아 마음을 가다듬으십시오. 이제 칼에 대한 이야기는 다 아뢰었습니다."

이 말을 듣고 문왕은 석 달 동안 궁궐에서 나오지 않았다. 갈 곳이 없게 된 검사들은 모두 슬퍼하며 그 자리에서 엎드려 자결하고 말았다.

王曰: "願聞三劍." 曰: "有天子劍, 有諸侯劍, 有庶人劍." 王曰: "天子之劍何如?" 曰: "天子之劍, 以燕谿石城為鋒, 齊岱為鍔, 晉魏為脊, 周宋為鐔, 韓魏為夾, 包以四夷, 裏以四時, 繞以渤海, 帶以常山, 制以五行, 論以刑德, 開以陰陽, 持以春夏, 行

以秋冬. 此劍直之無前, 擧之無上, 案之無下, 運之無旁, 上
決浮雲, 下絕地紀. 此劍一用, 匡諸侯, 天下服矣. 此天子之劍
也."文王芒然自失, 曰:"諸侯之劍何如?"曰:"諸侯之劍, 以知
勇士爲鋒, 以淸廉士爲鍔, 以賢良士爲脊, 以忠聖士爲鐔, 以
豪桀士爲夾. 此劍値之亦無前, 擧之亦無上, 案之亦無下, 運
之亦無旁, 上法圓天以順三光, 下法方地以順四時, 中和民
意以安四鄕. 此劍一用, 如雷霆之震也, 四封之內, 無不賓服
而聽從君命者矣. 此諸侯之劍也."王曰:"庶人之劍何如?"曰:
"庶人之劍, 蓬頭突鬢, 垂冠, 曼胡之纓, 短後之衣, 瞋目而語
難, 相擊於前, 上斬頸領, 下決肝肺. 此庶人之劍, 無異於鬪
雞, 一旦命已絕矣, 無所用於國事. 今大王有天子之位, 而好
庶人之劍, 臣竊爲大王薄之."王乃牽而上殿, 宰人上食, 王三
環之. 莊子曰:"大王安坐定氣, 劍事已畢奏矣."於是文王不出
宮三月, 劍士皆服斃其處也.

燕谿(연계) : 땅 이름

石城(석성) : 이름

鋒(봉) : 칼끝

岱(대) : 산 이름

鍔(악) : 칼날

脊(척) : 칼등

鐔(심) : 칼자루의 테

夾(협) : 칼자루

繞(요) : 두르다, 감싸다

渤海(발해) : 땅 이름

常山(상산) : 산 이름. 지금의 항산(恒山)을 가리킨다.

五行(오행) : 세상을 이루는 다섯 가지 요소. 화(火)·수(水)·목(木)·금(金)·토(土)

頸領(경령) : 목에 있는 힘줄

肝肺(간폐) : 간과 폐

服斃(복폐) : 엎드려 자살하다

해설

칼싸움에만 빠져 정사를 돌보지 않는 임금을 장자가 설득하는 내용이다.
장자는 천자의 칼, 제후의 칼, 평민의 칼이라는 비유를 들어 올바른 정치를
말한다.

'천자의 칼', '제후의 칼', '평민의 칼'이라는 말은 천자나 제후, 평민이 가질
수 있는 힘이나 능력을 비유적으로 표현한 것이다. 즉, 천자나 제후의 자리
에서는 많은 권력을 가질 수 있으므로 올바른 정치를 해서 세상을 바로잡
을 수 있다. 하지만 이 힘을 제대로 쓰지 못하고 자신의 즐거움을 누리는
데만 쓰는 것은 옳지 않다. 장자는 임금 자리에 있으면서도 제대로 나라를
다스리지 않고 칼싸움에만 열중하는 문왕에게 임금답게 행동하라고 충고
하고 있다.

제9편

어부 漁父

1

공자가 치유라는 숲에서 노닐다가 행단 위에서 잠시 휴식을 취했다. 제자들은 책을 읽었고 공자는 거문고를 타며 노래를 불렀다. 연주하던 곡이 채 절반이 지났을까, 어부 한 명이 배에서 내려 공자가 있는 쪽으로 다가왔다. 어부는 새하얀 수염과 눈썹을 휘날리며 머리를 풀어 헤치고 소매를 휘저으며 강 언덕으로 올라왔다. 그러고는 가만히 멈추어 서서 왼손은 무릎에 얹고 오른손은 턱을 괸 채 그 노래를 들었다. 연주가 끝나자 어부는 자공과 자로를 불러놓고 공자를 가리키며 물었다.

"저 사람은 뭐 하는 사람인가?"

자로가 대답했다. "노나라의 군자입니다."

어부는 공자의 성씨가 무엇인지 물었다. 자로가 다시 대답했다. "성은 공씨입니다."

어부가 말했다. "저 공씨는 어떤 일을 하는 사람인가?"

자로가 아무런 대답도 하지 못하자 이번에는 자공이 대답했다. "저희 공선생님은 마음속 깊이 충성과 신의를 간직한 채 몸소 인의를 행하며 예절을 지키고 사람의 도리를 잘 따져서 행동합니다. 따라서 위로는 세상의 임금에게 충성하고 아래로는 백성을 잘 교화해서 천하를 이롭게 만들려고 합니다. 이것이 공선생님이 하는 일입니다."

어부가 다시 물었다. "저 공씨는 땅을 가진 군주인가?"

자공이 말했다. "아닙니다."

"그렇다면 제후를 보좌하는 신하인가?"

자공이 말했다. "아닙니다."

어부는 그 말을 듣고 웃으며 왔던 길을 다시 돌아갔는데, 혼잣말로 이렇게 중얼거렸다. "그가 어질다고는 하나 자신의 환난을 피할 수는 없을 것이다. 마음을 괴롭히고 신체를 고생시키니 참으로 위태롭겠구나. 아, 참으로 도에서 멀리 벗어났도다!"

孔子遊乎緇帷之林, 休坐乎杏壇之上. 弟子讀書, 孔子絃歌鼓琴, 奏曲未半. 有漁父者下船而來, 須眉交白, 被髮揄袂, 行原以上, 距陸而止, 左手據膝, 右手持頤以聽. 曲終而招子貢子路, 二人俱對. 客指孔子曰: "彼何為者也?" 子路對曰: "魯之君子也." 客問其族. 子路對曰: "族孔氏." 客曰: "孔氏者何治也?" 子路未應, 子貢對曰: "孔氏者, 性服忠信, 身行仁義, 飾禮樂, 選人倫, 上以忠於世主, 下以化於齊民, 將以利天下. 此孔氏之所治也." 又問曰: "有土之君與?" 子貢曰: "非也." "侯王之佐與?" 子貢曰: "非也." 客乃笑而還行, 言曰: "仁則仁矣, 恐不免其身, 苦心勞形以危其真. 嗚乎! 遠哉其分於道也."

緇帷之林(치유지림) : 숲 이름. 검은 장막과 같이 울창하게 우거졌다는 뜻이다.

杏壇(행단) : 은행나무가 많이 자라나 있는 높은 지대

絃歌(현가) : 거문고를 연주하며 노래를 부르다

揄袂(유몌) : 소매를 휘젓다

據膝(거슬) : 무릎을 짚다

嗚乎(오호) : 감탄사

자공이 돌아와 공자에게 이 일을 알렸다. 공자는 거문고를 옆으로 밀어놓고 벌떡 일어나 "그분은 분명 성인일 것이다!"라고 외쳤다. 그러고는 어부가 갔던 길로 그를 쫓아갔다. 공자가 물가에 도착하니 마침 어부는 노를 밀어 배를 띄우려 했는데, 공자를 돌아보고는 공자를 향해 마주보고 섰다. 공자는 뒤로 물러나 공손히 두 번 절하고 어부에게 다가갔다. 그러자 어부가 말했다. "내게 무엇을 원하는가?"

공자가 말했다. "아까 선생께서 말씀을 다 하지 않고 가버리셔서 둔한 저로서는 하신 말씀을 도무지 이해하지 못했기에 혹시라도 도움이 될 만한 말을 들을 수 있을까 몰래 숨어 기다리게 되었습니다."

어부가 말했다. "하하, 참 대단하구나! 배우기를 이처럼 좋아하다니."

공자는 다시 두 번 절하고 일어나 간곡히 말했다. "저는 어렸을 때부터 학문을 닦아 지금 69세까지 이르게 되었습니다. 하지만 아직까지 제대로 된 가르침을 들어본 적이 없으니, 어찌 마음을 겸허하게 하지 않을 수 있겠습니까?"

子貢還, 報孔子. 孔子推琴而起曰:"其聖人與!" 乃下求之, 至於澤畔, 方將杖拏而引其船, 顧見孔子, 還鄕而立. 孔子反走, 再拜而進. 客曰:"子將何求?" 孔子曰:"曩者先生有緖言而去, 丘不肖, 未知所謂, 竊待於下風, 幸聞咳唾之音, 以卒相丘也!"客曰: "嘻! 甚矣子之好學也!"孔子再拜而起曰: "丘少而修學, 以至於今, 六十九歲矣, 無所得聞至教, 敢不虛心!"

推琴(추금) : 거문고를 옆으로 밀어놓다

還鄕而立(환향이립) : 몸을 돌려서 마주 보고 서다

曩者(낭자) : 지난번

咳唾之音(해타지음) : 어른의 말을 높여서 부르는 말

어부가 말했다. "같은 부류끼리 모이고 같은 소리끼리 서로 반응하는 것이 바로 자연의 이치라네. 그러니 내가 아는 바로 자네가 하는 일을 한번 따져보겠네. 자네가 하는 일은 인간의 일이네. 천자, 제후, 대부, 평민 이 네 계급이 각자 올바른 역할을 수행한다면 세상이 잘 다스려질 테지.

하지만 네 계급이 각자 역할을 제대로 수행하지 못한다면 혼란이 심각해질 것이네. 따라서 관직에 있는 관리가 자신의 직무를 잘 처리하고 일반 백성들이 각자 맡은 일을 열심히 하여 서로 침범하는 일이 없어야 하네. 논밭이 황폐해지고 집이 낡아 물이 새며 입을 것과 먹을 것이 부족해지고 세금을 감당할 수 없으며 처첩의 사이가 화목하지 않고 위아래 간에 질서가 사라지는 것은 평민들이 마주하는 근심거리일세.

맡은 임무를 감당해낼 수 없고 관직을 잘 수행할 수 없으며 처신이 깨끗하지 않고 부하들이 게을리 일하며 공적이 쌓이지 않아 벼슬과 봉록을 유지할 수 없게 되는 것은 대부의 걱정거리라네.

조정에 충성스러운 신하가 없고 나라가 혼란하며 기술자들의 기술도 뛰어나지 못하고 조정에 바치는 공물도 변변치 못해 봄과 가을에 천자를 만나뵐 때 다른 제후들에 비해 뒤처지게 되는 것은 제후의 걱정거리일세.

음양의 기운이 잘 조화되지 않고 추위와 더위가 일정하게 찾아오지 않아 만물이 손상되며 제후들이 어지럽게 난을 일으키며 서로 침략하여 백성들이 목숨을 잃고 예악이 문란해지고 천하의 재정이 어려워지며 인간의 도리가 잘 지켜지지 않아 백성들이 타락하는 것은 천자의 근심거리라 할 수 있다네.

그런데 지금 자네는 천자나 제후 같은 세력을 지니고 있지도 않고, 신하로서 어떤 관직에 있지도 않은데 제멋대로 예절을 꾸미고 인간의 도리를 가르치며 백성들을 교화하려고 하니 하는 일이 너무 많지 않은가? 사람들이 흔히 저지르는 잘못된 행동 여덟 가지가 있고, 일을 할 때 조심해야 하는 문제 네 가지가 있네. 다 가볍게 넘겨서는 안 되는 것들이니, 내가 말해주겠네.

먼저 잘못된 행동 여덟 가지는 다음과 같다네. 자신이 해야 할 일이 아닌데도 나서서 하는 것을 외람되다 하고, 시키지도 않았는데 굳이 나서서 말하는 것을 비위를 맞춘다고 하네. 남의 기분에 맞추어 이야기하는 것을 아첨한다고 하고, 옳고 그름을 따지지 않고 그대로 따라서 말하는 것을 동조한다고 하네. 다른 사람의 나쁜 점을 까발리기를 좋아하는 것을 헐뜯는다고 말하고, 사람들의 사이를 갈라놓는 것을 해친다고 말하네. 거짓으로 칭찬하여 남을 망가뜨리는 것을 간사하다고 말하고 선악을 가리지 않고 모두 받아들여 이리 붙었다 저리 붙었다 하며 자신의 욕심을 채우는 것을 음흉하다고 하지.

이 여덟 가지 잘못된 행동은 남을 어지럽히고 자신조차 다치게 하네. 군자는 이런 행동을 하는 사람과 사귀지 않고 현명한 군주는 이런 행동을 하는 사람을 신하로 두지 않네.

또한 일을 할 때 조심해야 하는 문제 네 가지란 이런 것이네. 항상 가볍게 큰일을 벌여대며 쉽게 원칙을 바꾸면서 명성을 쌓으려고 하는 것을 함부로 탐낸다 하고, 자기주장만 내세워 독단적으로 일을 처리하면서 다른 사람의 영역을 멋대로 침범하는 것을 탐욕스럽다고 하네. 자신의 잘못을 알고도 고치지 않고 다른 사람의 충고를 들으면 오히려 더욱 어긋나는 것을 독단적이라고 하고, 다른 사람의 생각이 내 생각과 같으면 인정하지만 다르면 결코 인정하지 않는 것을 자긍심이 지나치다고 한다네.

이것이 바로 일을 할 때 조심해야 하는 네 가지 문제이지. 앞서 말한 잘못된 행동 여덟 가지를 저지르지 않고 네 가지 문제를 없앨 수 있다면 이제 남을 가르칠 만하다고 하겠네."

客曰:"同類相從, 同聲相應, 固天之理也. 吾請釋吾之所有而經子之所以. 子之所以者, 人事也. 天子諸侯大夫庶人, 此四者自正, 治之美也, 四者離位而亂莫大焉. 官治其職, 人憂其事, 乃無所陵. 故田荒室露, 衣食不足, 徵賦不屬, 妻妾不和, 長少無序, 庶人之憂也. 能不勝任, 官事不治, 行不清白, 群下荒怠, 功美不有, 爵祿不持, 大夫之憂也. 廷無忠臣, 國家昏亂, 工技不巧, 貢職不美, 春秋後倫, 不順天子, 諸侯之憂也. 陰陽不和, 寒暑不時, 以傷庶物, 諸侯暴亂, 擅相攘伐, 以殘民人, 禮樂不節, 財用窮匱, 人倫不飭, 百姓淫亂, 天子有司之憂

也. 今子旣上無君侯有司之勢, 而下無大臣職事之官, 而擅飾
禮樂, 選人倫, 以化齊民, 不泰多事乎? 且人有八疵, 事有四
患, 不可不察也. 非其事而事之, 謂之摠. 莫之顧而進之, 謂之
佞. 希意道言, 謂之諂. 不擇是非而言, 謂之諛. 好言人之惡,
謂之讒. 析交離親, 謂之賊. 稱譽詐僞以敗惡人, 謂之慝. 不擇
善否, 兩容頰適, 偸拔其所欲, 謂之險. 此八疵者, 外以亂人,
內以傷身, 君子不友, 明君不臣. 所謂四患者, 好經大事, 變更
易常, 以挂功名, 謂之叨. 專知擅事, 侵人自用, 謂之貪. 見過
不更, 聞諫愈甚, 謂之很. 人同於己則可, 不同於己, 雖善不
善, 謂之矜. 此四患也. 能去八疵, 無行四患, 而始可教已."

匱(궤) : 다하다, 모자라다

淫亂(음란) : 생활이 문란하다

摠(총) : 외람되다

佞(녕) : 아첨하다

諂(첨) : 비위를 맞추다

諛(유) : 남의 의견에 동조하다

讒(참) : 헐뜯다

賊(적) : 해치다

慝(특) : 간사하다

兩容頰適(양용협적) : 상대방의 안색을 살피다

險(험) : 음흉하다

叨(도) : 탐내다

很(흔) : 독단적이다

矜(긍) : 잘난 체하다

공자는 이 말을 듣고도 여전히 근심 가득한 표정을 지으며 탄식하고
는 다시 일어나 두 번 절하고 이렇게 이야기했다. "저는 노나라에서 두
번이나 쫓겨났으며, 위나라에서는 추방당했고, 송나라에서는 나무에
깔려 죽을 뻔했으며, 진나라와 채나라의 국경에서는 포위당하는 곤욕
을 치르기도 했습니다. 그런데 저는 도저히 무엇을 잘못했는지 모르겠
습니다. 제가 이런 일을 당한 것은 무슨 까닭일까요?"

이 말을 듣자 어부는 공자를 매우 불쌍하게 여기며 이렇게 말했다.
"이렇게도 깨닫지 못하다니, 참으로 심각하구나! 내가 한 가지 이야기
를 해주겠네.

옛날에 어떤 사람이 자신의 그림자를 무서워하고 발자국을 싫어해서
이를 떨쳐내려고 한 적이 있었지. 그런데 발을 떼면 뗄수록 발자국은 많
아지고 발을 빨리 움직이면 움직일수록 그림자 역시 빨라지는 것이 아
니겠나. 이 사람은 여전히 자신의 움직임이 늦다고 생각해서 쉬지 않고
계속해서 발을 움직였다네. 그러다 결국에는 제풀에 지쳐 죽어버리고
말했지. 그늘에 가면 그림자가 사라지고, 걸음을 멈추면 발자국 또한 생
기지 않는다는 것을 몰랐던 것이지. 참으로 어리석지 않은가!

자네 역시 마찬가지네. 자네는 인의를 지나치게 따지고, 만물의 같고
다름을 지나치게 구별하려고 하며, 세상의 변화를 모두 이해하려 하고,
서로 주고받는 관계를 정확하게 재려 하며, 좋고 싫은 감정을 억지로 다
스리려고 하고, 기쁨과 분노를 스스로 조절하려고 하네. 이런 식으로 한
다면 결코 재앙을 피할 수 없을 것일세. 그러니 부디 몸을 잘 수양하고

참된 본성을 조심히 지키며 외부의 물질을 모두 남에게 돌려줄 수 있다면 고달픈 일은 일어나지 않을 것이네. 지금 자네는 자신은 전혀 돌보지 않고 남만 탓하니 참으로 어긋난 생각이 아니겠는가!"

孔子愀然而歎, 再拜而起曰: "丘再逐於魯, 削跡於衛, 伐樹於宋, 圍於陳蔡. 丘不知所失, 而離此四謗者何也?" 客悽然變容曰: "甚矣子之難悟也! 人有畏影惡跡而去之走者, 擧足愈數而跡愈多, 走愈疾而影不離身, 自以為尚遲, 疾走不休, 絕力而死. 不知處陰以休影, 處靜以息跡, 愚亦甚矣! 子審仁義之間, 察同異之際, 觀動靜之變, 適受與之度, 理好惡之情, 和喜怒之節, 而幾於不免矣. 謹修而身, 愼守其眞, 還以物與人, 則無所累矣. 今不修之身而求之人, 不亦外乎!"

愀然(초연) : 걱정스러워하면서 얼굴빛이 어두워지는 모양

遲(지) : 느리다, 더디다

공자가 여전히 근심이 가득한 말투로 물었다. "참된 본성이라는 것이 무엇인지 가르쳐주십시오."

어부가 말했다. "참된 본성이란 지극히 순수하고 정성스러운 것이네. 순수하고 정성스럽지 않으면 사람들을 감동시킬 수 없지. 억지로 곡소리를 내는 사람은 겉으로는 슬퍼하는 것처럼 보여도 사람들을 애처롭게 만들 수 없고, 억지로 화를 내는 사람은 겉으로는 무서워 보여도 사람들에게 위엄을 보일 수는 없네. 억지로 친한 척을 하는 사람은 겉으로

는 웃고 있어도 마음속으로는 친근함이 없지. 참된 슬픔은 소리 내지 않아도 구슬프고, 참된 분노는 겉으로 드러나지 않아도 위엄이 있으며, 참된 친애는 웃음이 없이도 친근함을 자아내지. 참된 본성이 내면에 깃들어 있으면 신묘한 작용이 겉으로 드러나기 때문일세. 따라서 참된 본성을 귀하게 여겨야 하는 것이네. 이를 인간의 일에 적용하면, 부모를 모시는 일은 사랑과 효성으로 하는 것이 자연스럽고, 임금을 모시는 일은 충성과 절개로 해야 하는 것이 자연스럽고, 술을 마시면 즐거워지는 것이 자연스럽고, 상을 당하면 슬퍼지는 것이 자연스럽다고 정리할 수 있을 것이네.

따라서 충성과 절개를 다하려면 공을 세우도록 해야 할 테고, 술을 마시면 즐겁도록 해야겠지. 상을 당하면 슬퍼해야 하고, 부모를 모실 때는 부모 마음에 들도록 하면 될 것이네. 공을 세우려면 우선 결과를 이루어내는 것이 중요하지 특정한 방법에 얽매일 필요는 없네. 마찬가지로 부모를 모실 때는 부모 마음을 흡족하게 하는 것이 중요하지 방법이 중요한 것이 아니라네. 술을 마실 때는 즐거운 것이 중요하지 그릇은 중요하지 않고, 상을 당하면 슬픔이 우선이 되어야지 예절을 따질 필요가 없다네. 예절이란 세상 사람들이 그렇게 하는 방식일 뿐이지만, 참된 본성이란 하늘로부터 받은 자연스러운 방식이니 바꾸어서는 안 되기 때문일세. 따라서 성인은 하늘을 본받아 자신의 참된 본성을 귀하게 여기며 세상의 방법에 얽매이지 않는다고 하네. 반대로 어리석은 자들은 하늘을 따르지 않고 사람들의 짧은 생각을 따라가며 참된 본성을 귀하게 여기지 않네. 그저 남에게 끌려 다니면서 세상에 따라 변해가지. 자네는 일찍부터 세상의 온갖 헛된 도리에 빠져 이제야 참된 도를 듣게 되었으니, 참으로 안타깝구나!"

孔子愀然曰: "請問何謂眞?" 客曰: "眞者, 精誠之至也. 不精不誠, 不能動人. 故强哭者雖悲不哀, 强怒者雖嚴不威, 强親者雖笑不和. 眞悲無聲而哀, 眞怒未發而威, 眞親未笑而和. 眞在內者, 神動於外, 是所以貴眞也. 其用於人理也, 事親則慈孝, 事君則忠貞, 飮酒則歡樂, 處喪則悲哀. 忠貞以功爲主, 飮酒以樂爲主, 處喪以哀爲主, 事親以適爲主, 功成之美, 無一其跡矣. 事親以適, 不論所以矣. 飮酒以樂, 不選其具矣. 處喪以哀, 無問其禮矣. 禮者, 世俗之所爲也. 眞者, 所以受於天也, 自然不可易也. 故聖人法天貴眞, 不拘於俗. 愚者反此, 不能法天而恤於人, 不知貴眞, 祿祿而受變於俗, 故不足. 惜哉! 子之早湛於人僞, 而晚聞大道也!"

忠貞(충정) : 충성과 절개

祿祿(녹록) : 남에게 끌려다니는 모습을 표현하는 말

湛於人僞(담어인위) : 거짓된 인간의 이치에 빠져들다

공자가 다시 두 번 절하고 일어나 말했다. "저는 지금이라도 선생님을 만나게 되어서 참으로 다행입니다. 저를 부끄럽게 생각하지 않고 친절하게 가르쳐주시니 정말 감사합니다. 선생님이 사시는 곳을 알 수 있을까요? 가르침을 받아서 도에 대해서 마저 배우고 싶습니다."

어부가 말했다. "내가 듣기로 '함께 갈 만한 사람과 함께하면 어디든지 갈 수 있지만 그렇지 못한 사람과 함께하면 길을 잃어버리고 말 것이니 결코 동행해서는 안 된다. 그러면 재앙이 따르지 않을 것이다'라고 했네. 자네는 더 노력하시게. 나는 그만 떠나겠네, 나는 그만 떠날 것이네." 말을 마친 어부는 배를 몰아 무성한 갈대 속으로 사라졌다.

孔子又再拜而起曰: "今者丘得遇也, 若天幸然. 先生不羞而比之服役, 而身教之. 敢問舍所在, 請因受業而卒學大道." 客曰: "吾聞之: 可與往者與之, 至於妙道. 不可與往者, 不知其道, 愼勿與之, 身乃無咎. 子勉之! 吾去子矣, 吾去子矣." 乃刺船而去, 延緣葦間.

咎(구) : 재앙

延緣葦間(연연위간) : 갈대 사이로 향해 가다

안연이 수레를 돌려 다가오자 자로가 공자에게 손잡이를 건네며 수레에 오르기를 청했으나, 공자는 꼼짝도 않고 돌아보지도 않았다. 배가 사라져 물결이 잠잠해지고 노 젓는 소리가 들리지 않게 되자 그제야 겨우 수레에 올랐다.

곁에 있던 자로가 공자에게 물었다. "저는 오랫동안 스승님을 모시며 지냈지만 이처럼 스승님이 누군가를 공경스럽게 대하는 모습은 여태껏 보지 못했습니다. 천자나 제후들과 만날 때조차 항상 서로 동등한 관계로 예의를 갖추고, 오히려 스승님이 더 당당한 모습을 하기도 하셨습니다. 그런데 이번에는 어부는 그저 노를 짚고 서 있었을 뿐이고 오히려 스승님은 허리를 굽혀 절을 하고 말을 할 때마다 예를 갖추시는데 너무 지나친 것이 아닌지요? 저희 제자들도 전부 의아하게 여기고 있습니다. 저 어부는 대체 어떤 사람이기에 이렇게까지 예절을 갖추시는 겁니까?"

공자가 수레 앞의 손잡이에 기댄 채 한숨을 쉬며 말했다. "너를 가르치기가 참 힘이 드는구나! 예의에 관해 배운 지가 꽤 오래되었거늘 아직도 좁은 생각에서 벗어나지 못했구나. 이리 오너라, 내가 알려주겠다. 어른을 만났는데 공경하지 않으면 예절에 어긋난 것이고, 현자를 만나고도 존경하지 않으면 어질지 못한 것이다.

만약 도를 깨달은 지인이 아니라면 진정으로 남을 굴복시켜 겸손해지도록 만들 수 없다. 반대로 남에게 감복하지 않은 채 형식적으로만 머리를 숙였다면 진정성이 없는 것이며, 이렇게 행동하면 평생 자신의 몸만 해치게 된다. 인간에게 어질지 못한 것만큼 나쁜 것이 없는데, 아직 너는 그 수준에서 벗어나지 못했구나.

도는 만물이 시작되는 가장 근원이라 할 수 있다. 모든 사물이 이 도의 질서를 잃어버리면 죽고 얻으면 산다. 일을 할 때도 이 원리를 거역하면 실패하고 따르면 성공한다. 따라서 성인은 도가 있는 곳이라면 무엇이든 존중한다. 그런데 어부가 도를 깨달았으니 내가 당연히 그를 공경해야 하지 않겠는가?"

顔淵還車, 子路授綏, 孔子不顧, 待水波定, 不聞拏音, 而後敢乘. 子路旁車而問曰: "由得爲役久矣, 未嘗見夫子遇人如此其威也. 萬乘之主, 千乘之君, 見夫子未嘗不分庭伉禮, 夫子猶有倨傲之容. 今漁者杖拏逆立, 而夫子曲要磬折, 言拜而應, 得無太甚乎? 門人皆怪夫子矣, 漁人何以得此乎?" 孔子伏軾而歎曰: "甚矣由之難化也! 湛於禮義有間矣, 而樸鄙之

心至今未去. 進! 吾語汝. 夫遇長不敬, 失禮也. 見賢不尊, 不
仁也. 彼非至人, 不能下人, 下人不精, 不得其眞, 故長傷身.
惜哉! 不仁之於人也, 禍莫大焉, 而由獨擅之. 且道者, 萬物之
所出也, 庶物失之者死, 得之者生. 爲事逆之則敗, 順之則成.
故道之所在, 聖人尊之. 今漁父之道, 可謂有矣, 吾敢不敬乎!"

授綏(수수) : 수레의 손잡이

拏音(나음) : 노 젓는 소리

萬乘之主(만승지주) : 수레 만 대를 거느린 주인. 즉 천자를 가리킨다.

千乘之君(천승지군) : 수레 천 대를 거느린 임금. 즉 제후를 가리킨다.

伉禮(항례) : 동등한 관계의 예의

磬折(경절) : 몸을 굽혀 절하다

해설

이 장에서 장자는 도를 깨달은 인물인 어부를 통해 올바른 도의 이치를 설
명하고 공자와 유가 사상을 비판하고 있다. 어부는 공자가 억지로 도덕과
예절을 꾸며내서 그것으로 사람들을 교화하려 한다고 비판하는데, 꾸며낸
도덕과 예절로는 사람들을 올바르게 만들 수 없다는 것이다. 나아가 사람
들이 흔히 저지르는 여덟 가지 잘못된 행동과 네 가지 근심거리를 지적하
며 이를 경계할 것을 말했다.

제10편
열어구 列御寇

1

열어구가 제나라를 향해 가다가 중간에 돌아오게 되었는데, 오는 길에 백혼무인을 만났다. 백혼무인이 말했다. "어째서 가다가 돌아오느냐?"

열어구가 말했다. "깜짝 놀랄 만한 일을 겪었기 때문입니다."

백혼무인이 말했다. "무엇을 보고 그리 놀랐느냐?"

열어구가 말했다. "제가 길을 가는 도중에 주막 열 군데에서 식사를 했는데, 그중 다섯 군데에서 다른 손님을 제쳐놓고 저에게 먼저 식사를 주었습니다."

백혼무인이 말했다. "그런 일로 왜 그렇게 놀란 것이냐?"

열어구가 말했다. "이는 제 마음속의 정욕이 해소되지 않아 겉으로 위엄이 드러나 다른 사람들을 위협했던 것입니다. 사람들이 나를 노인보다 더 존중하도록 만들었으니, 분명 화가 나에게 미칠 것입니다. 주막 주인은 음식을 팔아 남는 이익을 얻는 사람입니다. 여기서 얻어지는 이익이 크지 않은데도 이렇게 손님을 잘 접대하는데, 천하를 다스리는 임금은 어떻게 하겠습니까? 이미 그들은 나라를 다스리느라 몸과 마음이 지쳐 있을 것입니다. 아마도 제가 간다면 저에게 모든 일을 떠맡기겠지요. 이를 깨달았기에 깜짝 놀랐던 것입니다."

백혼무인이 말했다. "참으로 잘 보았구나! 네가 앞으로도 그렇게 처신한다면 사람들이 너에게 몰려들게 될 것이다."

列御寇之齊, 中道而反, 遇伯昏瞀人. 伯昏瞀人曰: "奚方而反?" 曰: "吾驚焉." 曰: "惡乎驚?" 曰: "吾嘗食於十漿, 而五漿先饋." 伯昏瞀人曰: "若是, 則汝何為驚已?" 曰: "夫內誠不解, 形諜成光, 以外鎮人心, 使人輕乎貴老, 而齏其所患. 夫漿特為食羹之貨, 無多餘之贏, 其為利也薄, 其為權也輕, 而猶若是, 而況於萬乘之主乎! 身勞於國而知盡於事, 彼將任我以事而效我以功, 吾是以驚." 伯昏瞀人曰: "善哉觀乎! 汝處已, 人將保女矣."

列御寇(열어구) : 사람 이름

伯昏瞀人(백혼무인) : 열어구의 스승

漿(장) : 미음이나 즙 등을 통칭하는 말. 여기에서는 간단한 식사를 파는 주막의
　　　　의미로 사용되었다.

饋(궤) : 먹이다

齏(제) : 부수다, 망가뜨리다

羹(갱) : 국

贏(영) : 이익

나중에 백혼무인이 열어구의 집을 찾아갔더니, 과연 문 밖이 열어구

를 찾아온 사람들의 신발들로 가득했다. 백혼무인은 그 집으로 들어가 북쪽을 바라보며 지팡이를 짚고 턱을 괸 채 잠시 서 있다가 아무 말도 하지 않고는 다시 나왔다. 손님맞이를 담당하는 자가 이 모습을 열어구에게 전하니, 그는 신발을 쥐고 맨발로 문 밖까지 쫓아와 백혼무인에게 말했다.

"선생님, 모처럼 오신 김에 저에게 약이 될 만한 말씀을 부탁드립니다."

백혼무인이 말했다. "그만두어라! 내가 예전에 너에게 '사람들이 너를 따라다니게 될 것이다'라고 말한 적이 있는데, 지금 보니 과연 그렇구나. 그런데 네가 사람들을 모여들게 만든 것이라기보다 사람들이 너에게 모여들지 않게 만들 수 없었던 것일 뿐이다. 그런데 어찌 이렇게 사람들의 환심을 사면서 마치 자신이 특별한 듯 행동하느냐? 그런 마음은 반드시 너의 본성을 흔들어댈 것이니, 그렇게 되면 더 이상 방법이 없다. 너와 함께 어울리는 사람들 역시 너에게 아무런 조언도 해주지 못하는 데다가 그들이 하는 쓸데없는 말들은 오히려 해만 끼친다. 이러한 것도 깨닫지 못하는데 어떻게 사람들과 한데 어울릴 수 있는가?

재주가 뛰어난 자는 쉽게 지치고, 지식이 많은 자는 쉽게 근심이 생기기 마련이다. 반대로 할 줄 아는 것도 없고 바라는 것도 없는 사람은 편안히 먹고 즐긴다. 마치 물 위의 배처럼 여유롭게 떠다니며 삶을 즐기는 것이다."

無幾何而往, 則戶外之屨滿矣. 伯昏瞀人北面而立, 敦杖蹙之乎頤, 立有間, 不言而出. 賓者以告列子, 列子提屨, 跣而走, 暨乎門, 曰:"先生既來, 曾不發藥乎?" 曰:"已矣! 吾固告汝曰 '人將保汝', 果保汝矣. 非汝能使人保汝, 而汝不能使人無保汝也, 而焉用之感豫出異也! 必且有感, 搖而本才, 又無謂也.
與汝遊者, 又莫汝告也, 彼所小言, 盡人毒也. 莫覺莫悟, 何相
孰也! 巧者勞而知者憂, 無能者無所求, 飽食而敖遊, 汎若不
繫之舟, 虛而敖遊者也."

敦杖(돈장) : 지팡이를 세우다

蹙(축) : 찡그리다

頤(이) : 턱

跣(선) : 맨발

發藥(발약) : 도움이 될 만한 말

汎若(범약) : 물에 둥둥 떠다니는 모습을 표현하는 말

해설

열어구와 그의 스승 백혼무인의 대화를 이용해 겉으로 자신을 드러내는
태도가 잘못된 것임을 말하고 있다. 겉으로 자신을 드러낸다는 것은 속에
남보다 더 뛰어나 보이고자 하는 마음이 있다는 뜻이다. 장자는 어떠한 의
도도 가지지 말고 무심한 마음가짐을 지녀야 한다고 말한다.

2

정나라의 완이라는 사람이 구씨라는 땅에서 힘겹게 책을 읽어서 삼
년 후에는 어엿한 유자가 되었다. 황하가 강 연안의 사방 9리의 땅을 적
시듯, 그의 덕도 일가의 친척들에게까지 영향을 미쳤다. 그는 동생을 묵
자로 만들어 함께 유가와 묵가의 사상을 토론했는데, 그의 아버지는 항

상 동생의 편만 들었다. 그렇게 10년이 지나고 견디지 못한 완은 결국 스스로 목숨을 끊었다.

하루는 그의 아버지가 꿈을 꾸었는데, 완이 꿈속에 나타나 말했다. "당신이 좋아하시는 동생을 묵자로 만든 것은 바로 접니다. 그런데 어째서 제 무덤에 심은 측백나무가 다 자라 열매를 맺을 때까지 한 번도 찾아오시지 않으십니까?"

조물자가 인간에게 부여한 것은 인간의 능력과 재능이 아니라 천성이다. 바로 이 천성이 그의 동생을 묵자로 만든 것인데, 완은 스스로 남들보다 뛰어나다고 여기면서 아버지를 미워하였다. 옛날 어떤 제나라 사람이 우물을 파고는 스스로 샘물을 만들어냈다고 여기면서 사람들과 우물물을 다툰 적이 있는데, 완(緩)의 모습이 바로 그러한 꼴이며, 지금의 사람들 또한 완(緩)의 모습과 다를 바 없다고 할 수 있다.

덕이 있는 사람은 결코 자신이 옳다고 고집을 부리지 않는다. 진정한 도를 깨달은 사람이야 말할 것이 있겠는가! 옛날에는 완과 같은 자의 상황을 '자연을 거스른 벌'이라고 불렀다.

鄭人緩也呻吟裘氏之地. 祗三年而緩為儒, 潤河九里, 澤及三族, 使其弟墨. 儒墨相與辯, 其父助翟. 十年而緩自殺. 其父夢之, 曰: "使而子為墨者, 予也. 闔胡嘗視其良, 既為秋柏之實矣!" 夫造物者之報人也, 不報其人而報其人之天. 彼故使彼. 夫人以己為有以異於人, 以賤其親, 齊人之井, 飲者相捽也. 故曰今之世皆緩也. 自是, 有德者以不知也, 而況有道者乎! 古者謂之遁天之刑.

鄭人緩(정인완) : 정나라 출신인 완이라는 인물

呻吟(신음) : 힘겨워하다

裘氏之地(구씨지지) : 구씨라는 이름의 땅

潤(윤) : 윤택하게 하다

遁天之刑(둔천지형) : 하늘의 이치를 따르지 않고 자신의 생각대로 멋대로 판단

하려고 하는 것을 가리키는 말

3

성인은 따라야 하는 자연의 이치를 편안히 따르려 하고, 따르면 안
되는 인간의 억지스러운 법칙을 따르려 하지 않는다. 이와 반대로 보통
사람들은 따르면 안 되는 인간의 억지스러운 법칙을 따르려 하고, 따라
야 하는 자연의 이치를 따르는 것은 꺼린다.

聖人安其所安, 不安其所不安. 衆人安其所不安, 不安其所安.

4

장자가 말했다. "도를 아는 것은 쉬울지 몰라도 그것을 말로 표현하
려 하지 않기는 힘들다. 알면서도 말하지 않는 것이 자연의 이치로 향하
는 길이고, 아는 것을 말로 표현하는 것이 인간의 이치로 향하는 길이
다. 옛날의 위대했던 인물들은 자연의 이치로 향하고, 인간의 이치로 향
하지 않았다."

莊子曰:"知道易, 勿言難. 知而不言, 所以之天也. 知而言之,
所以之人也. 古之至人, 天而不人."

5

주팽만은 지리익에게서 용을 죽이는 방법을 배웠다. 천금이 넘는 집
안의 재산을 탕진하면서 삼 년 만에 기술을 완성하였는데, 정작 기술을
쓸 곳이 아무 데도 없었다.

朱泙漫學屠龍於支離益, 單千金之家, 三年技成, 而無所用
其巧.

朱泙漫(주팽만) : 가상의 인물 이름

屠(도) : 죽이다

支離益(지리익) : 가상의 인물 이름

6

성인은 반드시 그러한 일조차 꼭 그렇다고 여기지 않는다. 따라서 다
툴 일이 없다. 하지만 보통 사람들은 꼭 그렇지만은 않은 일을 반드시
그렇다고 여기므로 다툴 일이 많다. 이들은 다툼을 피하지 않고 자신이
바라는 바대로 행동하는데, 다툼에 의지하게 되면 결국 망하게 된다.

聖人以必不必, 故無兵. 眾人以不必必之, 故多兵. 順於兵, 故

行有求. 兵, 恃之則亡.

兵(병) : 싸우다, 다투다

7

소인들이 하는 생각이란 사람들과 어울리며 교제하고 접대하는 쓸데
없는 일을 벗어나지 못한다. 따라서 불필요한 일에 매달려 정신이 금세
지치곤 한다. 그런 주제에 천하를 구제하고 만물을 인도하여 태허의 경
지로 들어가고자 하는데, 이런 자들은 오히려 우주의 형상에 현혹되어
고생스럽기만 할 뿐 근원의 상태를 알지는 못한다. 반면 도를 깨달은 지
인은 아무것도 생겨나지 않은 순수한 상태에 정신을 맡겨두고 아무것도
존재하지 않는 경지에서 편히 머무른다. 마치 물이 어떤 형태도 없이 근
원에서 흘러나오는 것과 같다. 참으로 슬프도다! 소인들은 보잘것없는
하찮은 지식에 정신이 팔려 궁극적인 고요함은 결코 알지 못할 것이다!

小夫之知, 不離苞苴竿牘, 敝精神乎蹇淺, 而欲兼濟道物, 太
一形虛. 若是者, 迷惑於宇宙, 形累不知太初. 彼至人者, 歸精
神乎無始, 而甘冥乎無何有之鄕. 水流乎無形, 發泄乎太淸.
悲哉乎! 汝爲知在毫毛, 而不知大寧!

苞苴竿牘(포저간독) : 선물과 편지

敝(폐) : 해지다, 지치다

蹇淺(건천) : 불필요하고 천박한 일

甘冥(감명) : 편히 머무르다

發泄(발설) : 새어나오다

太淸(태청) : 지극히 맑고 고요한 특징을 지닌 것. 즉 도(道)를 가리킨다.

8

송나라 사람 중에 조상이라는 자가 있었는데, 송왕의 명령으로 진나라에 사신으로 가게 되었다. 처음에 송나라를 떠날 때는 임금에게서 수레 몇 대만 받았는데, 진나라에서 돌아올 때는 수레 백 대를 받아서 오게 되었다. 조상은 송나라로 돌아와서 장자를 만났다. 조상이 장자에게 말했다. "허름한 집에서 짚으로 신발을 만들어 하루하루 연명하며 살던 시절, 몸이 비쩍 마르고 얼굴이 누렇게 뜨던 내 모습은 남보다 못한 부끄러운 과거요. 하지만 대국의 임금을 깨우쳐 백 대나 되는 수레를 받아오는 능력은 내가 남보다 나은 점이라 할 수 있을 것이오."

장자가 말했다. "진나라 왕은 병이 나면 의사를 부르는데 의사가 종기를 터뜨려 고름을 빼주면 수레 한 대를 상으로 내리고, 치질을 입으로 핥아서 고쳐주면 수레 다섯 대를 준다고 한다. 치료 부위가 더러우면 더러울수록 상으로 내리는 수레도 많아진다고 하던데, 지금 자네가 수레를 받은 것을 보니, 왕의 치질을 고친 것이 틀림없구나. 당장 물러가라!"

宋人有曹商者, 爲宋王使秦. 其往也, 得車數乘. 王說之, 益車百乘. 反於宋, 見莊子曰: "夫處窮閭阨巷, 困窘織屨, 槁項黃馘者, 商之所短也. 一悟萬乘之主, 而從車百乘者, 商之所長也." 莊子曰: "秦王有病召醫, 破癰潰痤者得車一乘, 舐痔者

得車五乘, 所治愈下, 得車愈多. 子豈治其痔邪? 何得車之多
也? 子行矣!"

曹商(조상) : 사람 이름

車數乘(차수승) : 수레 몇 대

窮閭阨巷(궁려액항) : 가난하고 누추한 동네나 거리

困窘(곤군) : 가난에 쫓기다

織屨(직구) : 짚신을 짜다

槁項黃馘(고항황괵) : 몸이 비쩍 마르고 얼굴이 누렇게 뜨다

破癰(파옹) : 종기를 터뜨리다

潰痤(궤좌) : 고름을 짜다

舐痔(지치) : 치질을 핥다

해설

장자는 권력에 아첨하여 재물을 탐하는 사람을 신랄하게 비판한다. 마치
치질을 혀로 핥는 것과 같이 더러운 짓이라는 것이다. 이 구절에서 세속의
가치에 초연하였던 장자의 풍모를 엿볼 수 있다.

9

노나라 애공이 안합에게 물었다. "내가 공자를 등용하여 중대한 일을
맡기려고 하는데, 그러면 나라의 문제가 해결될 수 있겠는가?"

안합이 말했다. "아마도 더 위험해질 것입니다. 공자는 예절을 지나
치게 따지기 때문에 겉으로 화려한 장식을 하고 그럴싸한 말을 꾸며내

며 중요하지 않은 것들을 주장합니다. 타고난 성질을 억지로 절제하여 그 모습을 백성에게 보여주는데, 정작 자신이 신용을 얻지 못한다는 사실은 깨닫지 못합니다. 마음이 이런 자질구레한 것들에 지배되고 있는데, 어떻게 백성들을 다스릴 수 있겠습니까? 정말로 그가 적합하겠습니까? 그가 과연 백성들을 편안히 살아가게 할 수 있겠습니까? 그에게 맡긴다면 반드시 일을 그르치고 말 것입니다. 백성들이 그를 따라 본래의 소박한 상태에서 벗어나 거짓된 바를 배우게 해서는 안 됩니다. 이는 백성을 교화하는 올바른 방법이 아닙니다. 후대를 생각해서라도 그만두는 것이 좋을 듯합니다. 그를 등용해서는 제대로 나라를 다스릴 수 없습니다."

魯哀公問於顏闔曰: "吾以仲尼為貞幹, 國其有瘳乎?" 曰: "殆哉圾乎! 仲尼方且飾羽而畫, 從事華辭, 以支為旨, 忍性以視民而不知不信, 受乎心, 宰乎神, 夫何足以上民! 彼宜女與? 予頤與? 誤而可矣. 今使民離實學偽, 非所以視民也. 為後世慮, 不若休之, 難治也."

貞幹(정간) : 나라의 중요한 일을 맡다

飾羽而畫(식우이화) : 화려한 장식으로 꾸미다

10

다른 사람에게 은혜를 베풀어주고 그 일을 잊어버리지 않는 것은 자연이 은혜를 베푸는 방식이 아니므로 올바르지 않다. 이러한 자는 (이익만 따지는) 상인들조차도 경시하기 마련이다. 혹시 어떤 일로 엮여야 하는 경우가 있을지라도 마음속으로는 여전히 거리를 둘 것이다.

사람에게 육체의 형벌을 가하는 것은 쇠나 나무로 만든 형벌 도구이고, 사람에게 내면의 형벌을 가하는 것은 마음의 동요나 무절제함이다. 소인이 육체의 형벌을 받게 되면 형벌 도구로 신문을 당하고, 내면의 형벌을 받게 되면 음기와 양기의 부조화가 마음의 안정을 해치게 된다. 이런 외면과 내면의 형벌로부터 자유로울 수 있는 자는 오직 진인뿐이다.

施于人而不忘, 非天布也. 商賈不齒, 雖以事齒之, 神者勿齒. 爲外刑者, 金與木也. 爲內刑者, 動與過也. 宵人之離外刑者, 金木訊之. 離內刑者, 陰陽食之. 夫免乎外內之刑者, 唯眞人能之.

商賈(상가) : 상인
齒(치) : 가깝게 지내다
宵人(소인) : 속이 좁고 간사한 사람

11

공자가 말했다. "사람의 마음은 산보다 더 험하고 하늘보다 더 알기가 어렵다. 하늘은 그래도 봄·여름·가을·겨울과 아침·저녁으로 일정한 주기를 가지고 변화하는데, 사람은 표정으로 마음을 숨기니 알 수가 없다.

외모로는 건실해 보여도 속마음은 건방진 사람이 있는가 하면, 겉으로는 성숙해 보여도 실제로는 철이 없는 사람도 있고, 겉으로는 성격이 원만해 보여도 실제로는 강직한 사람이 있으며, 겉으로는 성실해 보여도 실제로는 나태한 사람이 있고, 겉으로는 느긋해 보여도 실제로는 조급한 사람이 있다. 따라서 목마른 사람처럼 허겁지겁 정의를 향해 달려가는 사람들이 한편으로 불에 덴 것처럼 정의를 버리기도 하는 것이다.

이 때문에 왕이 신하를 판단할 때는 먼저 그를 멀리 보내 충성스러운지를 살펴보고, 가까운 일을 시켜 신중한지를 살펴보며, 번거로운 일을 시켜 능력이 있는지를 살펴보고, 갑작스럽게 질문을 던져 지혜를 살펴보며, 급하게 그와 약속을 잡아 신용이 있는지를 살펴보고, 재물을 맡겨보아서 인자함을 살펴보며, 위급한 일을 알려주어서 그의 절개를 살펴보고, 술에 취하게 해서 예의를 지키는지를 살펴보며, 남녀가 함께 있는 자리에 있게 하여 그가 여자를 밝히는지를 살펴보아야 한다. 이 아홉 가지 일에서 나타나는 조짐으로 불초한 사람을 가려낼 수 있다."

孔子曰:"凡人心險於山川, 難於知天. 天猶有春秋冬夏旦暮之期, 人者厚貌深情. 故有貌愿而益, 有長若不肖, 有順懁而達, 有堅而縵, 有緩而釬. 故其就義若渴者, 其去義若熱. 故君子遠使之而觀其忠, 近使之而觀其敬, 煩使之而觀其能, 卒然問焉而觀其知, 急與之期而觀其信, 委之以財而觀其仁, 告之以危而觀其節, 醉之以酒而觀其側, 雜之以處而觀其色. 九徵至, 不肖人得矣."

厚貌深情(후모심정) : 표정을 두텁게 하고 마음을 깊게 한다. 표정으로 속마음을 숨긴다는 의미다.

懁(환) : 성격이 원만하다

釬(한) : 조급하다

煩(번) : 번거롭다

卒然(졸연) : 갑작스러운 모습을 표현하는 말

해설

자연의 이치는 일정하기 때문에 파악할 수 있지만, 사람의 마음은 복잡하므로 파악하기가 쉽지 않다. 따라서 특히 정치에서 사람을 등용할 때 신중하게 판단할 필요가 있다.

12

송나라의 정고부가 처음 선비의 지위에 임명되었을 때, 그는 등을 굽힌 채 예의바르게 사람들을 대했다. 대부의 자리에 임명되었을 때는 허리까지 숙이고 더욱 조심스럽게 사람을 대했다. 그가 다시 경의 자리에 임명되자 이번에는 몸을 바닥에 엎드리다시피 하며 사람들을 대했고, 길을 갈 때는 길가 담장을 따라 조심히 걸어다녔다. 이렇게 조심스럽게 행동을 하니, 누가 본받지 않을 수가 있을까?

하지만 보통 사람들이 처음 선비의 지위에 임명되면 거만해진다. 다시 대부의 자리에 임명되면 이제는 수레 위에서 춤을 추며 자랑하고 다닌다. 경의 자리에 오르면 사람들에게 자신을 숙부라 부르게 할 정도로 거만해지니, 대체 누가 요임금이 허유에게 왕위를 양보한 것과 같이 행동할 수 있을까? 누가 요임금이나 허유에 미칠 수 있겠는가!

正考父一命而傴, 再命而僂, 三命而俯, 循牆而走, 孰敢不軌!
如而夫者, 一命而呂鉅, 再命而於車上儛, 三命而名諸父, 孰
協唐許!

正考父(정고부) : 공자의 후손으로 송나라의 대부를 지낸 인물. 항상 올바른 도를
　　　추구했다고 해서 붙여진 별칭이다.

僂(루) : 구부리다

俯(부) : 고개를 숙이다

循牆而走(순장이주) : 담장을 따라 걷다. 조심스럽게 행동하는 모습을 표현하는
　　　말이다.

軌(궤) : 본받다

13

치우치지 말아야 하는 덕에 사사로운 마음이 있고, 무심해야 하는 마음에 차별적인 시선이 있는 것만큼 나쁜 것이 없다. 마음에 차별적인 시선이 생기는 순간 오직 한쪽으로만 생각하게 되기 때문이다. 이렇게 되면 덕이 망가지고 만다. 인간의 나쁜 덕에는 다섯 가지가 있는데 그중에서 마음속에 있는 나쁜 것이 가장 해롭다. 무엇이 마음속에 있는 나쁜 덕인가? 바로 스스로를 옳다고 여기면서 자신이 옳지 않다고 생각하는 것들을 배척하는 것을 말한다.

賊莫大乎德有心而心有眼, 及其有眼也而內視, 內視而敗矣.
凶德有五, 中德為首. 何謂中德? 中德也者, 有以自好也而眦

其所不爲者也.

또한 사람을 곤궁에 빠지게 만드는 여덟 가지 원인이 있고, 사람을 영달하게 만드는 것에는 세 가지 필연적인 이유가 있다. 이들은 마치 신체에 여섯 가지 장기를 갖추고 있는 것과 같은 이치다.

외모가 아름답고, 수염이 멋지며, 키가 크고, 덩치가 좋으며, 씩씩하고 건장하며, 분위기가 멋지고 화려하며, 용감하고, 과감한 것이 사람들을 곤궁에 빠지게 만드는 여덟 가지다. 이 여덟 가지가 모두 남보다 뛰어나면 반드시 궁지에 처하게 된다.

남을 잘 맞추어주고, 남보다 굽혀서 자만하지 않고, 항상 겁먹은 듯 조심스럽게 행동하는 것이 사람을 출세시키는 세 가지 조건이다. 이 세 가지를 모두 갖추면 반드시 출세하게 된다.

자신의 지혜를 밖으로 드러내고, 용맹함을 과신하여 행동하면 남의 원한을 많이 사게 된다. 어질고 정의롭게 행동하면 그로써 많은 기대와 책임을 안게 된다. 삶의 참모습을 깨달은 자는 위대하고 하찮은 지식에만 집착하는 자는 왜소하다. 삶의 큰 운명을 깨달은 자는 그 운명을 자연스럽게 따라서 행동할 수 있지만, 작은 운명에만 집착하는 자는 큰일을 당했을 때 무너지게 된다.

窮有八極, 達有三必, 形有六府. 美, 髥, 長, 大, 壯, 麗, 勇, 敢. 八者俱過人也, 因以是窮. 緣循. 偃侠. 困畏不若人, 三者俱通達. 知慧外通, 勇動多怨, 仁義多責. 達生之情者傀, 達於知者肖. 達大命者隨, 達小命者遭.

縁循(연순) : 자신을 드러내지 않고 남의 의견에 잘 맞추어주다

優俠(언앙) : 자신을 굽혀서 남에게 겸손하게 대하다

困畏(곤외) : 겁먹은 듯이 조심해서 행동하다

해설

사람을 가난하고 힘들게 만드는 여덟 가지 원인과 사람을 출세하게 만드는 세 가지 조건과 신체가 화를 입게 되는 여섯 가지 경우를 이야기한다.

14

어떤 사람이 송나라 임금으로부터 수레 열 대를 받았다. 그는 이 일을 상자에게 자랑했다.

장자가 말했다. "황하 강가에 집이 가난해서 갈대로 바구니를 만들어 하루하루 살아가는 사람이 있다. 어느 날 그의 아들이 물속에서 아주 값진 옥구슬을 하나 주워왔는데, 아버지가 아들에게 이렇게 이야기했다.

'돌을 가져와서 그 구슬을 부숴버려라! 그렇게 귀한 구슬은 원래 물속 아주 깊은 곳에 사는 검은 용의 턱 밑에 있는 것이다. 그런데 네가 그것을 가져올 수 있었던 이유는 아마도 우연히 용이 잠들어 있었기 때문일 것이다. 만약 용이 깨어 있었다면 네가 살아서 돌아올 수 있었겠느냐?'

깊이로 따지면 송나라가 연못보다 훨씬 깊고, 사납기로 따지면 용보다 송나라 임금이 훨씬 더 사납다. 네가 수레를 받을 수 있었던 것은 송나라 임금의 포악함이 잠들어 있었기 때문이다. 만약 그가 깨어난다면 너는 몸이 산산조각 나고 말 것이다!"

人有見宋王者, 錫車十乘, 以其十乘驕稚莊子. 莊子曰:"河上
有家貧恃緯蕭而食者, 其子沒於淵, 得千金之珠. 其父謂其子
曰'取石來鍛之! 夫千金之珠, 必在九重之淵而驪龍頷下, 子
能得珠者, 必遭其睡也. 使驪龍而寤, 子尚奚微之有哉!' 今宋
國之深, 非直九重之淵也. 宋王之猛, 非直驪龍也. 子能得車
者, 必遭其睡也. 使宋王而寤, 子為韲粉夫!"

錫(사) : 하사하다

驕稚(교치) : 자랑하다

恃緯蕭(시위소) : 갈대로 바구니를 짜는 것에 의지하다. 갈대로 바구니를 만들어
　　　　팔아서 하루하루 연명한다는 뜻이다.

鍛(단) : 두드리다, 부수다

驪龍(여룡) : 물속에 산다고 전해지는 검은 용

頷(함) : 턱

寤(오) : 잠을 깨다

韲粉(제분) : 아주 미세한 가루

15

　한 임금이 장자를 재상으로 모시기 위해 사람을 보냈다. 장자는 임금
의 명령을 받고 찾아온 신하에게 이렇게 말했다. "그대는 제물로 바쳐
지는 소를 보지 못했는가? 아름답게 수놓인 비단을 입고 풀과 콩을 넉
넉히 먹어봤자 결국에는 끌려가 제사에 바쳐지고 말지. 제사를 지내는
태묘에 도착해서 아무도 거들떠보지 않는 송아지로 돌아가고 싶다고

생각한들 그것이 가능하겠나?"

或聘於莊子, 莊子應其使曰:"子見夫犠牛乎? 衣以文繡, 食以
芻叔, 及其牽而入於太廟, 雖欲為孤犢, 其可得乎!"

犠牛(희우) : 제물로 바쳐지는 소

芻叔(추숙) : 짚과 콩. 소에게 먹이는 여물을 뜻한다.

太廟(태묘) : 제사를 지내는 묘당

孤犢(고독) : 자유로운 송아지

16

장자의 죽음이 다가왔다. 제자들이 그의 장례를 후하게 치르려고 하
자 장자가 제자들을 나무라며 이렇게 말했다.

"나는 하늘과 땅을 내 관으로 삼고, 해와 달을 구슬 장식으로 삼고,
별을 옥으로 삼으며, 만물을 함께 묻힐 순장품으로 삼을 것이다. 장례를
위한 도구가 이미 다 갖추어져 있는데 무엇이 더 필요하겠느냐!"

제자들이 말했다. "아무렇게나 장례를 지내면 까마귀나 매가 스승님
의 시신을 파먹을까 걱정됩니다."

장자가 말했다. "땅 위에 시신을 버려두면 까마귀나 매의 밥이 되겠
지만, 땅속에 시신을 묻는다고 해도 땅강아지나 개미의 밥이 될 것이
다. 한쪽의 것을 빼앗아 다른 한쪽에 주는 것은 불공평하지 않은가!"

莊子將死, 弟子欲厚葬之. 莊子曰:"吾以天地為棺槨, 以日月

為連璧, 星辰為珠璣, 萬物為齎送. 吾葬具豈不備邪? 何以加此!" 弟子曰: "吾恐烏鳶之食夫子也." 莊子曰: "在上為烏鳶食, 在下為螻蟻食, 奪彼與此, 何其偏也!"

棺槨(관곽) : 시체를 담는 관의 속 상자를 관(棺). 겉 상자를 곽(槨)이라 한다.

連璧(연벽) : 둥근 구슬

珠璣(주기) : 옥으로 만든 보석

齎送(재송) : 전송할 때 건네는 선물

烏鳶(오연) : 까마귀와 매

螻蟻(루의) : 땅강아지와 개미

17

균등하지 않은 인간의 마음으로 균등함을 이룬다고 하면, 이러한 균등함은 자연의 진정한 균등함이라 할 수 없다. 어느 것에도 효험을 보일 수 없는 인간의 마음으로 만물에 효험을 보이고자 한다면, 이러한 효험은 자연의 진정한 효험이라 할 수 없다. 자신의 총명함과 지식에 의지하는 자는 결국 남의 심부름이나 하게 된다. 반면 자연의 신령한 작용을 따르는 자는 미리 조짐을 살펴 잘 반응할 수 있다. 따라서 인간의 총명함이 자연의 신령한 작용을 따라가지 못한다는 것은 오래전부터 정해진 당연한 일이다. 하지만 어리석은 자들은 이 사실을 깨닫지 못하고 자기가 본 것만 믿으며 겉으로 내세우니 참으로 슬픈 일이로다!

以不平平, 其平也不平. 以不徵徵, 其徵也不徵. 明者唯為之

使, 神者徵之. 夫明之不勝神也久矣, 而愚者恃其所見入於
人, 其功外也, 不亦悲乎!

徵(징) : 조짐

제11편

천하 天下

1

　세상에는 여러 가지 학문을 배운 사람들이 많다. 이들은 각자 자신이 배운 학문이 더할 것 없이 완벽하다고 생각한다. 그렇다면 예부터 전해지는 '참된 도를 추구하는 학문'이란 대체 어디에 있을까? 말하자면, 어디에나 있어서 없는 곳이 없다. 그렇다면 자연의 신령한 지혜는 어디에서 내려오는가? 인간의 총명함은 어디에서 나오는가? 성인이 된 사람은 그럴 만한 이유가 있고, 왕업을 이룬 것 역시 그 이유를 지닌다. 이 모든 일은 결국 단 하나의 근본적인 원인으로부터 나온 것이다.

　天下之治方術者多矣, 皆以其有為不可加矣. 古之所謂道術者, 果惡乎在? 曰:"無乎不在." 曰:"神何由降? 明何由出?" "聖有所生, 王有所成, 皆原於一."

方術(방술) : 학문, 학설

道術(도술) : 도를 추구하는 학문

이런 근본적 원인, 즉 도를 충실히 따르며 벗어나지 않는 사람이 바로 천인이다. 또한 이 도의 정수를 잘 이해하고 있는 사람이 바로 신인이다. 그리고 이 도의 참된 모습을 잘 파악하고 있는 사람이 지인이다. 또한 자연의 이치를 근본으로 삼고, 자연의 덕을 본질로 삼으며, 도로 변화의 징조를 미리 살피는 사람을 성인이라고 한다. 어진 마음으로 남에게 은혜를 베풀며, 정의를 원칙으로 삼고, 예절에 맞게 행동하며, 음률에 맞게 사물과 조화를 이루고, 항상 온화한 모습으로 인자함을 갖추고 있는 사람을 군자라 한다.

조정이 운영되는 이치는 다음과 같다. 법률로 직분을 정하며 명칭을 기준으로 삼으며 일의 성과를 견주어 검증하고 여러 가지를 고찰하고 조사하여 판단을 내린다. 그렇게 나뉜 등급은 숫자 1·2·3·4와 같이 분명하게 구분되니, 백관들은 이 능급에 따라 서열이 매겨진다. 한편 백성들이 살아가는 이치는 다음과 같다. 날마다 열심히 일을 하면서 먹고 입는 것을 마련하는 데 주로 힘을 쓴다. 이를 위해 가축을 번식시키고 곡물을 저장하며, 노인·어린이·고아·과부를 특별히 돌본다.

不離於宗, 謂之天人. 不離於精, 謂之神人. 不離於眞, 謂之至人. 以天爲宗, 以德爲本, 以道爲門, 兆於變化, 謂之聖人. 以仁爲恩, 以義爲理, 以禮爲行, 以樂爲和, 薰然慈仁, 謂之君子. 以法爲分, 以名爲表, 以參爲驗, 以稽爲決, 其數一二三四是也. 百官以此相齒, 以事爲常, 以衣食爲主, 蕃息畜藏, 老弱孤寡爲意, 皆有以養, 民之理也.

薰然慈仁(훈연자인) : 향기가 퍼져 나가듯이 은은하게 인자함이 베풀어지다

以參爲驗(이참위험) : 비교하여 검증하다

以稽爲決(이계위결) : 상황을 알맞게 헤아려서 결정하다

蕃息(번식) : 번식시키다

畜藏(축장) : 곡식을 저장하다

옛 위인들은 도술을 제대로 갖추고 있었다. 신묘한 도와 짝하고 천지를 따라 행동했으며 만물을 기르고 천하를 조화롭게 만들어 그 은덕이 온 백성에게 퍼졌다. 이들은 도의 근본을 이해한 채 세부적인 법도에 관통하였으니, 육합의 우주가 통달하고 사계절이 순조롭게 흘러갔으며 세상 모든 곳, 어느 누구에게도 작용이 미치지 않는 곳이 없었다.

그중에서 제도로 분명히 남아 있는 것들은 역사에 기록되어 지금까지도 전해지고 있다. 《시경》, 《서경》, 《예기》, 《악기》 등에 나와 있는 규범들은 맹자와 공자를 따르는 선비들과 여러 관리, 학자들이 잘 알고 있다.

《시경》은 사람의 마음을 말하고, 《서경》은 인간의 역사를 말하며, 《예기》는 올바른 행실을 말하고, 《악기》는 성정의 조화를 말하며, 《역경》은 음양의 원리를 설명하고, 《춘추》는 명분에 관해 말한다. 이러한 학문의 내용이 천하에 널리 퍼져 중국에서 실시되니, 여러 학파에서는 늘 이에 대해 논의한다.

古之人其備乎! 配神明, 醇天地, 育萬物, 和天下, 澤及百姓, 明於本數, 係於末度, 六通四辟, 小大精粗, 其運無乎不在. 其明而在數度者, 舊法世傳之史尚多有之. 其在於《詩》《書》

《禮》《樂》者, 鄒魯之士搢紳先生多能明之.《詩》以道志,《書》以道事,《禮》以道行,《樂》以道和,《易》以道陰陽,《春秋》以道名分. 其數散於天下而設於中國者, 百家之學時或稱而道之.

本數(본수) : 세상을 다스리는 근본적인 원칙

末度(말도) : 세상을 다스리는 구체적이고 실질적인 법칙

六通四辟(육통사벽) : 사방팔방 곳곳으로 퍼져나가다

鄒魯之士(추로지사) : 노나라 추 땅에 모여 살던 선비. 공자와 맹자의 학문을 이어
받은 유자들이 모여 살았다.

搢紳(진신) : 경, 대부 지위에 있는 관리

先生(선생) : 학자

세상이 크게 혼란스러워진 뒤로 현인과 성인이 모습을 감추었고, 도와 덕이 하나로 통일되지 못해서 세상 사람들은 도의 일부만 알고 그것이 전부인 줄 오해하는 경우가 있다.

이 상황을 비유하자면 귀·눈·코·입이 각자 감각을 느끼는 부분이 있지만 서로 소통하지 못하는 것과 같다. 여러 학파는 각자 뛰어난 부분을 가지고 있어 나름의 쓸모가 있지만, 서로 소통하지 못하므로 한쪽으로 치우쳐 있다는 것이다. 따라서 요즘의 선비들은 한 가지만 아는 사람들이라 할 수 있다. 이들은 자기가 아는 것을 토대로 천지의 미덕을 가르고 만물의 이치를 구분하였으며 옛사람들의 온전한 학문을 나누었으니, 천지의 아름다움을 그대로 갖추고, 신명스러운 작용의 위엄에 걸맞은 사람이 요즘에는 거의 없게 되었다.

따라서 내면으로 성인의 덕을 갖추어 세상을 통치하는 도리가 꽉 막힌 채 드러나지 못하고 있다. 천하의 사람들은 그저 자신이 하고 싶은 대로 하면서 그것을 진정한 도의 학문이라고 말을 해대니 참으로 슬픈 일이 아닐 수 없다. 이들은 자기 생각에 빠져 돌아올 줄을 모르니, 결코 도에 부합할 수 없다. 따라서 후대의 학자들은 불행하게도 순수한 자연의 모습과 옛 위인들의 온전한 덕을 볼 수 없게 될 것이다. 이제 도술은 천하에 의해 갈가리 찢길 위기에 놓인 것이다.

天下大亂, 賢聖不明, 道德不一, 天下多得一察焉以自好. 譬如耳目鼻口, 皆有所明, 不能相通. 猶百家衆技也, 皆有所長, 時有所用. 雖然, 不該不遍, 一曲之士也. 判天地之美, 析萬物之理, 察古人之全, 寡能備於天地之美, 稱神明之容. 是故內聖外王之道, 闇而不明, 鬱而不發, 天下之人各爲其所欲焉以自爲方. 悲夫! 百家往而不反, 必不合矣. 後世之學者, 不幸不見天地之純, 古人之大體, 道術將爲天下裂.

一曲之士(일곡지사) : 한 가지만 아는 선비

判(판) : 판단하다

析(석) : 분석하다

闇(암) : 어둡다

鬱(울) : 답답하다, 막히다

해설

이 《천하》편에서는 글쓴이가 당시 유행하던 여러 학문에 관해 평가를 내리고 있다. 또한 글쓴이는 옛 위인들의 학문은 훌륭했으나 요즘에 와서는 그 훌륭한 가르침이 제대로 전해지지 않았다고 안타까워한다.

2

사치를 부리지 않고, 만물을 낭비하지 않으며, 제도를 번거롭게 하지 않고, 엄격한 규칙으로 스스로를 절제하여 세상의 위기에 대비할 것을 주장하는 학파가 있었다. 묵적과 금골리가 이러한 학풍을 좋아한 대표적인 인물이다. 이들은 실행하는 것도 지나쳤고 절제하는 것 역시 지나쳤다. 급기야《비악》,《절용》이라는 이름의 책까지 지어냈는데, 살아서 음악을 즐기지 말고 죽어서 상복을 입지 말 것을 말한 것이다.

묵자는 모든 사람을 차별하지 않고 사랑하며 공평하게 이익을 분배하고 전쟁을 멈추어야 한다고 주장했다. 즉 남에게 원한을 가지지 말아야 함을 말한 것이다. 그는 배우기를 좋아하여 박식한 견문을 갖추었으나 남다른 것을 추구하지는 않았다. 하지만 한편으로는 선왕들의 학문과도 같지 않아서 고대의 예악을 무너뜨리고자 하였다.

不侈於後世, 不靡於萬物, 不暉於數度, 以繩墨自矯, 而備世之急, 古之道術有在於是者. 墨翟禽滑釐聞其風而說之. 為之大過, 己之大循. 作為《非樂》, 命之曰《節用》, 生不歌, 死無服. 墨子汎愛兼利而非鬥, 其道不怒. 又好學而博, 不異, 不與先王同, 毀古之禮樂.

侈(치) : 사치스럽다

靡(미) : 호사스럽다, 낭비하다

暉(휘) : 화려하다

墨翟(묵적) : 묵가의 창시자. 성은 묵(墨), 이름은 적(翟)이다.

禽滑釐(금골리) : 묵적의 제자. 성은 금(禽), 골리(滑釐)는 그의 자(字). 이름은 전
     해지지 않는다.

非樂(비악)·節用(절용) : 묵적의 저서인 《묵자》 23편 가운데 2개

선대 임금들은 저마다 즐겨 연주하는 음악이 있었다. 황제에게는 '함
지', 요임금에게는 '대장', 순임금에게는 '대소', 우임금에게는 '대하',
탕왕에게는 '대호', 문왕에게는 '벽옹', 무왕과 주공에게는 '무'라는 음
악이 있었다.

또한 옛날의 장례 예절에는 신분과 지위의 차이에 따라 각기 다른 예
절이 있었다. 천자는 관을 일곱 층으로 했고, 제후 계급은 다섯 층, 대
부 계급은 세 층, 선비 계급은 두 층이었다. 하지만 묵자는 살아서는 음
악을 즐기지 않고 죽어서는 상복을 입지 않았다. 또한 오동나무 관을 세
치 두께로 만들어 쓰되 바깥쪽 관은 만들지 않는 것을 규칙으로 정했다.

그는 이를 통해 사람들을 교화하고자 하였는데, 사람들을 아끼고 사
랑하지 않는 도리라고 여겨질 법도 했다. 그런데 똑같은 기준을 자신에
게도 적용하였으니, (남들만 아끼지 않은 것이 아니라) 자기 자신도 아끼지
않았던 것이다. 묵자의 가르침을 비판하려는 것은 아니지만 그렇다고
해서 노래를 불러야 할 때 노래를 부르지 않고, 울어야 할 때 울지 않고,
즐거워해야 할 때 즐거워하지 않는 것이 과연 인정에 맞을까?

그의 주장에 따르자면 살아서는 열심히 일만 하다가 죽어서는 대접

받지 못하니 너무 잔혹한 가르침이다. 이는 세상 사람들을 괴롭게 만들고 슬프게 만들 것이니, 일반 사람들은 도저히 실행하기 힘들다. 이런 것을 과연 성인의 도라고 말할 수 있을까? 세상 사람들이 바라는 바와 정면으로 어긋나니 사람들은 도저히 이를 받아들일 수 없을 것이다. 비록 묵자 자신은 이를 감당할 수 있을지 몰라도 세상 사람들은 이를 어떻게 실천할 수 있겠는가! 세상과 너무 벗어난 이야기이므로 왕이 사용하기가 힘들다.

黃帝有'咸池', 堯有'大章', 舜有'大韶', 禹有'大夏', 湯有'大濩', 文王有辟雍之樂, 武王周公作'武'. 古之喪禮, 貴賤有儀, 上下有等, 天子棺槨七重, 諸侯五重, 大夫三重, 士再重. 今墨子獨生不歌, 死不服, 桐棺三寸而無槨, 以爲法式. 以此敎人, 恐不愛人. 以此自行, 固不愛己. 未敗墨子道, 雖然, 歌而非歌, 哭而非哭, 樂而非樂, 是果類乎? 其生也勤, 其死也薄, 其道大觳, 使人憂, 使人悲, 其行難爲也, 恐其不可以爲聖人之道, 反天下之心, 天下不堪. 墨子雖能獨任, 奈天下何! 離於天下, 其去王也遠矣.

咸池(함지)·大章(대장)·大韶(대소)·大夏(대하)·大濩(대호)·辟雍(벽옹)·武(무) : 옛날의 위대한 제왕들이 각기 지어서 연주했던 음악

大觳(대곡) : 매우 잔혹하다

묵자는 자신의 가르침에 대해 이렇게 이야기했다. "옛날 우임금이 홍

수를 막고 양자강과 황하를 잇는 수로 공사를 벌여서 사방의 오랑캐와 중국 아홉 개 지역을 통하게 만들었는데, 이때 생긴 큰 하천이 삼백 개였고 작은 하천은 삼천 개였으며 그밖에 작은 물줄기는 셀 수 없이 많았다.

우임금은 삼태기와 보습을 들고 친히 나서서 세상의 강물을 연결하고자 했다. 허벅지의 살이 빠졌고, 정강이의 털은 다 닳아 없어졌다. 장맛비에 얼굴을 씻고 세찬 바람을 맞으며 고생한 끝에 결국 온 나라의 기초를 닦을 수 있었다. 우임금은 성인이었음에도 이처럼 세상을 위해 자신을 희생했다."이를 근거로 묵자는 후세의 제자들에게 허름한 옷에 허름한 신발을 신고 밤낮으로 쉬지 않고 일하는 규칙을 내세웠다.

그는 "이렇게 할 수 없다면 우임금의 가르침이라 할 수 없으니 묵가라 부를 수 없다"라고 주장하며 반드시 이 규칙을 지키도록 하였다. 묵자의 후대 제자들 가운데에는 상리근의 제자들, 오후를 따르는 무리, 남쪽 지방의 고획, 기치, 등릉자 같은 무리가 있었다.

하지만 이들은 묵가의 경전인《묵경》에 자신들이 내세우는 인물을 성인이라고 주장하며 저마다 자신이 묵가의 정통이고 진정한 후계자이기를 바랐는데, 이런 다툼은 아직까지 해결되지 않고 있다.

墨子稱道曰: "昔者禹之湮洪水, 決江河而通四夷九州也, 名川三百, 支川三千, 小者無數. 禹親自操稾耟而九雜天下之川, 腓無胈, 脛無毛, 沐甚雨, 櫛疾風, 置萬國. 禹, 大聖也, 而形勞天下也如此." 使後世之墨者多以裘褐為衣, 以跂蹻為服, 日夜不休, 以自苦為極, 曰: "不能如此, 非禹之道也, 不足謂墨." 相里勤之弟子五侯之徒, 南方之墨者苦獲. 己齒. 鄧陵子之屬, 俱誦《墨經》, 而倍譎不同, 相謂別墨, 以堅白同異之辯相訾, 以觭偶不仵之辭相應, 以巨子為聖人, 皆願為之尸, 冀得為其後世, 至今不決.

禹之湮洪水(우지인홍수) : 우임금이 홍수를 막다

決江河(결강하) : 강물을 서로 잇다. 운하 공사를 말한다.

稿耜(고사) : 삼태기와 보습. 흙을 담는 그릇과 땅을 파는 도구

腓無胈脛無毛(비무발경무모) : 허벅지와 정강이의 털이 닳아 없어지다

沐甚雨(목심우) : 장맛비에 얼굴을 씻다

櫛疾風(즐질풍) : 세찬 바람에 빗질을 하다

相里勤(상리근)·五侯(오후)·苦獲(고획)·己齒(기치)·鄧陵子(등릉자) : 묵자를 따르는 묵가 학파의 학자들

묵적과 금골리의 생각은 옳지만 그 실천 방법은 잘못되었다. 이들의 방법은 후대의 묵자들이 스스로를 괴롭히면서 허벅지 살이 빠지고 정강이 털이 다 닳아 없어지도록 고생하게 만들었는데, 결국 얼마나 고생하는지를 경쟁하게 만든 것에 지나지 않는다. 혼란만 가중하고 실제로 이룬 바는 많지 않은 것이다. 그렇지만 묵자는 진정 천하에 더없이 훌륭한 인물이었다. 이러한 자는 정말로 얻고자 해도 얻을 수 없다. 설령 말라비틀어진 나무처럼 자신의 주장을 품은 채 버리지 않았다고 하더라도, 그는 진정으로 재능 있는 선비임에 틀림없다.

墨翟. 禽滑釐之意則是, 其行則非也. 將使後世之墨者, 必自苦以腓無胈. 脛無毛相進而已矣. 亂之上也, 治之下也. 雖然,墨子眞天下之好也, 將求之不得也, 雖枯槁不舍也, 才士也夫!

해설

첫 번째로 평가를 내리고 있는 학문은 '묵가 학파'이다. 묵적이 창시한 묵가 학파는 모든 사람을 차별하지 말고 평등하게 대해야 한다고 주장한다. 또한 낭비하거나 사치하지 않고 검소하게 생활하며 열심히 노동하면서 살기를 강조한다.

3

세속의 일에 얽매이지 않고, 외부의 사물로 자신을 꾸미지 않고, 남을 가혹하게 대하지 않고, 사람들의 뜻에 거스르지 않는다. 천하를 평화롭게 만들어 백성들이 타고난 바를 잘 지키고 살 수 있도록 하면서 나와 다른 사람의 삶이 모두 풍족해질 때까지 노력한다.

옛날의 학문 가운데 이러한 내용을 추구하는 것이 있는데, 송견과 윤문이 이러한 학풍을 좋아한 대표적 인물이다. 이들은 위아래 둘레가 같은 둥그런 갓을 만들어 자신들의 상징으로 삼고는 평등을 추구한다는 뜻을 나타냈으며, 만물을 대할 때 모든 사사로운 마음을 배제하는 것을 제1의 원칙으로 내세웠다. 이들은 마음의 포용성에 대해 설명하면서 이것이 바로 마음의 본래 행위라고 하였다. 항상 부드러운 태도를 유지한 채 사람들과 어울리며 세상 사람들을 조화시키고자 하는 것을 중심 사상으로 삼았다.

이들은 모욕을 당해도 치욕스럽게 생각하지 말라고 하면서 백성들의 다툼을 멈추고자 했다. 또한 침략을 금지하고 무기와 군대를 비판하여 세상을 전쟁으로부터 구원하고자 하였다. 이들은 이런 사상을 들고 천하를 떠돌면서 임금을 설득하고 백성들을 가르쳤는데, 세상에서 잘 받아들여지지 않는데도 멈추지 않고 계속 주장하였다.

夫不累於俗, 不飾於物, 不苟於人, 不忮於衆, 願天下之安寧
以活民命, 人我之養畢足而止, 以此白心, 古之道術有在於是
者. 宋鈃, 尹文聞其風而悅之. 作為華山之冠以自表, 接萬物
以別宥為始. 語心之容, 命之曰心之行, 以聏合驩, 以調海內,
請欲置之以為主. 見侮不辱, 救民之鬥. 禁攻寢兵, 救世之戰.
以此周行天下, 上說下教, 雖天下不取, 強聒而不舍者也.

宋鈃(송견)·尹文(윤문) : 둘 모두 제나라 사람. 욕망을 절제해야 한다고 주상하는
　　　　나름의 학문을 내세웠다.

華山之冠(화산지관) : 둥근 모양의 화산(華山) 모습을 본떠 만든 갓

聏(이) : 조화를 이루다

驩(환) : 기뻐하다

이 때문에 사람들은 "위아래 사람들이 다 싫어하는데도 억지로 강요한다"라고 비판을 가했다. 비록 억지스러움은 있었지만, 남을 위해 행동했고 자신들을 위해 하는 일은 적었다. 이들은 늘 "하루에 다섯 되 정도의 밥만 있으면 충분하다"라고 하였다. 스승인 송견이나 윤문도 배불리 먹을 수 없었을 테니 그 제자들은 항상 굶주림에 처해 있었을 것이다. 그럼에도 이들은 여전히 세상 사람들을 잊지 않았다.

또한 이들은 밤낮으로 쉬지 않고 일을 하면서 "나는 반드시 세상을 살릴 것이다!"라고 말하니, 실로 세상을 구해낼 만한 선비들이라 하겠다.

이들은 또 이렇게 말한다. "군자는 지나치게 까다롭게 일을 살피지 말고, 외부 사물에 이끌리지 않도록 해야 한다." 군자들이 살피는 일들이 천하에 도움이 되는 바가 없으니 차라리 그만두는 것이 낫다는 것이다. 이들은 사회적으로는 전쟁을 금지하고 군대와 무기를 없앨 것을 주장하였고, 내면적으로는 욕망을 줄이기를 주장하였다. 세부적 내용은 다를 수 있겠지만 이들이 실천한 바는 대략 이러한 것들이다.

故曰: "上下見厭而強見也." 雖然, 其爲人太多, 其自爲太少, 曰: "請欲固置五升之飯足矣." 先生恐不得飽, 弟子雖飢, 不忘天下, 日夜不休, 曰: "我必得活哉!" 圖傲乎救世之士哉! 曰: "君子不爲苛察, 不以身假物." 以爲無益於天下者, 明之不如已也. 以禁攻寢兵爲外, 以情欲寡淺爲內, 其小大精粗, 其行適至是而止.

圖傲(도오) : 거만하다

苛察(가찰) : 아주 자세하게 살피다

해설

두 번째로 송견과 윤문이라는 학자의 사상을 소개한다. 이들은 욕망을 줄이고 검소한 생활을 하기를 강조하며 사람들과 원만한 관계를 맺어서 다투지 말아야 한다고 주장한다.

4

어느 한쪽 편을 들지 않고 공정한 태도를 유지하고, 어느 한쪽으로 치우치지 않고 평등한 태도를 유지한다. 사사로운 마음을 버리고 주관을 없애며 사물의 변화에 따를 뿐 다른 뜻을 세우지 않는다. 의도를 가지고 주위를 살피지 않고 지모를 사용하지 않으며 사물을 대할 때 가리지 않고 모두 함께 포용한다. 옛날의 학문 가운데 이러한 내용을 추구하는 것이 있는데 팽몽, 전병, 신도가 이러한 학풍을 좋아한 대표적인 인물이다. 이들은 사물을 차별 없이 동등하게 보는 것을 제1의 원칙으로 삼았다.

이들은 이렇게 이야기한다. "하늘은 만물을 뒤덮을 수 있지만, 만물을 떠받칠 수는 없다. 땅은 만물을 떠받칠 수는 있지만, 만물을 뒤덮을 수는 없다. 위대한 도는 만물을 포용할 수는 있지만, 그것을 일일이 분별할 수는 없다."

이들은 만물 모두가 각기 할 수 있는 일이 있고 할 수 없는 일이 있음을 알았다. 따라서 "하나를 꼭 집어 선택하게 되면 모든 것을 아우를 수 없고, 어떤 한 가지 방향으로 가르쳐 인도하고자 하면 모든 면을 두루 살필 수 없다. 그 대신 위대한 도에 그대로 따른다면 하나도 남김없이 빠뜨리지 않을 수 있다"라고 말한다. 참된 도는 어느 하나도 남김없이 모든 것을 포함하기 때문이다.

公而不當, 易而無私, 決然無主, 趣物而不兩, 不顧於慮, 不謀於知, 於物無擇, 與之俱往, 古之道術有在於是者. 彭蒙. 田騈. 愼到聞其風而悅之. 齊萬物以為首, 曰: "天能覆之而不能載之, 地能載之而不能覆之, 大道能包之而不能辯之." 知萬

物皆有所可, 有所不可, 故曰: "選則不遍, 教則不至, 道則無
遺者矣."

無擇(무택) : 한쪽의 편에 서서 선택하고 판단하지 않음
彭蒙(팽몽)·田駢(전병)·慎到(신도) : 사람 이름. 사사로운 마음을 버리고 공평한
     태도를 유지할 것을 주장한 학자들이다.

따라서 신도는 자신의 짧은 지식과 주관적인 생각을 버리고 행동의
원칙을 사물에 맡겨둔 채 부득이한 상황에 따라 행동하고자 하였다.
"자신이 알 수 없는 바를 억지로 알고자 하면 결국 그로써 해를 입게 된
다"는 것이다.

그는 세상 어디에도 구애받지 않고 자유롭게 행동하면서 현자를 숭
상하는 세태를 비웃고 다녔으며, 또한 행적에 얽매이지 않고 소탈하게
행동하면서 세상에서 위대하다고 말하는 성인들을 비판하였다. 하지만
그러면서도 원만하게 사물들과 함께 변화하고 옳고 그름의 판단을 일
절 하지 않았기 때문에 화를 면할 수 있었다.

그는 자신의 짧은 지식과 판단에 의존하여 미리 앞을 내다보려 하거
나 뒤를 돌아보려 하지 않고 그저 그 자리에 의연히 머물러 있을 뿐이
다. 행동할 때는 항상 떠밀려서 움직이고 잡아당긴 이후에 움직였는데
그 모습이 마치 회오리바람이 돌고 깃털이 빙글빙글 흩날리며 맷돌이
돌아가듯이 자연스러웠다. 행동은 온전하여 잘못된 점이 하나도 없었
고, 나설 때와 나서지 말아야 할 곳을 잘 알아 실수가 없었으니, 한 번도
죄를 지은 적이 없다.

어떻게 가능했을까? 자신의 주관적인 생각이 없는 자연의 사물은 자신을 드러내는 데서 오는 근심거리가 없고, 자신의 지혜에 얽매이는 법이 없다. 따라서 행실이 도리에 어긋나지 않으니 남의 입에 오르내릴 일도 없다. 따라서 그는 이렇게 말한다. "아무런 사심이 없는 사물처럼 될 수 있다면 그 어떤 성현의 지혜도 전혀 필요가 없다. 저 흙덩이처럼 무심할 수 있다면 도를 잃어버리는 일이 없다."

하지만 천하의 영웅호걸들은 이러한 신도의 태도를 비웃으며 "신도가 말하는 것들은 살아 있는 사람들의 행동이 아니라 죽은 사람에게나 해당하는 이치다. 참으로 괴상하기 짝이 없다"라고 말하기 일쑤다.

是故愼到, 棄知去己, 而緣不得已, 泠汰於物以爲道理, 曰: "知不知, 將薄知而後鄰傷之者也." 謑髁無任而笑天下之尚賢也, 縱脫無行而非天下之大聖, 椎拍輐斷, 與物宛轉, 舍是與非, 苟可以免, 不師知慮, 不知前後, 魏然而已矣. 推而後行, 曳而後往, 若飄風之還, 若羽之旋, 若磨石之隧, 全而無非, 動靜無過, 未嘗有罪. 是何故? 夫無知之物, 無建己之患, 無用知之累, 動靜不離於理, 是以終身無譽. 故曰: "至於若無知之物而已, 無用賢聖, 夫塊不失道." 豪桀相與笑之曰: "愼到之道, 非生人之行而至死人之理, 適得怪焉."

謑髁(혜과) : 형체가 흐트러진 모습. 제멋대로 행동한다는 의미다.

椎拍輐斷(추박완단) : 몽치로 쳐서 모난 곳을 깎아 둥글게 만들다

豪桀(호걸) : 영웅 호걸

전병도 신도와 비슷한 주장을 했다. 그는 팽몽에게 학문을 배워 그에게서 말로 표현할 수 없는 가르침을 얻었다. 팽몽의 스승은 이렇게 이야기한 적이 있다. "저 옛날 도를 깨달은 위인들은 어떤 것도 옳거나 그르다고 판단하지 않는 경지에 이르렀다. 이들의 학문은 마치 바람이 획 하고 지나가는 듯하니, 어찌 말로 전달할 수 있겠는가?"

그는 항상 세상 사람들의 상식과 어긋났고, 사람들의 존경과 칭찬을 받으려고 하지도 않았으나 여전히 사물에 따라 변화해 나가고자 하였다. 그가 말하는 도가 진정한 도라고는 할 수 없으며, 그가 옳다고 하는 것 전부가 옳다고 할 수는 없다. 팽몽, 전병, 신도는 진정으로 도를 깨달았다고는 할 수 없으나, 대강은 들은 바가 있는 듯하다.

田駢亦然, 學於彭蒙, 得不教焉. 彭蒙之師曰:"古之道人, 至於莫之是. 莫之非而已矣. 其風窢然, 惡可而言?"常反人, 不見觀, 而不免於魭斷. 其所謂道非道, 而所言之韙不免於非. 彭蒙. 田駢, 慎到不知道. 雖然, 槪乎皆嘗有聞者也.

窢然(획연) : 획 하고 바람이 부는 소리

魭斷(환단) : 사물과 함께 변화하는 것을 뜻하는 말

해설

세 번째는 팽몽, 신도, 전병의 학문이다. 이들이 중요하게 여긴 것은 사사로운 마음을 버리고 공평한 태도를 취하는 것이다. 인간의 주관적인 생각은 불완전하므로 함부로 판단해서는 안 된다는 말이다.

5

　형체가 없는 만물의 본원을 정미한 것으로 여기고, 형체가 있는 것은 크고 거친 것으로 여기며, 쌓아나가는 것을 오히려 부족한 것으로 여기고 무심하고 담담한 태도로 신명과 함께 머무른다. 옛날의 학문 가운데 이러한 내용을 추구하는 것이 있는데 관윤, 노담이 이러한 학풍을 좋아한 대표적 인물이다. 이들은 항상된 무[常無]와 항상된 유[常無]에 기초하여 학설을 세우고, 태일(太一)이라는 근원을 그 중심으로 삼았다. 유약하고 겸손한 태도를 강조했고, 마음을 깨끗이 비워 자신의 주관적인 생각으로 만물을 훼손하지 않는 것을 주된 내용으로 하였다.

　관윤은 이렇게 말했다. "자기 자신의 생각에 집착하지 말고, 사물을 그대로 따라 그 모습이 스스로 드러나게 하라. 움직일 때는 마치 물과 같이하고, 멈추어 있을 때는 거울과 같이하며, 메아리처럼 사물에 반응하여 막막하니 아무것도 없는 듯이, 고요하니 맑은 듯이 행동하라. 이렇게 하여 사물에 동화될 수 있는 자는 조화를 얻지만, 억지로 사물과 함께하고자 한다면 실패한다. 남보다 앞서 행동하지 말고 항상 남에게 맞추어 행동해야 한다."

　노담은 이렇게 말했다. "수컷의 강함을 이해한 채 암컷의 부드러움을 지켜나간다면 계곡에 온 산의 물이 모이듯이 온 세상 만물이 그에게 모여들게 된다. 청렴하고 결백한 마음을 지닌 채 더러움 속에서 어울리고자 한다면 세상을 포용하는 골짜기를 이룰 수 있다."

　수컷의 강함을 이해한 채 암컷의 부드러움을 지켜나간다면 계곡에 온 산의 물이 모이듯이 온 세상 만물이 그에게 모여들게 된다. 청렴하고 결백한 마음을 지닌 채 더러움 속에서 어울리고자 한다면 세상을 포용하는 골짜기를 이룰 수 있다. 그는 사람들이 충실함을 추구해 나갈 때

홀로 공허한 태도를 취한다. 따라서 거두어들이는 것이 없어도 넉넉하며 마치 높은 산처럼 여유를 지닐 수 있다. 그는 나서서 일을 행할 때는 쓸데없이 기운을 낭비하지 않는데, 그저 자연에 따라 억지스러운 행동을 하지 않으면서 간사하게 기교를 부리는 사람들을 비웃는다. 사람들은 모두 복이 찾아오기를 원하지만, 오직 그만이 자신이 타고난 것을 품어 온전히 지키고자 한다. 그러고는 "다만 화를 면하기를 바랄 뿐이다"라고 말한다. 이처럼 그는 깊이 감추는 것을 행위의 근본으로 삼고, 절제하고 검약하는 것을 행위의 원칙으로 삼았다. "굳센 것은 쉽게 부서지고, 날카로운 것은 쉽게 꺾이기 마련이다"라고 주장하며 늘 모든 것을 포용하는 태도로 남을 대했고 남에게 모질게 굴지 않았다. 참으로 지극한 경지에 도달했다고 할 수 있다. 이 관윤, 노담이야말로 옛날의 위대한 진인이라 할 수 있을 것이다.

以本爲精, 以物爲粗, 以有積爲不足, 澹然獨與神明居, 古之道術有在於是者. 關尹, 老聃聞其風而悅之. 建之以常無有, 主之以太一, 以濡弱謙下爲表, 以空虛不毀萬物爲實. 關尹曰: "在己無居, 形物自著. 其動若水, 其靜若鏡, 其應若響. 芴乎若亡, 寂乎若淸, 同焉者和, 得焉者失, 未嘗先人而常隨人." 老聃曰: "知其雄, 守其雌, 爲天下谿. 知其白, 守其辱, 爲天下谷." 人皆取先, 己獨取後, 曰: "受天下之垢." 人皆取實, 己獨取虛, 無藏也故有餘, 巋然而有餘. 其行身也, 徐而不費, 無爲也而笑巧. 人皆求福, 己獨曲全, 曰: "苟免於咎." 以深爲根, 以約爲紀, 曰: "堅則毀矣, 銳則挫矣." 常寬容於物, 不削於人, 可謂至極. 關尹, 老聃乎! 古之博大眞人哉!

澹然(담연) : 고요하고 맑은 모습을 표현하는 말

關尹(관윤)·老聃(노담) : 도가의 창시자라고 불리는 노자와 그의 스승이라고 전해
　　　　지는 관윤

濡弱(유약) : 연하고 약하다

雄(웅)·雌(자) : 수컷과 암컷. 수컷은 강하고 굳센 것을 의미하고, 암컷은 부드럽고
　　　　연약한 것을 의미한다.

拙(졸) : 옹졸하다

해설

네 번째는 관윤과 노담의 학문이다. 이들은 마음을 고요하고 소박하게 만들어 무형의 원리인 도를 받아들일 것을 말했으며 겸허함과 포용이라는 덕목을 강조하였다. 글쓴이는 노담과 관윤의 학문을 가장 최고라고 평가한다.

6

　흐릿하고 황홀하여 형체가 없고, 끊임없이 변화하여 일정한 모습을 지니지 않는다. 과연 죽은 것일까, 산 것일까? 천지에 나란히 머물러 있는 것일까, 신명과 함께 움직이는 것일까? 어디로 아득히 가버리는 걸까, 어디로 홀연히 사라지는 걸까? 만물은 반드시 이것과 얽혀 있지만, 그 존재를 알지 못하니 돌아가는 곳을 알지 못한다.

　옛날의 학문 가운데 이러한 내용을 추구하는 것이 있는데, 장주가 바로 이러한 학풍을 좋아한 대표적 인물이다. 그는 이치에 맞지 않는 황당한 말과 터무니없는 이야기를 즐겨 했는데, 밑도 끝도 없이 극단적일 때

도 있었지만 어디에 얽매이지 않은 채 자유로웠고 한쪽에 치우쳐 있지도 않았다.

장주는 세상 사람들이 혼란에 빠져 깨어나지 못하고 있으니, 정중한 말로는 이치를 깨닫게 할 수 없다고 여겼다. 따라서 인간 세상의 일을 넘어서는 허황된 이야기를 통해 자연의 이치를 깨닫게 하고, 옛 위인들의 말을 인용하여 진실을 알려주었으며, 비유적인 우화로 자연의 넓은 이치를 전달하고자 하였다.

그는 홀로 천지자연의 신묘한 경지를 오가면서도 만물을 거만하게 대하지 않으며, 옳고 그름을 멋대로 판단하려 하지 않은 채 세상과 더불어 살았다. 그가 지은 책은 비록 터무니없고 황당한 이야기를 많이 담고 있으나 완곡한 방식으로 핵심을 남김없이 서술하였다. 또한 그 언사가 변화무쌍하나 재치 넘치는 면모를 가감없이 보여주었다. 그는 내면이 충만하여 사상이 끝도 없이 넘쳐 흘렀으니, 위로는 세상을 이루는 조물자와 어울리고 아래로는 삶과 죽음, 시작과 끝의 구분조차 잊어버린 자들을 벗으로 삼았다. 그는 세상의 근본 원리를 깨달아 정신이 실로 광대하고 막힘이 없었으며 깊으면서도 자유분방했다. 또한 만물의 종지를 깨달아 그 정신이 가장 조화롭고 높은 경지에까지 이르렀다. 그럼에도 만물의 변화에 응하고 이를 이해하는 것은 도를 벗어나지 않아 실로 아득하고 심오하였으니 끝을 알 수 없이 무궁무진했다.

芴漠無形, 變化無常, 死與生與! 天地並與! 神明往與! 芒乎何之? 忽乎何適? 萬物畢羅, 莫足以歸, 古之道術有在於是者. 莊周聞其風而悅之. 以謬悠之說, 荒唐之言, 無端崖之辭, 時恣縱而不儻, 不以觭見之也. 以天下爲沈濁, 不可與莊語.

以卮言爲曼衍, 以重言爲眞, 以寓言爲廣. 獨與天地精神往
來, 而不敖倪於萬物, 不譴是非, 以與世俗處. 其書雖瑰瑋而
連犿無傷也, 其辭雖參差而諔詭可觀. 彼其充實不可以已, 上
與造物者遊, 而下與外死生, 無終始者爲友. 其於本也, 宏大
而辟, 深閎而肆. 其於宗也, 可謂稠適而上遂矣. 雖然, 其應於
化而解於物也, 其理不竭, 其來不蛻, 芒乎昧乎, 未之盡者.

芴漠無形(홀막무형) : 형체가 없이 적막하며 황홀한 모습을 표현하는 말이다.

羅(라) : 얽히다

荒唐之言(황당지언) : 황당한 말

無端崖之辭(무단애지사) : 밑도 끝도 없이 터무니없는 말

恣縱(자종) : 멋대로 하다

瑰瑋(괴위) : 특이하고 이상하다

連犿(연변) : 빙빙 돌면서 따르는 모습을 표현하는 말

參差(참차) : 다소 앞뒤가 안 맞음

諔詭(숙궤) : 괴이하다

해설

다음은 장자의 학문이다. 장자는 세상 사람들의 생각을 훌쩍 뛰어넘는 기
이한 이야기로 사람들의 상식과 통념을 깨뜨리면서 정신적 자유를 추구하
고 도의 경지로 나아고자 하였다.

7

혜시는 다양한 학문에 관심이 있었다. 그가 지은 책만 해도 수레로 족히 다섯 대 분량은 될 것이다. 하지만 그의 학설은 잡다하기만 하고 정리가 되지 않았다. 그는 만물의 이치를 궁구하여 다음과 같이 설명하였다.

"지극히 커서 더는 밖이 있을 수 없는 것을 '최대의 하나'라고 말하고, 지극히 작아서 더는 안이 있을 수 없는 것을 '최소의 하나'라고 한다. 두께가 없어서 쌓아서 올릴 수도 없을 만큼 작은 것도 이 가장 작은 것에 비하면 천 리의 크기라 할 수 있다. 반대로 가장 큰 것에 비하면 하늘이나 땅도 지극히 낮고, 산과 연못도 지극히 평평하다고 할 수 있다. 해는 중천에 뜨면 비로소 저물기 시작하고, 사물은 생겨나는 순간부터 죽어가기 시작한다.

본질적으로는 같으나 정도의 차이만 있는 것을 '작은 차이와 작은 동일함'이라 말하고, 본질적으로 같거나 다른 것을 '큰 차이와 큰 동일함'이라 말한다. 남쪽은 끝이 없이 넓어 보이지만 또한 끝은 있다. 오늘 월나라에 갔지만 어제 도착했다고도 할 수 있다. 이어진 고리는 서로 연결되어 끝이 없다고 생각하지만 풀 수도 있는 법이다. 나는 이 세상의 중앙이 어디인지를 안다. 연나라보다 더 북쪽과 월나라보다 더 남쪽 모두 세상의 중앙일 수 있다. 두루 만물을 사랑하며 천지와 하나가 된다."

惠施多方, 其書五車, 其道舛駁, 其言也不中. 歷物之意, 曰: "至大無外, 謂之大一. 至小無內, 謂之小一. 無厚不可積也, 其大千里. 天與地卑, 山與澤平. 日方中方睨, 物方生方死. 大同而與小同異, 此之謂小同異. 萬物畢同畢異, 此之謂大同

異. 南方無窮而有窮, 今日適越而昔來. 連環可解也. 我知天
下之中央, 燕之北, 越之南是也. 氾愛萬物, 天地一體也."

惠施(혜시) : 장자의 친구이면서 논리학파의 일원이었던 인물

舛駁(천박) : 잡다하게 섞여 있다

睨(예) : 해가 기울다

혜시는 이러한 그의 생각을 대단하다고 자부하면서 세상에 내놓고
당대의 논리학자들을 설득하고자 했는데, 천하의 모든 논리학자가 그
와 함께 논쟁하고자 하였다. 그가 내놓은 궤변은 다음과 같다.
'알에는 털이 있다.'
'닭의 다리는 세 개다.'
'초나라 수도인 영 안에 온 천하가 있다.'
'개는 양이라고도 할 수 있다.'
'말은 알을 낳는다.'
'개구리에게는 꼬리가 있다.'
'불은 뜨겁지 않다.'
'산에는 입이 있다.'
'수레바퀴는 땅을 밟지 않는다.'
'눈은 사물을 볼 수 없다.'
'사물의 명칭은 사물의 실제에 도달할 수 없으며, 만약 도달한다고
하더라도 절대적인 한계까지는 이를 수 없다.'
'거북이는 뱀보다 길다.'

'곱자로 네모를 그릴 수 없고, 그림쇠로 동그라미를 그릴 수 없다.'

'망치에 끼워진 망치 자루는 구멍에 끼워져 있지 않다.'

'하늘을 나는 새의 그림자는 움직이지 않는다.'

'날아가는 화살에는 날아가지도 않고 멈추어 있지도 않은 순간이 있다.'

'강아지는 개가 아니다.'

'노란 말과 검은 소는 둘이 아니라 셋이다.'

'흰 개는 검다고도 할 수 있다.'

'고아는 원래 어미가 없다.'

'한 자 길이의 채찍을 매일 반씩 자르면 영원히 잘라 없앨 수 없다.'

당시의 논리학자들은 이런 문제를 가지고 혜시와 함께 서로 논쟁을 벌였는데, 평생 끝이 나는 법이 없었다. 환단과 공손룡 또한 이러한 논리학자들 가운데 하나였다. 이들은 사람들의 마음을 괜히 어지럽히고 상식을 뒤집어 다른 사람과 말싸움에서 항상 승리했다. 하지만 진정으로 사람들의 마음을 굴복시킬 수는 없었다. 이것이 논리학자들의 한계인 것이다.

혜시는 매일 같이 이런 지식을 가지고 사람들과 논쟁을 벌이면서 기이한 주장을 많이 만들어냈다. 이것이 혜시 학설의 대강의 내용이다.

惠施以此爲大觀於天下而曉辯者, 天下之辯者相與樂之. 卵有毛, 雞三足, 郢有天下, 犬可以爲羊, 馬有卵, 丁子有尾, 火不熱, 山出口, 輪不蹍地, 目不見, 指不至, 至不絶, 龜長於蛇, 矩不方, 規不可以爲圓, 鑿不圍枘, 飛鳥之景未嘗動也, 鏃矢之疾而有不行不止之時, 狗非犬, 黃馬驪牛三, 白狗黑, 孤駒未嘗有母, 一尺之捶, 日取其半, 萬世不竭. 辯者以此與惠施

相應, 終身無窮. 桓團公孫龍辯者之徒, 飾人之心, 易人之意,
能勝人之口, 不能服人之心, 辯者之囿也. 惠施日以其知, 與
人之辯, 特與天下之辯者為怪, 此其柢也.

曉(효) : 일러주다, 깨우치다

丁子(정자) : 개구리

蹎地(전지) : 땅을 밟다

龜(구) : 거북

鑿(착) : 망치 자루를 끼우는 구멍

枘(예) : 망치 자루

捶(추) : 채찍

桓團(환단)·公孫龍(공손룡) : 혜시와 함께 논리학파의 일원이었던 인물들

柢(저) : 대강, 근본

그런데 혜시는 자신의 주장이 가장 현명하다고 자부하여 늘 "세상에
이렇게 위대한 생각이 또 있을까!"라고 말하고 다녔다. 혜시는 이처럼
야망이 넘쳤지만 정작 도를 제대로 이해하지는 못했다.

남쪽 지방에 황료라는 이름의 기인 한 명이 살고 있었다. 하루는 그
가 혜시에게 하늘이 추락하지 않고 높이 걸려 있고, 땅이 무너지지 않고
펼쳐져 있는 이유와 바람과 비와 천둥과 번개가 일어나는 까닭을 물었
다. 혜시는 사양하는 법 없이 대뜸 대답을 하였다. 별다른 생각도 없이
그저 생각나는 대로 자신이 아는 만물의 이야기를 잠시도 쉬지 않고 늘
어놓았다. 그러고도 그것도 부족하다고 생각해서 괴상한 궤변을 덧붙

이기까지 하였다. 이처럼 그는 사람들의 상식을 벗어나는 주장을 옳다고 여기면서 남에게 말싸움을 이겨 명성을 얻으려고 했으니, 사람들과 조화를 이룰 수 없었다.

그는 덕을 수양하는 것에는 약했으나, 사물의 이치를 따지는 것에는 강했으니, 실로 굽은 길을 걸었다고 할 수 있다. 자연의 위대한 도에 비교하여 혜시의 능력을 생각한다면 마치 한 마리 모기나 등에처럼 바쁘기만 하고 실속이 없으니, 대체 만물에게 무슨 소용이 있겠는가! 그는 적어도 한 가지 재주에는 정통하였으니, 좀 더 나아가 위대한 도를 중시했다면 좋았을 것이다. 그런데도 그는 도의 이치에 편안히 머무를 줄 모르고, 만물 여기저기에 어지럽게 마음을 써서 결국 언변이 뛰어나다는 명성까지 얻게 되었다. 참으로 안타까운 일이 아닐 수 없다! 혜시는 자신의 뛰어난 재능을 함부로 사용하여 진정으로 얻는 바가 없었고, 만물에 관심이 팔려 정신이 돌아오지 않았다. 마치 메아리를 멈추게 하려고 큰 소리를 지르고, 그림자와 달리기 시합을 하면서 거리를 벌리려고 하는 꼴이니, 참으로 슬프도다!

然惠施之口談, 自以為最賢, 曰:"天地其壯乎!"施存雄而無術. 南方有倚人焉, 曰黃繚, 問天地所以不墜不陷, 風雨雷霆之故. 惠施不辭而應, 不慮而對, 遍為萬物說. 說而不休, 多而無已, 猶以為寡, 益之以怪. 以反人為實, 而欲以勝人為名, 是以與眾不適也. 弱於德, 強於物, 其塗隩矣. 由天地之道觀惠施之能, 其猶一蚉一蝱之勞者也, 其於物也何庸! 夫充一尚可, 曰愈貴, 道幾矣! 惠施不能以此自寧, 散於萬物而不厭, 卒以善辯為名. 惜乎! 惠施之才, 駘蕩而不得, 逐萬物而不反,是窮響以聲, 形與影競走也. 悲夫!

黃繚(황료) : 가상의 인물의 이름

塗隩(도오) : 길이 좁다. 혜시의 학문이 매우 편협하다는 의미

駘蕩(태탕) : 멋대로 움직이다

競走(경주) : 달리기 경주를 하다

해설

마지막은 혜시의 학문이다. 혜시는 '명가 학파'로 불린다. 명가 학파는 사물의 이치와 명칭을 깊이 탐구하고 분석하면서 사람들과 논쟁하기를 좋아했던 사람들이다. 하지만 이들은 일반 사람들의 상식에 어긋나는 궤변을 일삼았으며 정작 자신의 인격을 닦는 데에는 무관심하였다. 이 글을 쓴 이는 이들의 탐구와 논쟁이 실속이 없다고 강하게 비판한다.

슬기바다 17

장자-잡편(莊子-雜篇)

초판 1쇄 인쇄일 2021년 10월 22일
초판 1쇄 발행일 2021년 10월 29일

지은이   장자
옮긴이   오현중
발행인   이지연
주간   이미숙
책임편집   정윤정
책임디자인   이경진
                권지은
마케팅   이운섭
경영지원   이지연

발행처   도서출판 홍익
출판등록번호 제 2020-000321 호
출판등록   2020년 08월 24일
주소   서울시 마포구 독막로18길 12, 2층(상수동)
대표전화   02-323-0421
팩스   02-337-0569
메일   editor@hongikbooks.com

제작처   갑우문화사

ISBN   979-11-9180-504-8 (04100)